KB264442

샐러리맨 부자 만들기

샐러리맨 부자 만들기

초판 1쇄 인쇄 2007년 9월 10일
초판 1쇄 발행 2007년 9월 20일

지은이_ 송영욱
펴낸이_ 전익균

기획_ 송영욱, 임상현, 이성윤, 김명준
마케팅_ 오정민, 송용범   교정, 교열_ 한정수
경영지원_ 최정란   디자인_ 김희숙

찍은곳_ 예림인쇄   출력_ 스크린   제본_ 바다제책

펴낸곳_ (주)새빛에듀넷
주소_ 서울 강남구 청담동 32-6 현대빌딩 603호
전화_ 02-3442-4393~4   팩스_ 02-3442-6771
e-mail_ svinvest@hanmail.net   홈페이지_ www.assetclass.co.kr
등록번호_ 제16-4043호   등록일자_ 2006. 11. 28

값 12,000원

ISBN 978-89-959215-1-7 (03320)

*잘못 만들어진 책은 구입하신 곳에서 바꾸어 드립니다.

샐러리맨 **부자** 만들기

샐러리맨 부자만들기 프로젝트

새빛인베스트먼트는 2007년 4월 12일 일반 기업의 직장인들을 대상으로 한 '샐러리맨 부자 만들기 프로젝트'를 시행한다고 밝혔다. 이번 프로젝트에서는 각기 다른 상황의 직장인들을 대상으로 한 맞춤 재테크 교육을 중심으로 샐러리맨의 효율적인 재테크 전략을 제시한다. 또 각 기업체 별로 직장인들의 교육 프로그램이 부족한 상황에서 해당기업의 샐러리맨 임금수준에 따른 교육을 실시할 예정이다. 이 교육 프로그램 중에는 예금, 펀드, 주식, 보험, 부동산, 세금 등을 종합적으로 컨설팅 해 주는 맞춤형 교육 컨설팅이다. 회사나 직원들 입장에서 이 프로그램은 직원에 대한 현실적인 교육 프로그램으로써 적절한 재테크를 통한 임금 인상의 효과를 기대할 수 있다.

샐러리맨이 부자를 꿈꾼다면?

샐러리맨은 항상 부자를 꿈꾼다. 하지만 마음뿐인 경우가 많다. 월급 받는 날이 그리 행복하지 않다. 월급을 받는다는 기쁨과 설레임이 곧 실망과 허탈로 바뀐다. 별로 내고 싶지 않은 세금은 허락도 없이 원천징수된다. 국민연금보험료는 해가 갈수록 많이 내는데 나중에 연금으로 받을 것은 적어진다고 한다. 샐러리맨의 지갑은 한없이 얇게만 느껴진다. 도대체 언제 부자가 된다는 말인가? 하지만 이러한 모든 생각은 기우다. 왜냐하면 샐러리맨이 부자 되기 가장 쉽기 때문이다. 다만, 부자가 되기 위한 모멘텀이 없었을 뿐이다.

어떻게 하면 부자가 될 수 있을까? 답은 의외로 간단하다. 잘 모으고 잘 굴리면 된다. 누구나 안다. 그런데 왜 샐러리맨은 잘 모으지 못하고 잘 굴리지 못하는 것일까? 그 이유는 투자에 대한 공부를 하지 않기 때문이다. 부자가 되기 위해서는 투자에 대한 공부가 기본이다. 여러분의 학창시절을 생각해 보라. 어떻게 하면 좋은 대학에 갈 수 있을까를 고민해 보았을 것이다. 고민만 열심히 하고 공부하지 않으면 말짱 도루묵이다. 열심히 공부하는 사람이 좋은 대학 가게 되어 있다. 선천적으로 머리가 좋아 적은 노력으로도 좋은 대학 가는 사람도 있다. 부모를 잘 만나 편법으로 대학에 가는 사람도 있다. 그렇다고 '왜 나는 머리가 나쁠까' '왜 우리 부모는 능력이 없을까' 만을 고민하는 것은 어리석은 짓이다. 그런 사람은 좋은 대학을 갈 자격도 없다. 왜냐하면 이들은 자신의 처지만 비관하기 때문이다. 샐러리맨이 부자 되고자 하는 것은 고등학생이 좋은 대학에 가려는 것과 같다. 일단 부자가 되려면 부자가 되기 위한 공부가 우선이다. 공부하지 않고 부자가 되려는 것은 공부하지 않고 좋은 대학 가려고 하는 것과 같다.

기복 없이 꾸준히 공부하는 학생이 좋은 대학에 간다. 샐러리맨은 큰 변화 없이 꾸준한 수입이 있다. 그래서 기복이 큰 자영업자보다 부자가 되기 쉽다. 부모와 선생님의 지원을 많이 받는 학생이 좋은 대학에 간다. 샐러리맨은 '직장' 이라는 후원자가 있어 자영업자보다 부자가 되기 쉽다. 그래서 대부분의 부자는 샐러리맨 출신이다.

　샐러리맨이 부자가 되려면 잘 모으고 잘 굴리면 된다. 그런데 문제는 어떻게 모아야 잘 모으는 것이고, 어떻게 굴려야 잘 굴리는 것인가이다. 그 답은 공부하는 요령을 아는 데 있다. 공부를 잘하는 학생은 아무 생각 없이 책만 보는 것이 아니다. 그 나름대로 공부를 잘 하는 요령이 있다. 부자가 되는 방법도 마찬가지다. 무조건 아껴서 모으는 것 자체가 중요한 것이 아니라 잘 모으고 굴리는 요령이 중요하다. 부자가 된 사람들은 미리 부자가 되기 위해 공부한 사람들이다. 일단 어느 정도 돈이 생기면 그때 가서 투자에 대한 공부를 하겠다고 미루는 샐러리맨은 부자가 될 수 없다. 이는 대학 갈 능력도 안 되면서 '대학가면 공부하겠다' 는 것과 같다.

　학생이 자신은 머리가 나쁘다고, 혹은 놀러가야 한다고 공부를 게을리 하면 좋은 대학에 갈 수 없다. 샐러리맨이 돈이 없다고 혹은 시간이 없다고 투자공부를 게을리 하는 것은 핑계나 변명에 불과하다. 부자가 되려면 지금부터 당장 공부하고 공부한 대로 실천하는 것이다. 투자공부를 한다는 것은 투자에 대하여 제대로 알아가는 과정이다. 남의 말만 믿고 하는 투자는 성공해도 의미가 없고 실패하면 남만 탓하게 된다. 샐러리맨은 소위 전문가라는 사람들의 말을 믿고 주식, 펀드, 부동산 등에 투자하는 경우가 많다. 하지만 전문가의 족집게 추천상품이 100% 성공을 보장하는 것은 아니다. 전문가의 말을 무조건 믿지는 마라. 중요한 것은 전문가의 말을 자기 자신의 상황에 맞게 취사선택하는 것이다. 그러한 선택은 공부를 통하여 자신의 투자에 대한 원칙과 판단기준이 생겼을 때 가능한 것이다.

부자는 모든 샐러리맨의 꿈이다. 꿈꾼 대로 공부하고 실천하라. 그러면 어느 순간 부자가 된 자신을 발견하게 될 것이다. 이 책이 '샐러리맨 부자'의 기틀을 잡는 데 도움이 되었으면 하는 바람이다. 샐러리맨 파이팅!!!

2007년 8월

송영욱

CONTENT

5. 샐러리맨 1억 만들기
– 일단 종자돈을 만들어라

6. 샐러리맨 10억 만들기
– 거침없이 도전하라

부록: 샐러리맨을 위한 추천상품 10선

1장

샐러리맨이 부자되기 가장 쉽다

chapter ... 01

샐러리맨이 부자되기 어려운 이유

대한민국 샐러리맨은 불쌍하다. 월급날이 되면 기뻐야 하는데 오히려 슬프다. 통장에 월급이 들어오기가 무섭게 카드대금, 대출이자, 자녀교육비 등으로 모두 빠져나가기 때문이다. 그래서 월급날인데도 찾을 돈이 별로 없다. 오히려 어떤 달은 마이너스다. 그래서 간혹 버스비가 오른다, 라면값이 오른다 하면 가슴이 덜컥 내려앉는다. 그나마 지금의 직장도 언제까지 다닐 수 있을지 불안하기만 하다.

샐러리맨의 수입은 한정되어 있다. 과거에 비하여 수입이 많아진 것은 사실이지만, 그렇다고 부자가 된 것은 아니다. 쓸 데가 많기 때문이다. 사업을 하는 사장님들은 그래도 샐러리맨이 제일 속 편하다고 하지만, 정작 샐러리맨 입장에서는 사업하는 사람 못지 않게 스트레스가 많다.

샐러리맨이 돈을 모을 수 있는 기간은 20년 내외에 불과하다. 주로 3~40대에 집중적으로 돈을 벌게 된다. 이 시기를 잘못 보내면 지옥같은 노후가 될지도 모른다. 왜냐하면 이제 샐러리맨들은 '100세 시대'를 준비해야 하기 때문이다. 현재 샐러리맨의 정년이 55세라고 본다면 퇴직 후에도 45년을 더 살아야 한다. 그런데도 대다수의 샐러리맨들이 속수무책으로, 또는 속편히 세월만 보내고 있다. 당장 내야 하는 대출이자, 자녀의 학원비가 30년 후 자신의 삶을 암울하게 하고 있는데도 말이다. "살기도 힘든데 일찍 죽어야지" 하는 사람도 있지만, 어디 그게 말처럼 쉬운 일인가.

평생 아침부터 밤늦게까지 일해온 회사에서 어느날 문득 나이 들었다며 나가라고 하는 경우도 다반사다. 이럴 때 대부분의 샐러리맨들은 "평생 부려먹고 어떻게 이럴 수가 있느냐"며 분통을 터뜨리며 억울함을 호소한다. 하지만 회사가 자신에게 계속 월급을 줄 것이라고 안일하게 생각하는 것도 문제가 있고, 회사가 자신을 상품취급만 하고 있다며 분개하는 태도에도 어찌보면 문제가 있다.

어쨌든 샐러리맨이 불쌍한 건 사실이다. 이러저러한 불확실성을 견디며 노력하고 살아도 절대 부자가 될 수 없을 것만 같다. 그런데 사실은 샐러리맨이기 때문에 부자가 될 수 없는 것은 아니다. 누구나 부자가 될 수는 있다. 부자가 되려는 노력은 하지 않고 변명과 핑계만 늘어놓기 때문에 부자가 될 수 없는 것이다. 부자가 되지 못하는 샐러리맨들의 몇 가지 변명과 핑계가 있다.

첫째, 샐러리맨은 돈이 없다?

샐러리맨이 가장 많이 하는 변명이다. 돈이 없으면 돈을 불리는데 한계가 있는 것은 사실이다. 돈이 없다고 말하는 샐러리맨에는 두 부류가 있다. 그 첫 번째 부류는 정말 돈이 없는 사람이다. 절대적인 급여소득이 너무 적어서 생계비로 모든 돈이 다 나가버리기 때문에 돈을 모을 수 없는 사람들이다. 월급 자체가 적으면 누가 뭐래도 저축이나 투자가 힘들다. 하지만 포기하지는 마시라. 이런 샐러리맨은 자기계발이나 좋은 아이템을 가지고 자신의 몸값을 올려야 한다. 그것이 바로 부자되는 단초가 된다. 당장 돈이 없다고 희망조차 버리는 샐러리맨은 절대 부자가 될 수 없다.

두 번째 부류는 돈은 있는데 저축이나 투자를 제대로 못하는 사람이다. 이들은 소비가 많아서 투자할 돈이 없는 사람들이다. 집도 없는데 자가용을 몰고 다니거나, 즐길 건 다 즐기고 보자는 식이다. 외식도 자주 하고 여행도 자주 다닌다. 부자가 되고 싶기는 하지만 자신이 당장 하고 싶은 것들을 모두 희생하고 싶지는 않은 것이다. 이들은 자신의 수입과 지출을 나열해보고 줄일 것(소비)과 늘릴 것(투자)을 찾으면 금방 답이 나온다. 부자의 첫걸음은 거창한 것이 아니라 자신의 잘못된 자산관리를 바로 잡는 것이다.

돈이 없어 부자가 될 수 없다고 변명하지 마시라. 부자도 처음부터 돈이 많았던 것은 아니다.

둘째, 샐러리맨은 시간이 없다?

샐러리맨은 바쁘다. 아침 일찍 일어나서 밥도 제대로 먹지 못하고 출근해야 하고, 거의 매일 밤늦게까지 일해야 한다. 회사 내에서는, 자신의 일도 잘 하면서 윗사람 눈치도 봐야 하고 아랫사람도 잘 관리해야 한다.

어떤 사람은 부동산으로 큰돈을 벌었다고 하는데 자신은 아직도 전세살이 중이다. 모 대리는 주식으로 200% 수익을 냈다고 하는데 자신은 주식에 대해 잘 모른다. 왜냐하면 그런 새로운 모험에 신경쓸 시간이 없기 때문이다.

하지만 이런 변명은 거짓말이다. 실제로 샐러리맨이 회사일에 집중하는 시간은 전체 업무시간의 20%밖에 안 된다는 통계가 있다. 나머지 80%는 회사일과 관계없는 일을 하거나 그냥 시간만 보내는 것이다. 그렇다면 나머지 80%를 활용하라. 만약 정말로 회사일에 바빠 도통 시간을 낼 수 없다면 주말을 이용하라. 짬짬이 재테크에 대한 책도 읽고 유능한 재테크 전문가의 강연도 들어보라. 지금까지 몰랐던 새로운 희망을 갖게 될 것이다.

셋째, 샐러리맨은 기회가 없다?

샐러리맨에게 기회는 자신도 모르게 스치듯 지나간다. 그래서 늘 세상은 불공평하다고 생각한다. 하지만 그렇게 불평하는 샐러리맨은 실제 기회가 분명히 주어져도 기회를 잡지 못한다. 그리고 또 불평한다.

기회는 준비된 샐러리맨만의 몫이다. 필자가 증권회사에 근무할 무렵, 상장법인 임직원에게 전화를 하거나 방문하면 시간이 없다고 외면하는 경우가 많다. 그들의 입장에서는 좋은 정보와 지식을 얻을 수 있는 기회임에도 불구하고 스스로 차버리는 것이다. 정말로 바쁘다면 일과후에 만날 수도 있고, 지금은 바쁘니까 내일 몇시에 오라고 할 수도 있는데 스스로 귀찮다고 여기는 모양이다.

기회가 없다는 것은 핑계다. 기회는 샐러리맨 누구에게나 공평하게 주어진다. 그런데 그 기회를 낚아채는 사람이 드문 것이다. 대부분의 샐러리맨들이 '기회가 오면 잡을 수 있는 준비'를 평소에 하지 않기 때문이다. 기회가 없다고 하기 전에 "두드려라, 그리하면 열릴 것이다!"

chapter...02

샐러리맨이 부자되기 쉬운 이유

샐러리맨은 부자 되기를 원한다. 부자가 돼서 편하게 살고 싶고, 원하는 일을 마음껏 하고 싶고, 세금도 많이 내고 기부도 하그 싶다. 그런데 월급으로 부자를 꿈꾸자니 너무 막연하다. 월급은 한계가 있고, 회사에서는 언제 해고를 당할지도 모를 일이다. 그래서 매주 월요일이면 로또복권을 사기도 하고, 귀얇게 투기에 끼어들기도 한다.

흔히들 샐러리맨은 부자가 되기 어렵다고 생각한다. 특히 IMF 외환위기 이후 실업위기 및 고용불안, 부동산가격의 상승, 저금리 정착 등으로 인해 샐러리맨은 모든 리스크에 노출되어 있는 것이 사실이다.

그런데 세계의 백만장자들은 대부분 샐러리맨 출신이다. 미국의 학자들이 조사한 바에 따르면, 미국에서 주택을 제외한 순자산이 1백만 달러를 넘는 사람의 80%가 샐러리맨으로 출발하여 부자가 되었다고 한다. 사실 우리나라도 마찬가지다. 베스트셀러 『한국의 부자들』의 저자 한상복씨에 따르면, 부자 100명 중 1명만 빼고는 모두 샐러리맨 출신이었으며 그들 중 대부분은 30대부터 발로 뛰며 사업과 투자를 준비한 케이스였다고 한다.

〈월마트〉의 창업자 샘월튼은 처음에 〈JC페니〉란 잡화점의 점원이었고, 세계 최고의 주식부자인 워렌 버핏도 한때 샐러리맨이었다. 또한 국내의 벤처부자인 김택진 〈엔씨소프트〉 사장도 〈현대전자〉와 〈한글과컴퓨터〉에서 소프트웨어를 개발하는 샐러리맨이었다.

샐러리맨들이 부자가 되기 어렵다는 것은 잘못된 생각이다. 오히려 샐러리맨이기 때문에 자영업자보다 부자가 될 가능성이 훨씬 높다. 샐러리맨은 자영업자보다 오히려 부자가 되기에 유리한 여건을 갖고 있다. 다음의 여건을 잘 활용하는 사람은 누구나 부자가 될 수 있다.

첫째, 샐러리맨은 일정한 월급이 있다.

매월 일정한 수입이 있으면 안정적인 자금운용을 할 수 있다. 자영업자와 같이 매달 수입이 불규칙한 경우에는 계획적인 포트폴리오를 짜기가 힘들다. 수입이 일정하지 않으면 매월 일정한 저축이나 투자를 할 수 없기 때문이다. 또한 자영업자나 사업자는 개인돈과 공금이 구별되지 않아 자금운용 및 관리가 허술하다. 반면에 샐러리맨은 연간수입을 예상할 수 있어 그에 맞는 저축계획도 세울 수 있고, 대출상환계획도 차질없이 이행할 수 있다. 매월 안정적인 수입원이 있다는 것은 그렇지 못한 자영업자에 비하여 매우 든든한 안전막이 있는 것과 같다. 그래서 자영업자는 샐러리맨을 부러워한다.

회사가 망하거나 해고되지 않는 한 매월 일정한 월급을 받을 수 있다는 것이야말로 부자가 될 수 있는 가장 좋은 여건이다. 샐러리맨은 월급(salary)의 고마움을 알아야 한다.

기업은 10년 내에 90%가 문을 닫고 겨우 10%만 살아남는다고 한다. 반면에 샐러리맨은 10년 내에 90%가 실직하지는 않는다. 사실 기업의 파산, 자영업자의 부도나 매출감소는 샐러리맨의 월급보다 훨씬 더 위험하다. 기업가나 자영업자의 경우에는 매출이 감소하거나 적자가 발생하면 곧 존폐의 기로에 서게 되지만, 샐러리맨은 그와 상관없이 회사가 유지되는 한 월급을 받을 수 있다. 회사의 실적과 무관하게 일정한 수입을 보장받는 것이다.

샐러리맨의 경우 자신의 일만 잘 한다면 회사실적이 좀 나빠진다고 해서 월급이 끊기는 일은 여간해서 발생하지 않는다. 오히려 개인적인 실적이 많으면 월급 외에 상여금을 더 받을 수도 있다. 또한 노동법상의 권리가 있기 때문에 쉽사리 월급을 삭감당하거나 해고되지 않는다. 그래서 샐러리맨은 자영업자나 사업주보다 안전하다.

일반적으로 샐러리맨이 아닌 사업가나 자영업자는 자기계발할 시간이 많지 않다. 그들은 자신의 사업을 확장하고, 매출을 늘리고, 직원관리를 하는 데 많은 시간을 보내야 한다. 사업 초기라면 자기 자신은 물론 가족들에게도 신경을 쓰지 못하는 경우가 다반사다. 경영자는 모든 직원들이 퇴근한 후에도 회사의 대소사를 신경써야 하고, 집에 가서도 다음 날 회사에서 해야 할 일을 걱정해야 한다. 하지만 샐러리맨은 여간해서 큰일이 아니라면 정시에 퇴근하고 그 나머지 시간을 자신이나 가족을 위해 활용할 수 있다. 자신의 가치를 더 높이기 위해 전문적인 교육을 받을 수도 있고, 여유시간을 이용하여 투잡을 할 수도 있다. 좀 괜찮은 회사라면 회사의 지원으로 연수도 받고 해외유학도 다녀올 수 있다. 덕분에 더 좋은 회사에 취직할 수도 있고, 회사에서 쌓은 경험과 네트워크를 이용하여 창업을 할 수도 있다.

실제로 대부분의 부자들은 평범한 샐러리맨 시절에 체득한 노하우를 기반으로 부자가 되었다. 그들은 다름아닌 자신이 일했던 분야에서 부자의 기반을 다진 것이다. 샐러리맨으로서 매월 받는 일정한 급여는 안정적인 생계를 보장하는 데 그친다. 하지만 자기 계발로 자신의 분야에서 최고가 되면 샐러리맨도 갑부가 될 수 있다. 그런 개인적 인프라를 갖춘 샐러리맨에게는 항상 성공의 가능성이 있다.

좋은 회사, 나쁜 회사를 구분하며 불평만 하는 샐러리맨은 부자가 될 수 없다. 불경기라 부자가 될 수 없다고 투덜거리지 마시라. 대부분의 부자는 그런 것과 상관없이 부자가 되었다. 아니, 어쩌면 그런 상황을 자신에게 유리하게 이용하여 부자가 되었는지도 모른다.

chapter...03

자기 회사에 투자하여
부자 샐러리맨이 되자

자기 회사에 투자하여 억대 샐러리맨이 되다

필자의 지인 중에는 대기업, 은행, 증권사 등 꽤 잘나가는 회사에 다니는 사람도 있고, 별로 알려지지 않는 일반 법인에 다니는 사람도 있다. 그런데 그들 중에서 자기 회사에 진정 애착이 있는 사람은 별로 없는 듯하다. 오히려 자신의 회사에 대해 불만을 가지고 있는 사람이 많다. 하지만 이는 잘못된 태도다. 부자가 되려면 일단 자신이 다니는 회사가 '최고의 회사'라고 생각할 줄 알아야 한다.

부자가 되고 싶은 샐러리맨이라면 자기 회사에 대한 자부심과 주인의식이 투철해야 한다. 회사는 샐러리맨의 사회적 기반이며 행복의 다리가 되어줄 수 있는 곳이기 때문이다. 재테크도 자신이

다니는 회사를 통해 할 수 있는 방법이 있다. 즉, 자기가 다니는 회사의 주식을 저축하듯이 사는 것이다.

2004년 2월, 〈제일화재〉 임직원들은 '우리사주 갖기 운동'을 실시하였다. 당시 〈제일화재〉의 주가는 1천 원 선으로, 실제 기업 가치에 비하여 현저하게 저평가되었다고 판단했기 때문이다. 그래서 회사의 주가가 정당한 평가를 받을 때까지 지속적으로 우리사주 갖기 운동을 펼치기로 한 것이다. 이후 회사 임직원들은 11억 원 정도의 자금을 출연하여 우리사주를 매입하였다. 사실 객관적으로 볼 때, 회사의 주가가 1천 원 선으로 떨어졌다면 임직원의 사기저하는 물론 자기 회사에 투자하겠다고 선뜻 나서기란 좀처럼 쉽지 않다. 그럼에도 불구하고 〈제일화재〉 임직원들의 우리사주 갖기 운동은 곧 자기 회사에 대한 자신감을 나타낸 것이라고 볼 수 있다. 그러한 임직원들의 노력은 생산성에도 반영된다. 왜냐하면 임직원 자신이 주인의식과 믿음을 가지고 열심히 일해야 자신이 투자한 우리사주의 가치도 높게 올라갈 것이기 때문이다. 불과 3년 후인 2007년 7월, 〈제일화재〉의 주가는 9,600원까지 상승하였다. 우리사주 갖기 운동에 참여한 임직원들은 대박이 났을 것이다. 2004년 〈제일화재〉의 최저가가 775원까지 떨어졌을 때, 만약 임직원들의 주인의식과 선견지명이 없었다면 지금과 같은 1000% 수익은 불가능했을 것이다.

상장회사인 〈KG케미칼〉은 2004년도 사업실적에 따라 우리사

주를 매입하여 직원들에게 인센티브(영업이익의 1%)로 지급하였
다. 회사에서 인센티브를 받은 직원들은 전액 우리사주조합에 출
연하여 우리사주를 매입하였으며, 그렇게 매입한 주식은 〈한국증
권금융〉을 통하여 직원들에게 분배되었다. 회사 측은 "직원들의
주인의식 고취 및 회사사랑의 일환으로 우리사주 갖기 운동을 추
진하게 되었다"고 밝혔다. 이렇듯 우리사주 갖기 운동은 장기적
인 안목으로 볼 때 회사의 발전과 더불어 직원들도 함께 부를 축
적할 수 있어 일석이조의 효과를 꾀할 수 있다. 〈KG케미칼〉은
2004년도부터 사업실적에 따라 주주들에게 4%의 배당도 하고 있
다. 2004년 당시 4천 원 선이었던 이 회사의 주가는 2007년 7월 18
일 현재 14,750원으로 300% 이상 올랐다.

2006년 9월 26일, 임베디드 솔루션 전문업체인 〈MDS테크놀로
지〉가 코스닥에 상장되었다. 코스닥 상장 전부터 〈MDS테크놀로
지〉의 직원 중 40%는 상장 후 평균 1억 원 가량의 평가차익 실현
을 기대하고 있었다. 전체 직원 150여 명 가운데 주당 1천 원에 자
사주를 배당받아 3년 이상 근무한 직원들 60여 명이 평균 6~7천
주 가량을 보유하고 있었기 때문이다. 상장 당시 이 회사의 공모
가는 13,000원이었지만 모두들 15,000원을 상회할 것이라고 예상
했다. 실제로 상장 후 얼마 되지 않아 이 회사의 주가는 한때
20,000원을 넘어서기도 했다. 이 회사의 대표인 김현철 사장은 창
업초기 100%였던 자신의 지분을 지속적으로 직원에게 나누어주

어 직원들도 상장과 함께 부자 샐러리맨으로 발돋움할 수 있도록 하였다. 그래서 이 회사에서는 그만 두는 직원은 거의 없고, 나갔던 직원이 다시 돌아오는 경우가 많다고 한다. 사장뿐 아니라 임직원 모두가 회사와 자신이 함께 발전해야 한다는 생각을 갖게 된 것이다. 이렇듯 우리사주는 직원으로 하여금 회사에 대한 주인의식과 자부심을 갖게 하며, 실제로 제법 큰 종자돈을 만들어주는 기반이 되기도 한다.

요즘에는 샐러리맨 중에도 주식에 투자하는 사람이 많아졌다. 그런데 대부분은 투자종목에 대하여 잘 모르고 투자하는 경우가 많다. 직장 내에서 자신의 일을 하느라 제대로 종목연구를 하면서 투자하기가 힘들기 때문이다. 하지만 자신이 다니는 회사에 투자하는 경우는 다르다. 누구보다 회사에 대하여 잘 알기 때문에 잘 모르는 회사에 투자하는 것보다는 훨씬 유리한 것이 당연하다. 투자종목을 고르기 위해 애쓸 필요도 없고, 투자 타이밍도 다른 종목에 비하여 쉽게 잡을 수 있다. 더불어 샐러리맨 자신은 자신의 일에만 집중해도 크게 위험하지 않다. 자신이 잘 알지도 모르는 주식에 손대면 자신의 본업도 소홀해지기 쉬울 뿐 아니라 성공할 확률도 적다. 그래서 상장된 회사에 다니는 샐러리맨이라면 스스로 계좌를 개설하여 자사주를 매입하거나 우리사주조합을 통하여 자사주를 확보하는 것이 좋은 재테크 방법이 될 수 있다.

알짜배기 재테크방법: 우리사주제도

'우리사주제도'는 근로자의 복지증진과 경제사회적 지위향상을 도모하기 위하여 기업 또는 정부의 지원하에 근로자가 자기 회사의 주식을 취득하게 하는 제도다. 말 그대로 '우리 회사'의 주식을 살 수 있게 하는 것이다. 우리사주제도는 그 제도의 취지뿐 아니라 효과면에서도 아주 유용한 재테크방법이 될 수 있다.

샐러리맨 입장에서 보면, 우리사주제도를 통하여 월급 이외의 초과수입을 기대할 수 있다. 근로자가 자기 회사의 주식을 사두면 월급과는 별도로 회사의 성장에 따른 배당소득과 주가상승에 따른 매매차익을 기대할 수 있기 때문이다. 더욱이 급여나 인센티브를 현금이 아닌 주식으로 받는 경우에는 원래 급여수준을 훨씬 초과하는 급부가 될 수도 있다. 그래서 회사가 잘되면 사업주나 회사만 큰돈을 버는 것이 아니라 자사주를 가지고 있는 직원들도 목돈을 손에 쥘 수 있게 된다. 자기 회사의 주가가 올라가면 그만큼 자본소득이 높아지는 것이므로 회사에 대한 주인의식도 생기고 일하는 것도 더욱 재미있어질 것이다.

기업 입장에서도 우리사주제도는 매우 유용하다. 무엇보다도 근로자 자신이 잘해야 회사의 주가도 올라가기 때문에 임직원들의 애사심도 커지고 생산성도 좋아진다. 당연히 노사분규와 같은 마찰보다는 노사가 협력적 관계를 형성하고자 노력하게 된다. 또한 우리사주제도는 기업자금의 조달이나 적대적 M&A에 대한 방어수단으로 활용할 수도 있다.

상법상 주식회사의 근로자는 회사와 협의하여 자율적으로 우리사주조합을 설립할 수 있다. 자신의 회사에 우리사주조합이 있다면 그것을 활용하고, 없다면 〈한국증권금융〉의 우리사주지원센터(www.ceso.or.kr)의 도움을 받으면 된다. 물론 자기 회사의 주식을 살 때 반드시 우리사주조합이나 우리사주지원센터를 통해야 하는 것은 아니다. 자기 스스로 증권사에 계좌를 개설하여 증권시장에서 직접 매수해도 된다. 우리사주조합을 이용하든 자신이 직접 증권시장에서 자사주를 매입하든 그 의미는 비슷하다. 잘 모르는 다른 회사의 주식을 사기 위해 전전긍긍하지 말고 자신의 회사에 투자하라.

그렇다면 자사주를 살 수 없는 비상장회사에 다니는 사람은 어쩌란 말인가. 낙망하지 마시라. 주변에 친척이나 지인이 상장회사에 다니고 있다면 그 회사에 투자하는 것도 좋은 재테크방법이다. 그들을 통해 정보도 얻고 투자시점도 맞춰잡으면 된다.

chapter...04

스톡옵션으로 대박난 샐러리맨

2007년 3월 28일의 〈NHN〉 공시를 보면, 〈NHN〉의 임직원들이 스톡옵션(주식매수선택권) 행사로 '대박'이 났다는 것을 알 수 있다. 지난 2005년 3월에 부여한 스톡옵션 165만 주 가운데 150만 주가 권리행사를 결정했기 때문이다. 2007년 3월 28일 종가기준으로 2,000억 원이 넘는 규모이다. 스톡옵션의 행사로 김범수 미국대표는 322억 원, 그리고 최휘영 대표와 김정호 중국대표, 천양현 일본대표도 각각 161억 원의 평가차익을 거두게 됐다. 허홍 재무담당이사와 문태식 전 〈NHN게임즈〉 대표는 각각 96억여 원을, 이석우 경영정책담당은 32억여 원의 차익을 남기는 등 등기임원의 평균차익은 무려 118억 원으로 알려졌다. 임원뿐 아니라 일반직원 52명도 평균 10억 원 이상의 차익을 남겼다.

스톡옵션이란, 법인의 설립과 경영, 기술혁신 등에 기여했거나 기여할 능력을 갖춘 법인의 임직원에게 특별히 유리한 가격으로 해당 법인의 주식을 매입할 수 있게 하는 권리를 말한다. 쉽게 말하면, 직원이 받아야 하는 급여의 일부나 상여금 등을 그 회사의 주식으로 받는 것을 말한다. 대개 시가보다 '싼 가격'으로 받게 되며, 일정기간 이후에는 그 주식을 팔 수 있다. 그래서 그 회사의 주가가 오르면 스톡옵션을 받은 임직원들도 이른바 '대박'이 나는 것이다. 이러한 스톡옵션을 받을 수 있는 사람은 법인의 임직원이며, 상장법인은 발행주식 총수의 15%, 벤처기업은 발행주식 총수의 50%까지 스톡옵션을 부여할 수 있다. 스톡옵션의 권리를 받은 직원들은 권리를 행사함으로써 이익을 얻을 수 있고, 또 그러기 위해서는 주가가 올라야 하기 때문에 회사의 전체적인 실적 확대를 위해 노력하게 된다. 따라서 기업의 입장에서도 일석이조의 제도라고 할 수 있겠다.

이렇듯 스톡옵션은 임직원의 재테크뿐 아니라 회사의 측면에서도 유리한 점이 많다. 첫째, 급여나 보너스를 주식으로 지급하므로 회사는 현금지급의 부담을 덜게 된다. 또한 주식을 받은 직원의 생산성과 회사에 대한 충성도가 높아진다. 직원의 입장에서는 특히 스톡옵션을 행사할 경우 시세차익이 5천만 원 이내라면 비과세되므로 소득효과가 매우 크다. 둘째, 스톡옵션을 이용하면 고급인력의 유치에 유리하다. 회사가 성장하면 대박을 잡을 수 있다는 식의 동기부여가 되기 때문이다. 실제로 미국 〈크라이슬러 자동차〉의 아이아코카 전 회장은 연봉이 1달러에 불과했지만 스톡옵션을 통해 큰돈을 벌어들인 것으로 유명하다. 특히 상대적으로 임금수준이 낮은 벤처기업이 우수한 인력을 확보하려면 스톡옵션을 이용하는 것이 매우 유용하다. 셋째, 스톡옵션은 중장기적으로 적대적M&A에 대한 예방책이 될 수 있다. 상식적으로 임직원들이 스톡옵션으로 보유하고 있는 지분만큼의 의결권은 경영진에게 우호적일 것이기 때문이다.

우리나라도 이제는 스톡옵션을 주는 회사가 많아졌고, 실제로 임직원들에게 대박 또는 짭짤한 종자돈을 만들어주는 사례가 많이 탄생하고 있다. 〈금융감독원〉의 전자공시에 의하면, 지난 2007년 5월 1일 노동절을 맞아 평범한 샐러리맨이 잇달아 스톡옵션을 통해 목돈을 거머쥔 사례가 많았다. 코스닥 상장기업인 〈에이스안테나〉, 〈이노와이어〉, 〈한광〉, 〈덕산하이메탈〉, 〈우리이티아이〉, 〈바이로메드〉, 〈하이쎌〉, 〈자연과환경〉, 〈사이버패스〉, 〈피에스케이〉, 〈에스엔유〉 등의 임직원들이 최근 스톡옵션 행사로 짭짤한 평가차익을 챙겼다. 특히 〈우리이티아이〉 임직원들은 스톡옵션 13만5,000주를 주당 1,000원에 받아서, 직원 1명이 스톡옵션 행사에 들인 평균비용이 1,350만 원 정도다. 그런데 행사당일 이 회사의 주가는 9,080원으로 행사와 동시에 평가액이 무려

1억2,258만 원이나 되었다. 무려 9배 이상 불어난 것이다. 스톡옵션으로 직원 1명이 1억 원 이상씩을 벌어들인 셈이다.

이제 점차 스톡옵션제도가 우리 기업들에도 정착되고 있다. 단점이 없는 것은 아니지단 샐러리맨의 입장에서 보면 장점이 더 많은 것이 사실이다. 물론 앞에서 언급했듯이 회사에도 유리한 점이 많다. 〈S&T중공업〉 직원 J모씨는 2년 전만 해도 하루 4개꼴이던 제품생산량이 최근 7개로 급증하면서 업무강도가 높아졌지만 피곤한 줄 모른다고 한다. 일감이 늘어나 회사실적이 좋아지면 스톡옵션 행사로 더 큰 돈을 벌 수 있다는 생각에 일이 재미있고 힘이 솟는다는 것이다. 강성 노조로 유명했던 경남 창원의 〈S&T중공업(옛 통일중공업)〉의 경우, 직원들이 스톡옵션으로 1인당 1,000~4,000만 원의 주식대박을 터뜨리며 회사 분위기가 몰라보게 좋아졌다고 한다. 한 직원은 "파업으로 임금을 200만 원 올리는 것보다 회사 실적이 좋아져 스톡옵션으로 2,000만 원을 버는 게 훨씬 낫다는 생각이 직원들 사이에 퍼지고 있다"며 "하나를 양보해 열 개를 얻는다는 생각에 과격투쟁에 대한 생각이 옅어지고 있다"고 말했다. 스톡옵션이 회사의 생산성을 높이고 직원의 자산증식에도 도움을 준 것이다.

chapter...05

억대 연봉자는
꿈을 실천하는 샐러리맨이다

우리나라도 억대 연봉자가 빠르게 증가하고 있다. 2007년 2월 6일 국세청의 '국세통계연보'를 살펴보면, 2005년 과세표준이 8천만 원을 넘는 근로소득자가 5만 명이 넘어 2004년보다 28.9%나 늘었다(과표는 총급여에서 각종 소득공제액을 뺀 금액으로, 과표가 8천만 원이면 연봉이 대략 1억 원 정도 된다). 또 2005년에 이자나 배당 등 금융소득만 연간 8천만 원 이상이 된 사람도 1만 명이 넘었다.

한편, 부자들은 주식이나 부동산 등 자산매각을 통해서도 큰 재미를 본 것으로 나타났다. 2005년 양도소득세 신고건수는 모두 85만 건인데, 이 중 토지가 57만 건으로 가장 많았고, 주택 17만 건, 주식이 7만 건이었다. 하지만 양도가액 100원당 양도차익은 주식

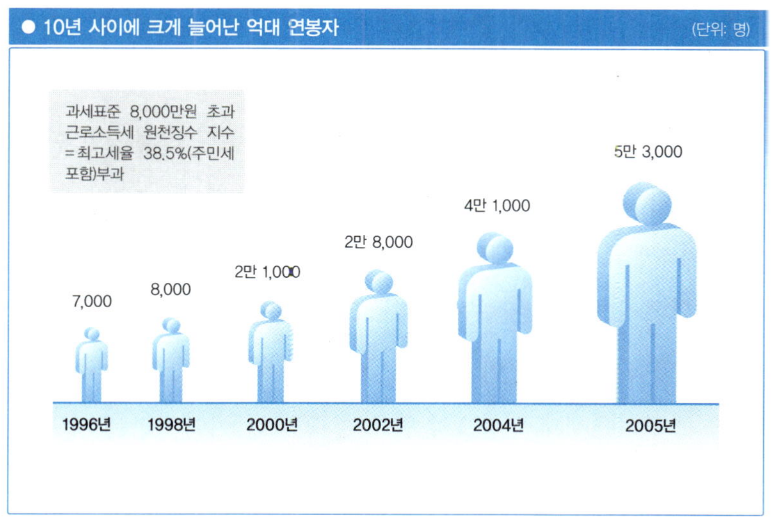

76원, 토지 53원, 주택 32원으로 주식의 양도차익이 가장 큰 것으로 나타났다. 바야흐로 자산증식의 수단이 부동산에서 주식으로 바뀌고 있음을 알 수 있다.

억대 연봉은 모든 샐러리맨의 꿈이다. 하지만 현실의 무게에 짓눌려 패배감을 안고 살아가는 다수의 샐러리맨들에겐 머나먼 신기루일 뿐이다. 그런데 꿈을 꾸기만 하는 사람이 있고, 꿈을 열심히 실천하는 사람이 있다. 억대 연봉은 꿈을 실천하는 사람에게만 온다.

최근 억대 연봉자가 급증하는 추세다. 능력껏 일하고 일한 만큼 보상받을 수 있는 회사들이 많아졌다. 모든 샐러리맨들에게 이제 억대 연봉의 가능성은 활짝 열려 있다. 중요한 것은 억대 연봉의 실현이 오로지 샐러리맨 자신에게 달려 있다는 점이다. 회사가 자신을 몰라준다고, 경기가 안 좋다고, 능력이 없다고 불평만 할 일이 아니다.

샐러리맨들의 희망사항도 이제 바뀌고 있다. 예전에는 빠른 승진을 원했지만, 지금은 승진보다 고액연봉을 더 바라고 있다. 샐러리맨도 연봉 1억 원이 넘으면 '성공했다'는 말을 듣는다. 사실 요즘 샐러리맨에게 연봉 1억 원은 꼭 먼나라 이야기만은 아니다. 그런데 억대 연봉을 받으려면 도대체 무엇을 어떻게 해야 하는 것일까?

'샐러리맨 부자'가 되려면 무엇보다 꿈을 구체적으로, 체계적으로 꿔야 한다. 아놀드 슈워제네거는 18세 때 자신의 목표 두 가지를 써서 벽에 붙여놓았다. 하나는 세계 최고의 액션배우가 되는 것, 그리고 또 하나는 캘리포니아 주지사가 되는 것이었다. 당시에는 어느 누구도 그가 그 꿈을 이루리라고는 생각하지 않았다. 1947년 오스트리아에서 출생한 그는 1970년 〈뉴욕의 헤라클레스〉로 데뷔한 이래 여러 편의 영화에서 근육질의 남성상으로 이름을 알렸고, 존 밀리어스의 〈코난〉 시리즈를 거쳐 제임스 카메룬의 〈터미네이터〉로 명실상부한 '세계 최고의 액션스타'에 올랐다. 1986년 존 F. 케네디 전 대통령 여동생의 딸로 〈NBC〉 앵커 출신인 마리아 슈라이버와 결혼하였으며, 2003년 캘리포니아 주지

사로 당선됨으로써 그가 세운 목표를 결국 모두 이루었다. 만약 아놀드 슈워제네거가 18세 때 자신의 목표를 구체적으로 세우지 않았다면 과연 그와 같은 성공을 거둘 수 있었을까? 그는 확실한 목표가 있었기에 그 목표를 실현하기 위하여 노력하게 되었고, 결국은 이루어냈다.

재테크도 이와 다르지 않다. 당신은 재테크의 목표가 있는가? 목표가 있으면 길이 보이고, 길이 보이면 절반은 성공한 것이다. 대개의 샐러리맨들이 부자가 되지 못하는 것은 자신이 제어할 수 없는 숙명적인 상황 때문이 아니다. 부자가 되기 위한 계획을 세우지 않았거나 이를 실천하지 않았기 때문이다

우리는 벌어서 쓰고 남은 돈을 습관적으로 저축하기도 하고 투자를 하기도 한다. 그런데 왜 재테크를 하는지, 얼마나 모아야 하는지, 어느정도의 기간이 필요한지, 어떤 목적을 위한 자금이 우선순위가 되어야 하는지 등등에 대한 구체적인 계획이 없는 경우가 허다하다. 그래서 돈을 잘 모으다가도 당장 돈쓸 일이 생기면 닥친 불부터 끄고보자는 식으로 모두 탕진하게 되는 것이다.

직장생활이나 사업을 10년 이상 한 사람들이 아직도 모아놓은 돈이 없다고 한숨짓는 것을 주변에서 많이 접하게 된다. 이는 실제로는 돈을 모을 수 있는 기회가 충분히 있었음에도 불구하고 확고한 재테크 목표가 없었기 때문이다. 명확한 목표가 없기 때문에 수시로 '재테크는 다음에 좀 더 벌어서 확실하게 하고…… 지금

형편에 무슨 재테크냐' 라는 식의 안이한 생각을 하는 것이다. 돈이 있든 없든, 부자가 되려면 지금 당장 구체적인 재테크 목표를 세우고 이를 위한 실천단계를 밟아나가야 한다.

chapter...06

부자 되는 방법이 달라지고 있다

토요일을 알차게 활용하라

이제 샐러리맨이 열심히 회사일만 해서 부자되는 것에는 한계가 있다. 주5일제가 시행되면서 많은 샐러리맨이 토요일에 쉬게 되었다. 어떤 사람은 늘어난 여가를 즐기기도 하고, 어떤 사람은 투잡생활을 하기도 하고, 어떤 사람은 재테크를 공부하며 새로운 인생설계를 하기도 한다. 어쨌든 큰돈이 없는 샐러리맨은 토요일을 잘 활용해야 한다. 실제로 젊은 나이임에도 토요일을 유익하게 보내는 샐러리맨들이 닳아졌다. 필자도 토요일이면 샐러리맨을 대상으로 하는 재테크 강연회에 초청되는 일이 많아졌다.

대기업에 다니는 P씨는 내집마련을 위해 3개월째 토요일을 고스란히 경매강좌와 주식강좌에 열중하고 있다. Y씨는 매달 1, 3주째 토요일 오후마다 강남의 한 카페에 나가 다양한 재테크기법을 배우고 있다. 주로 주부들을 대상으로 운영되던 백화점 문화센터의 재테크 강좌에도 요즘엔 샐러리맨들이 몰리고 있다. 주말창업·부업에 나서는 투잡족도 갈수록 늘어나고 있다. 지난해 7월부터 격주5일제로 일하는 샐러리맨 K씨는 주말이면 피아노 조율사로 변신한다. 〈LG경제연구원〉의 이지평 연구위원은 "주5일제 직장인들은 연휴 이틀 중 하루는 자신에게 투자한다"며 "직장 내의 위치가 불안해지면서 어학공부나 레저활동뿐만 아니라 직접적인 재테크에 나서는 경향이 뚜렷하다"고 진단하고 있다.

부자의 트랜드가 부동산에서 주식으로 바뀌고 있다.

① 부자의 트랜드를 따라가라

과거의 전통적인 부자들은 주로 부동산을 통해 부를 축적했다. 하지만 최근의 신흥부자들은 주로 주식이나 펀드로 부를 축적하고 있다. 그들은 부동산이 답답하다고 생각하고 주식이나 주식형 펀드에 공격적으로 투자한다. 업종대표주를 집중적으로 사들이는 스타일이 있는가 하면 장외주식에 집중하는 이들도 있다. 벤처기업 오너들은 서로 정보를 교환하며 주식을 이용하여 경영권 방어도 하고 M&A도 추진한다.

전통적인 부자들은 자산 중 70% 이상이 부동산이지만, 신흥부자들은 주식이나 펀드와 같은 금융자산이 70% 이상을 차지한다. 신흥부자들은 더이상 부동산을 최고의 투자수단으로 여기지 않는다. 그들은 주식시장을 통하여 부를 축적하면서 리스크도 충분히 감수하겠다는 공격적인 성향을 가진 사람들이 많다. 이러한 시대흐름에 따라 기존의 부동산부자들도 차츰 주식이나 펀드로 눈을 돌리기 시작했다. 최근 혁신도시에서 토지보상금으로 풀린 거액의 자금도 주식시장으로 들어오고 있다. 이제 '부동산 불패신화'는 갈수록 그 의미가 퇴색하고 있다. 샐러리맨도 부자가 되려면 주식에 투자해야 한다. 주식이 부담스러우면 주식형 펀드에 가입하라.

현대사회에서 합법적으로 부를 가장 빠르게 불리는 방법은 주식투자밖에 없다. 재벌2세나 평범한 샐러리맨이나 주어진 재산을 빠르게 불리고 싶다는 목표는 같다. 하루빨리 돈을 벌어 아버지 회사의 지분을 사들여야 하는 재벌2세들이나 하루빨리 돈을 벌어 노후대비를 해야 하는 샐러리맨들이나 결국 주식투자라는 공용터미널에서 만날 수밖에 없다.

2005년 12월부터 시행되고 있는 '퇴직연금제도' 역시 따지고 보면 샐러리맨들의 퇴직금을 주식에 투자해서 좀 더 많이 불려보자는 취지다. 정부라고 주식에 투자하면 위험하다는 걸 모르는 게 아니다. 하지만 주식에 투자하지 않고는 노후대비를 제대로 할 수 있는 수단이 별로 없기 때문에 도입한 제도인 것이다. '변액보험'

도 마찬가지다. 보험료의 일부를 주식에 투자한다는 것은 일견 위험해보인다. 하지만 채권이나 예금에만 투자하여 낮은 이익률에 만족한다면 인생의 불확실성에 대비할 만한 충분한 자금이 만들어지지 않을 것이다. 이제는 주식투자를 하지 않는 것이 하는 것보다 더 위험한 현실이 되었다.

② 샐러리맨이 주식에 투자해야 하는 이유

과거 우리의 부모님세대는 "주식투자는 절대 하지 말라"고 했다. 그만큼 주식으로 일확천금을 노리다 폐가망신한 사람들이 많았던 탓이다. 하지만 이제는 필수다. 향후 급격한 경제성장이 없는 한 금리도 크게 오르지 못한다. 이런 경제환경에서는 두 자리 수 이상의 투자수익률을 거둘 수 있는 투자수단이 거의 없다. 반면에 샐러리맨들이 직면하게 될 위험요소들은 점점 늘어나고 있다. 열심히 일하여 집만 장만해놓으면 행복한 노후를 보낼 수 있었던 시대는 갔다. 길어진 수명, 짧아진 정년, 저금리로 인하여 저소득층뿐만 아니라 중산층들도 생존을 위협받는 시대가 되었다. 물가상승률 수준의 투자수익률로는 노후나 기타 위험에 결코 대비할 수 없게 되었다.

수학적인 계산을 해보면 샐러리맨이 부자되는 것도 그리 어렵지만은 않아보인다. 평범한 샐러리맨이 종자돈 1,000만 원을 30년 후에 20억 원으로 만들고 싶다면 매년 어느 정도의 수익률을 올려야 할까? 언뜻 생각하기에는 매년 두 배 이상 수익이 나야 할 것 같지만, 정작 계산해보면 매년 20% 정도의 수익률로도 가능하다. 바로 뒤에서 설명하게 될 '복리효과' 때문이다. 문제는 '연 20%'라는 수익률을 어떻게 안정적으로 낼 수 있느냐인 것이다.

저성장 시대라고 할 수 있는 요즘에는 예금이나 부동산만으로 이러한 수익률을 낼 수 없다. 수익률이 연 5%인 예금에 1,000만원을 저축한다면 30년 후에도 4천만 원밖에 안 된다. 물론 이미 종자돈이 수억 원 있거나 투자기간을 100년쯤으로 늘린다면 투자수익률이 그리 높지 않아도 목표한 금액에 도달할 수 있을 것이다. 하지만 평범한 샐러리맨에게는 비현실적인 조건이다. 결국 '종자돈의 규모'가 중요한 것이 아니라 '투자수익률'이 부자로 가는 정석임을 알 수 있다. 결국은 주식투자밖에 없다는 결론이다.

지금 부자가 아니라고 해서 앞으로도 부자가 될 수 없다고 지레 낙담할 필요는 없다. 샐러리맨도 이제는 주식에 투자하여 투자수익률을 높여야 한다. 지금 부자가 아닌 것이 바로 당장 주식투자를 해야 하는 이유다. 주식투자가 위험한 것은 사실이지만, 이제는 투자를 하지 않고 복지부동하는 것이 더 위험한 시대가 되었다.

2장

샐러리맨의 재테크마인드를 높이는 7가지 법칙

chapter...01

복리를 알면 장기투자가 쉽다
복리의 법칙

24달러에 맨해튼을 판 인디언

1626년 맨해튼 원주민들은 자신들이 살고 있는 땅을 단돈 24달러에 팔았다. 오늘날 국제금융의 중심지인 월가가 있는 뉴욕 맨해튼은 전세계에서 가장 땅값이 비싼 곳으로 유명하다. 그렇다면 24달러라는 돈은 아무런 의미가 없을까?

만약 24달러에 대해 매년 이자가 지급되고, 불어난 이자에 대해 다시 이자를 적용하는 복리8%를 적용하여 계산하면, 380여 년이 지난 현재는 95조 달러(약 9경 원)라는 천문학적 금액이 된다. 그에 비해, 원금에만 이자를 지급하는 단리8%를 적용하여 계산한다면 현재 9,771달러(약 9백만 원), 단리10%를 적용해도 9,952달러(약 920만 원)에 불과하다.

현실적인 예를 들어보자. 한 샐러리맨이 1,000만 원을 연간 수익률 10%인 상품에 복리로 투자했다고 하자. 8년이면 원금의 두 배가 넘는 2,143만 원이 된다. 기간이 길어질수록 원리금은 눈덩

● 기간에 따른 단리와 복리의 차이

투자기간(년)	원금(만원)	원리금		차이
		단리10%	복리10%	
1	1,000	1,100	1,100	–
2	1,000	1,200	1,210	10
3	1,000	1,300	1,331	31
4	1,000	1,400	1,454	54
5	1,000	1,500	1,610	110
6	1,000	1,600	1,771	171
7	1,000	1,700	1,948	248
8	1,000	1,800	2,143	343
9	1,000	1,900	2,357	457
10	1,000	2,000	2,593	593
11	1,000	2,100	2,853	753
12	1,000	2,200	31,38	938
13	1,000	2,300	3,452	1,152
14	1,000	2,400	3,787	1,387
15	1,000	2,500	4,117	1,677
16	1,000	2,600	4,594	1,994
17	1,000	2,700	5,054	2,354
18	1,000	2,800	5,559	2,759
19	1,000	2,900	6,115	3,215
20	1,000	3,000	6,727	3,727
21	1,000	3,100	7,400	4,300
22	1,000	3,200	8,140	4,940
23	1,000	3,300	8,954	5,654
24	1,000	3,400	9,850	6,450
25	1,000	3,500	10,835	7,335
26	1,000	3,600	11,918	8,318
27	1,000	3,700	13,110	9,410
28	1,000	3,800	14,421	10,621
29	1,000	3,900	15,863	11,963
30	1,000	4,000	17,449	13,449

이처럼 커져 20년 뒤엔 6,727만원, 30년 뒤엔 1억7,449만원에 이른다. 이것이 바로 복리의 마술이다.

복리투자, 이렇게 하면 성공한다

일반적으로 은행의 예금이나 적금은 단리상품이다. 그런데 드물게 복리상품도 있다. 예컨대 농협의 '평생우대적금'이나 우리은행의 '장기우대저축 회전형'은 단위기간별 이자가 원금에 가산되어 일반적인 단리상품에 비해 유리하다. 한편, 펀드나 주식투자도 계속 수익이 나면 복리효과가 크다. 그럼, 복리투자로 투자수익을 극대화하려면 어떻게 해야 할까?

첫째, 빨리 시작하여 10년 이상 투자하라.

단기투자는 복리투자에 비하여 수익증가 효과가 미미하다. 동일한 금액, 동일한 수익률이라 하더라도 단리로 투자하느냐, 복리로 투자하느냐에 따라 그 차이는 장기로 갈수록 기하급수적으로 커진다. 예를 들어 1천만 원을 가지고 A씨는 연10%의 단리상품에, B씨는 연10%의 복리상품에 투자했다고 가정해보자. 10년 후에 B씨는 A씨보다 593만 원, 20년 후에는 3,727만 원, 30년 후에는 1억3,449만원을 더 벌어들일 수 있다.

둘째, 수익률이 큰 상품을 선택하라.

요즘과 같은 저금리시대에는 정기예금이나 적금에서 연4% 내외의 수익밖에 기대할 수 없다. 당연히 수익률이 낮으면 복리효과도 그만큼 줄어들 수밖에 없다. 따라서 복리투자에는 펀드와 같은 투자형 상품이 유리하다. 물론 펀드는 확정금리를 주는 것도 아니고 손실도 감수해야 하는 상품이다. 하지만 장기투자시에 높은 수익을 기대할 수 있고, 개년 결산을 통하여 수익이 재투자되므로 복리효과가 크다고 할 수 있다.

셋째, 절세상품을 활용하라.

일반적으로 세금도 수익률에 매우 큰 영향을 미친다. 그리고 대부분의 절세상품은 장기상품이다. 예컨대 '장기주택마련펀드' 는 만기가 7년 이상인 상품으로, 이자소득에 대하여 세금이 없으며 연 300만 원까지 소득공제가 가능하다. '연금펀드' 는 10년 이상 유지해야 하지만 연간 납입액의 전액(연 300만 원 한도)에 대하여 소득공제를 해준다. 이러한 절세효과는 복리로 인한 수익률 극대화에 유리하게 작용한다.

chapter...02

내 돈이 언제 더블될 수 있을까

72**법칙**

'72법칙' 은 자산관리를 위한 투자지표다

만약 1억 원을 가지고 연4%의 복리정기예금에 가입했을 때 원금이 2배가 되는 시기는 언제쯤일까? 정답은 18년 후다. 수익률이 9%인 상품에 가입했다면? 정답은 8년이다. 이것은 72법칙에 의하여 간단하게 계산된다. 이 법칙은 투자수익률만 알면 원금이 더블되는 기간을 간단히 구할 수 있게 도와준다.

72 ÷ 투자수익률(%) = 원금이 2배 되는 데 걸리는 투자기간(연)

당연히 '72법칙' 은 특정기간 안에 돈을 2배로 불리려면 수익률이 어느 정도 되어야 하는지도 알려준다. 예컨대 1억을 6년 후에 2억으로 만들려면 72÷6, 즉 '연12%'의 수익률을 올려야 하고, 12년 만에 2배로 불리려면 6%의 수익률만 내면 된다는 것을 알 수 있다. 물론 중간에 수익률이 올라가면 그 기간은 더 짧아질 수 있다. 이처럼 '72법칙'을 이용하면 목표달성에 필요한 투자수익률과 기간을 쉽게 계산해낼 수 있으므로 자신의 자산을 관리할 때 투자지표로 활용할 만하다.

또한 72법칙은 돈의 가치를 계산할 때도 유용하다. 예컨대 물가상승률이 4%라고 가정할 때 18년(72÷4)후 돈의 가치는 1/2이 된다. 즉, 현재의 1억 원은 물가상승률 4%일 경우 18년 후에 5천만 원의 가치밖에는 안 된다는 얘기다. 따라서 현재 필요한 생활비가 200만 원이라면 18년 후에는 400만 원 정도가 필요해진다는 것을 알 수 있게 된다.

이렇듯 재테크를 할 때는 반드시 물가상승률을 감안해야 한다. 따라서 저축 또는 투자로 자산을 불리려면 최소한 〈물가상승률+세율〉보다는 높은 수익률을 목표로 해야 한다. 예컨대 물가상승률이 5%이고 세율이 0.6%인 경우 4%짜리 예금에 가입하면 오히려 1.6% 손해보는 투자가 되는 셈이다.

6년 후 내집마련을 위해 필요한 자금이 2억 원이고 현재 운용할 수 있는 자금이 1억 원이라면 매년 얼마의 수익을 내야 할까? 72법칙에 의하면 연12%의 수익이 있어야 6년 후 목표금액을 달성할 수 있음을 알 수 있다. 따라서 연12% 정도의 수익이 기대되는 금융상품을 선택해야 하는 것이다.

현재 대출을 받고 있는 경우에도 72법칙을 이용하면 대출이자 부담이 원금만큼 되는 기간을 계산할 수 있다. 예컨대 현재 주택담보대출 1억 원을 받아 연8%의 대출이자를 부담하고 있다면, 대출이자가 원금만큼 되는 기간은 9년(72÷8=9)이 된다.

이처럼 72법칙은 계산기나 복잡한 방정식 없이도 간단히 '72'라는 숫자에 이자율과 투자기간만 대입하여 자산형성, 부채관리, 목표수익률설정 등을 하는 데 활용할 수 있다. 특히 재무목표설정에 없어서는 안 될 '필수투자지표' 라고 할 수 있다.

재테크에 72법칙을 제대로 활용하려면

72법칙을 통해 '수익률' 과 '기간' 이 자산을 불리는 데 얼마나 중요한 요소인지를 알아보았다. 수익률이 높을수록 자산증가속도는 빨라지고, 시간이 길어질수록 자산의 규모도 커진다. 따라서 일정한 기간 내에 목표자산을 달성하려면 수익률이 높은 상품을 찾아야 하고, 동일한 수익률로 자산을 늘리려면 복리수익률로 시간을 길게 가져가야 한다.

그럼 이제 72법칙을 활용하여 어떻게 하면 성공적인 재테크에 이를 수 있는지 구체적인 행동지침으로 정리해보자.

첫째, 돈을 불리려면 지금 당장 시작하라!

저금리시대에 안전한 예금에만 저축한다면 상대적으로 돈을 불리는 데 아주 오랜 시간이 걸릴 수밖에 없다(물가상승률과 세금을 염두에 두면 사실상 손해가 될 수도 있다). 따라서 예금이나 적금으로 자산을 불리려는 사람은 누구보다도 빨리 저축을 시작해야 한다. 그리고 이왕이면 복리상품을 선택하여 장기유지해야 한다.

둘째, 원금보장상품을 떠나라!

많은 사람들이 아직도 원금이 보장되고 확정금리를 주는 상품을 선호하고 있다. 하지만 이제 시대가 바뀌었다. 원금에 집착하여 원금보장상품으로만 자산을 불리려면 돈 모으려다 인생 다 허비해버리는 비극도 생길 수 있다. 저성장·저금리시대에는 주식이나 펀드 등 원금은 보장되지 않지만 높은 수익이 기대되는 상품에 투자하는 용기가 필요하다.

셋째, 재무목표(목표금액과 기간)를 설정하라!

재무목표를 설정할 때는 반드시 72법칙을 활용해야 한다. 자신이 목표로 하는 금액과 기간을 정해놓으면 72법칙을 통해 수익률이 어느 정도 되어야 하는지, 또 그 수익률을 달성하기 위하여 어떤 노력을 해야 하는지 등 구체적인 방법을 찾을 수 있다. 그래서 재테크는 목표가 있느냐 없느냐에 따라 투자성과가 크게 달라지

는 것이다. 자신의 꿈을 이룰 수 있는 사람는 구체적인 목표를 설
정하고 그에 따라 행동하는 사람이다.

chapter...03

젊은 사람은 젊게 투자하라

100-나이 법칙

나이드신 어르신들은 "내가 10년만 젊었어도 못할 게 없겠다"는 식의 말씀들을 자주 하신다. 젊을 때는 실패를 두려워하지 않고 도전할 수 있는 패기도 있다. 설령 실패해도 다시 일어날 수 있는 시간적 여유가 있다. 하지만 나이가 들수록 그렇게 하기가 힘들기 때문에 그런 말씀들을 하시는 모양이다.

필자가 만난 고객 중에는 사회초년병이면서도 원금이 보장되는 상품만을 고집하는 사람도 있었고, 정년퇴직을 하여 전재산이라 할 수 있는 퇴직금으로 주식에만 집착하는 사람도 있었다. 젊은 나이임에도 안전한 예금만 선호하는 사람은 스스로 번 것을 아끼고 아껴 어느 정도 돈을 모을 수 있을지는 모른다. 하지만 그 수익이 적고, 좋은 투자의 기회가 생겼을 경우에도 원금이 깨질까봐 그 기회를 놓치고 만다. 그리고 나중에 후회한다. "그때 투자했어야 하는데…….' 이런 사람들은 아무리 성실해도 평생을 '그저 그렇게, 일만 열심히 하며' 사는 수밖에 없다.

반면에 퇴직금을 전부 주식에 투자하는 사람의 경우, 크게 성공하면 물론 더할 나위없이 좋겠지만 실패하면 모든 것을 잃게 된다. 돈도 잃고, 가정도 잃고, 희망도 잃게 되기 쉽다. 따라서 재테크 전문가들은 젊을수록 적극적인 투자방식을 권하고, 나이가 들수록 안정적인 투자방식을 권한다.

'100-나이 이론' 이라는 것이 있다. 100에서 자신의 나이를 뺀 비율만큼 위험자산(투자형 상품)에 투자하고, 나머지는 안전자산(저축형 상품)에 저축하라는 것이 이 이론의 요지다. 물론 투자성향이나 운용금액 등 구체적인 개인사정에 따라 조금씩 다르지만

● '100-나이 이론' 에 근거한 투자비중

구 분		투자형 상품	저축형 상품
관 련 상 품		손실위험이 큰 위험자산으로 펀드, 주식, 전환사채 등	손실위험이 적은 안전자산으로 예금, 적금, 채권 등
장단점		수익성은 크지만 안정성이 적다	안정성은 크지만 수익성이 적다
투자 포인트		분산투자, 장기투자	만기관리로 유동성 확보
연령대별 추천 포트폴리오	20대	80%	20%
	30대	70%	30%
	40대	60%	40%
	50대	50%	50%
	60대	40%	60%

참고해볼 만은 할 것이다.

　예컨대 자신의 나이가 30세라면 70% 정도를 투자형 상품에 투자하고, 그 나머지는 안전한 저축형 상품에 투자하라는 것이다. 이처럼 '100-나이 이론'은 총자산 중에서 투자자산의 적정비율을 정할 때 한 지침이 될 수 있다.

　특히 우리나라는 여타 선진국들에 비하여 개인의 금융자산 투자비중이 매우 낮은 편이다. 2007년 3월 통계청이 발표한 자료에 따르면, 2006년 우리나라 가계자산 중 부동산자산 비중은 80%나 되지만 금융자산은 20% 정도밖에 안 된다. 그에 비해 미국의 경우에는 가계자산 중 무려 64%가 금융자산이고 부동산의 비중은 36%에 불과하다.

　사실 우리나라의 경우 지나치게 높은 부동산자산의 비중이 문제다. 부동산 자체는 일반적으로 유동성이 떨어지기 때문에 급변하는 현대의 투자환경에 적합하지 않다. 이제는 우리나라에서도 금융자산을 더 늘리고, 그 중에서도 투자형 상품에 대한 비중을 더 늘려야 한다.

　지금과 같은 저금리시대에는 저축형 상품이 매력이 없으므로 투자형 상품을 늘리되 자신의 나이에 맞게 설정하는 것이 좋다. 단, 투자형 상품은 손실위험이 상존하므로 분산투자, 장기투자의 관점에서 접근해야 할 것이다.

chapter...04

고수익을 원하면 고위험도 부담하라
High risk high return의 법칙

위험은 당연한 것, 기꺼이 감수하라

모든 일에는 위험이 존재한다. 부모가 자녀를 키울 때도 그렇고 자동차를 탈 때도 그렇다. 자녀를 키우면서 밖은 위험하니 집안에서만 지내라고 할 수도 없는 노릇이고, 교통사고가 무섭다고 차를 타지 않을 수도 없는 노릇이다. 언제 어디에도 위험은 있으며 우리는 단지 그 위험을 감수하기도 하고 막아보려고 노력하면서 살아가는 것이다.

따지고보면 아이들이 태권도를 배우는 것도 위험하다. 대련을 하다가 코피가 날 수도 있고 다리가 부러질 수도 있는 것이다. 그런데도 많은 부모들은 아이들에게 태권도를 시킨다. 왜 그럴까? 태권도 자체는 위험하지만 그것을 감수했을 때 아이들이 더 건강하고 자신감 있게 자랄 것이라는 '이익'을 기대하고 있기 때문이다. 또한 우리집 아이가 어쩌다가 교통사고로 팔이 부러졌다 하더라도 앞으로는 절대 차를 타지 말라고 하지는 않는다. 신호를 위반하면 차에 부딪칠 수 있으니 늘 조심하라고 교육시킬 뿐이다.

재테크도 마찬가지다. 위험이 전혀 없는 재테크란 있을 수 없다. 태권도 대련이나 교통사고 등으로 다칠 수 있는 것처럼 재테크를 하다가 손해를 볼 수도 있다. 결국 자녀교육이든 재테크든 위험을 감수하고 뭔가를 기대하는 것은 동일하다.

모든 일에 위험은 있다. 위험을 무조건 피하려 하지만 말고 기꺼이 인정하라. 그래야 높은 수익도 가능하다. 아무런 위험부담 없이 수익을 내려는 사람은 자녀들이 행여 다칠세라 화초처럼 키우면서 태권도도 잘하기를 바라는 것과 같다.

부자들의 투자마인드를 배워라

부자들은 투자의 기회가 오면 불확실한 상황에서도 과감히 투자하여 성공한 사람들이다. 샐러리맨이 부자가 되려면 바로 이러한 불확실성에 대한 투자마인드가 있어야 한다. 안정적이고 확실한 상황에서 성실하게 돈만 모은다고 해서 부자가 될 수 있는 시대가 이미 아니다. 위험이 높을수록 수익도 높아지는 것은 불변의 원칙이다. 그러나 정작 높은 수익이 절실한 샐러리맨이나 저소득

층들은 예금에만 집착하고, 부자일수록 주식, 펀드, 수익성 부동
산 등에 투자하고 있는 경우가 많다. 돈을 벌 수 있는 기회는 부자
에게만 주어지는 것이 아니라 샐러리맨에게도 똑같이 주어진다.
그리고 큰돈을 벌 수 있는 기회는 불확실한 위기상황 속에 있는
경우가 많다.

샐러리맨들 중에는 종자돈도 있고 돈되는 정보도 입수했는데
끝내 기회를 잡지 못하는 사람이 있다. 불확실한 투자를 매우 싫
어하여 안전한 투자처만 찾기 때문이다. 하지만 모두들 알고 있는
확실한 투자처에서는 당연히 큰돈을 벌수가 없다. 위험하고 성공
여부가 불확실하다고 생각하는 곳에서 종종 큰돈이 벌리는 이유
는 바로 경쟁자가 적기 때문이다.

다들 위험하다고 생각해서 가지 않는 길을 부자들은 잘 간다.
그리고 거기서 큰 수익을 낸다. 왜 그럴까? 그들은 샐러리맨이나
저소득층보다 투자에 관한 한 더 많은 공부를 하였고, 경쟁자가
적은 곳에서의 투자는 사실 위험발생률이 낮다는 것을 경험으로
알고 있기 때문이다.

일반인이 볼 때는 'High risk'라고 생각하는 것을 부자들은
'Low risk'라고 생각할 때가 많다. 부자들의 이러한 판단은 그들
의 오랜 투자경험과 자금력에서 나오는 것이다. 물론 샐러리맨들
에게는 부자와 같은 투자경험과 돈이 없다. 하지만 다음 세 가지
만 염두에 두면 샐러리맨도 부자가 될 수 있다.

첫째, 종자돈을 빨리 준비하라. 기회가 왔을 때 곧바로 투자할 수 있도록.

둘째, 지금 공부하라. 불확실성과 위기를 오히려 기회로 활용할 수 있도록.

셋째, 과감히 투자하라. 기회가 왔을 때 내 것이 될 수 있도록.

chapter...05

부는 균등하지 않다
80/20의 법칙

20에 집중하는 투자

금융기관의 고객 중 20%의 상위고객이 전체 매출의 80%를 차지한다. 우편물 중 20%만이 수신자에게 만족을 주고 80%는 쓸모없는 것들이다. 사람들이 즐겨 입는 옷의 80%는 옷장 속에 걸린 옷들의 20%에 불과하다. 집중한 20%의 시간이 80%의 성과를 달성한다.

이처럼 어떤 결과의 80%는 20%의 원인 때문에 발생한다는 것을 '80/20법칙' 이라고 한다. 이탈리아 경제학자인 빌프레도 파레토가 소득분포의 불평등에 관한 연구를 하다가 발견한 법칙이라 하여 '파레토의 법칙' 으로 불리기도 한다.

투자에서도 80/20법칙이 적용될 수 있다. 일반적으로 투자수익의 80%는 20%의 투자처(상품)에서 나온다. 예를 들어, 주식 10종목에 투자했을 때 2종목 정도만 큰 수익을 내고 나머지 8종목은 수익이 별로 나지 않거나 손실이 날 수 있다. 그래서 위험관리가 필요한 것이다.

한마디로 이 법칙은 '전체결과의 80%는 전체원인의 20%에서 비롯된다'는 것이다. 따라서 최소의 노력으로 최대의 효과를 내려면 핵심원인 20%에 집중하여 80%의 최대결과를 내자는 것이다. 이는 워렌버핏의 가치투자의 개념과 일맥상통한다. 즉, 전체 상장종목 중 자신이 가장 잘 아는 기업 20%를 선택하고, 그 중에서도 가장 저평가되었다고 생각되는 종목에 자산의 80%를 집중 투자하는 방법이다.

80/20법칙을 활용한 투자포인트

80/20법칙은 투자에서도 다음과 같이 유용하게 활용할 수 있다.

첫째, 투자수단을 선택할 때 활용하라.

투자분야는 매우 광범위하다. 주식, 부동산, 채권, 펀드, 미술품 등 헤아릴 수 없이 많다. 또 주식에도 업종별 수십 개의 종목이 있고, 부동산의 종류도 한두 개가 아니다. 따라서 투자를 결정할 때 이 모든 것들을 다 파악할 수는 없다. 따라서 중요한 투자와 그렇지 않은 투자를 분류하여 중요한 투자에 보다 많은 시간과 자산을 써야 한다. 예컨대 부동산이 떨어지기 시작하고 주식이 올라간다면, 당연히 주식에 보다 많은 리소스를 집중하고 부동산에는 상대적으로 소홀해져야 한다.

물론 분산투자를 배격하는 것은 아니다. 분산투자를 인정하되 전체 수익은 전체 투자처의 20%에서 집중적으로 나온다는 점을 명심하라는 것이다. 즉, 가급적이면 잘될 만한 투자자산에 집중하라는 것이다. 예컨대 10개 종목에 투자했는데 그 중 2개 종목이 잘되고 있다면 잘되는 2개 종목에 좀 더 집중하라는 것이다. 여기서 말하는 '집중'에는 잘되는 2개 종목에 여유자금을 더 투자하는 방법도 있겠고, 잘 안되는 8개 종목의 투자비중을 줄이는 방법도 있을 것이다.

열심히 일하고 성실하게 생활하는 사람이 반드시 현명하다고 할 수는 없다. 오히려 성실하지 않아도 최소의 시간으로 최대의 효과를 내는 사람이 현명한 것이다. 투자를 할 때도 마찬가지다. 투자에 관해 많은 책을 읽고 많이 고민했다고 모두 투자를 잘 하는 것은 아니다. 오히려 일단 투자하기로 마음먹었다면 바로 실행에

옮기고 즐거운 마음으로 몰두하는 것, 그것이 적은 노력으로 더 많은 성과를 거둘 수 있는 방법이다.

　이처럼 80/20법칙은 재테크 분야에서도 유용하게 활용될 수 있다. 이 법칙을 제대로 활용하면 당신은 성공적인 재테크를 할 수 있다. 사실 80/20법칙을 잘 활용하면 어떤 분야에서든 성공할 수 있다. 이 법칙의 핵심은 진정으로 필요한 것이 무엇인가를 먼저 파악하고, 필요없는 것에 낭비되는 시간과 비용을 줄여 중요한 것에 더 집중하는 것이다. 즉, 성공할 수 있게 만드는 20%의 대상에 집중하고, 나머지 80%는 아웃소싱하는 것이다. 그래서 80/20법칙을 다른 말로 '최소 노력의 법칙' 이라고도 한다.

chapter...06

반토막 나면 100% 수익이 나야 원금이다

−50 = +100의 법칙

더 큰 손해를 보기 전에 손실의 싹을 잘라라

'−50 = +100' 이라니 도대체 무슨 공식이 이럴 수가 있느냐고 반문할지 모른다. 물론 수학적인 산식에는 맞지 않는다. 이 법칙은 오스트레일리아의 투자전문가인 마크티어(『워렌버핏과 조지소로스의 투자습관』의 저자)가 주장한 것으로, 만약 원금의 50%가 손실났을 경우에 원금을 다시 회복하려면 100%수익을 내야만 한다는 뜻이다.

예를 들어 A주식을 1만 원에 샀는데 5천원(-50%)까지 떨어졌다고 가정해보자. 이 경우 1만 원의 원금을 회복하려면 5천 원을 다시 벌어야 한다. 그런데 여기서 다시 벌어야 할 5천 원은 원금의 50%가 아니라 이제 원금의 100%가 된다. 이미 운용할 수 있는 원금은 5천 원으로 줄어버렸기 때문이다.

100%의 수익을 다시 얻기가 어디 쉬운가! 연8%의 수익을 낸다고 가정하면 9년이 지나야 겨우 원금이 된다. 연12%의 수익을 낸다면 5년이 지나야 한다. 연24%의 수익을 낸다 해도 3년이 걸려야 겨우 원금을 건질 수 있다. 손실이 50% 정도 되면 손실도 문제지만 그 회복기간도 만만치 않은 것이다.

이 법칙이 의미하는 바는, 한 번 손실이 크면 원금회복이 무척이나 힘들다는 것이다. 그러므로 이 법칙의 진정한 의미는, 잘못된 판단이나 정보 등으로 투자하여 손실이 나기 시작하면 원금이 될 때까지 기다리지 말고 빨리 팔고 빠져나오라는 것이다. 이럴 때는 이익을 내는 것보다 손실을 줄이는 것이 더 중요하기 때문이다.

모든 투자에서 성공할 수는 없다. 잘못된 판단으로 투자하자마자 손실이 발생할 수도 있는 것이다. 그럴 경우에는 미련없이 손절매하라. 손절매는 투자의 실패가 아니라 향후 성공투자를 위한 일보후퇴일 뿐이다.

그러나 손실을 줄이는 것이 수익을 내는 것보다 어렵다

필자는 증권사에 근무하면서 원금에 집착하는 분들을 무척 많이 보았다. 그런데 이 분들이 원금에 집착하면 할수록 손실이 더 커지는 경우도 많이 보았다. 원금회복에 집착하다보니 손절매를 못하기 때문이다.

필자가 알고 있는 P씨도 손절매를 못해서 큰 손해를 보았다. P씨는 2005년 12월 24,100원에 〈엔터기술〉이라는 코스닥종목에 투자했는데 하필이면 매수하자마자 떨어지기 시작했다. 반등을 기다렸지만 결국 2만 원 선이 붕괴되고 손실도 점점 더 커지기 시작했다. 그때 필자는 P씨에게 손절매를 권했다. 하지만 P씨는 "수익은 안 나더라도 원금은 되어야 팔 것 아니냐"며 더 기다려보겠다며 고집을 부렸다. 그런데 주가는 시간이 갈수록 더 떨어졌다. 그리고 마침내 4달 후에 주가는 반토막이 되었다. 그래도 P씨는 팔지 않았다. "50%나 떨어졌는데 아무리 더 떨어지겠느냐"며 버틴 것이다. 하지만 주가는 이후에도 계속 떨어져 2006년 8월 마침내 4,685원까지 하락하였다. 결국 그는 자포자기하고 말았다. 그 후에도 해당 종목은 6개월간 오르지 못하다가 2007년 4월부터 조금씩 오르기 시작하여 2007년 7월 5일 기준 12,450원으로 회복되긴 했다. 저점(4,685원) 대비 165% 상승이지만 여전히 P씨의 투자원금 대비 50%손실인 상태다.

P씨의 실패원인은 무엇일까? 하락 초반에 손절매를 빨리 하지 않아 손실이 갈수록 커지다가 나중에는 팔고 싶어도 팔 수 없게 되어버린 것이다. 물론 P씨의 말대로 원금회복이 될 때까지 언제까지라도 기다린다면 언젠가 그렇게 될지도 모른다. 그러나 그렇

게 원금회복을 했다 하더라도 그것은 결과적으로 손해를 본 것이
다. 왜냐하면 그 시간만큼 다른 투자기회를 놓치게 되므로 '기회
비용'을 따져봐야 하기 때문이다.

손절매는 투자의 실패가 아니라 리스크의 관리일 뿐이다. 손절
매는 잘못된 투자로 인한 추가손실을 막는 방법이고, 결과적으로
그만큼의 기회비용, 즉 시간을 버는 방법이다. 원금에 집착하여
손절매 시기를 절대 놓치지 마라!!!

chapter...07

나누어 투자하면 답이 보인다
분산투자의 법칙

소액도 나누어 투자하라

필자는 소액투자자와 상담할 때도 분산투자하라는 조언을 많이 하는 편이다. 그러면 대개 고객들의 반응은 "돈이 어느 정도 되어야 분산투자도 할 게 아니냐"며 반문한다. 아닌게아니라 일부 재테크 전문가들도 어느 정도의 자금은 있어야 분산투자의 의미가 있다고 말한다.

하지만 필자는 소액으로도 얼마든지 분산투자가 가능하므로 가급적 이를 지켜야 한다고 생각한다. 우리나라 개미투자자들이 실패하는 가장 큰 이유 중 하나는 대부분 한 가지 방법으로만 투자한다는 것이다. 예금만 한다든지, 아니면 주식만 한다든지 하는 것이다. 그것도 투자시기를 나누지 않고 어느 한 시점에 전부 투자하려는 경향이 있다. 또한 주식투자를 해도 한두 종목에 소위 '몰빵'을 하는 사람이 많다.

투자대상의 갯수가 적을수록, 투자시기를 나누지 않고 한 번에 할수록 그만큼 위험은 더 커진다. 그래서 분산투자하라는 것이다. 소액이면 소액을 가지고 분산투자하면 그만이다. 예컨대 1천만 원으로 주식투자를 한다면 5종목에 200만 원씩 투자하면 되는 것이다. 그것이 힘들다면 펀드에 가입하라. 펀드에 가입하면 금액이 얼마가 되든지 자연적으로 분산투자가 이루어진다. 또한 1천만 원을 투자하더라도 한꺼번에 투자하지 않고 200만 원씩 다섯 번에 걸쳐 투자한다면 만약에 발생할지 모르는 손실을 최소화할 수 있다.

소액일수록 지나친 과욕을 부릴 것이 아니라 정상적인 분산투자로 안전하고 합리적인 수익을 기대해야 한다. 그것이 실패하지 않고 높은 수익을 올릴 수 있는 지름길이다.

분산투자 활용포인트

"계란을 한 바구니에 담지 말라"는 투자격언을 당장 실천하라.

첫째, 상품을 분산하라.

예금, 펀드, 채권, 주식 등 경제상황과 돈의 흐름에 따라 적절하게 상품을 나누어 투자해야 한다. 상품분석이나 상품선택이 어렵다면 혼자 고민하거나 포기할 것이 아니라 전문가를 활용하라. 투자상품을 분산하면, 하나의 상품에서 손실이 발생하더라도 다른 상품에서 나는 수익으로 손실을 보전하는 구조를 만들 수 있는 것이다. 즉 '안정성의 원칙'과 '수익성의 원칙'을 모두 충족시킬 수 있는 구조를 말한다.

일반적으로 주식이나 펀드와 같은 위험자산에 투자할 때는 투자타이밍을 잘 잡아야 한다. 그런데 타이밍을 잡는 것이 그리 쉽지는 않다. 또한 타이밍을 잘못 맞추어 큰 손실이 날 수도 있다. 투자의 타이밍을 잡기가 어렵다면 고민하지 말고 정액으로 분할하여 투자하라. 그렇게 하면 타이밍 잡는데 크게 신경 쓰지 않아도 손실위험이 줄어든다.

앞에서 말한 '금액·타이밍의 분산'을 말하는 것이 아니라 '투자기간'을 1년, 3년, 5년, 7년, 30년 등 상품마다 서로 다르게 하는 방법이다. 이렇게 하면 재무계획에 따른 목돈을 가능한 한 손실 없이 단계별로 현금화할 수 있게 된다. 이렇게 기간(만기)을 분산해놓으면 긴급자금이 필요할 때도 모든 투자액을 중도에 해지할 필요가 없으니 유리할 것이다(환금성의 원칙).

3장

샐러리맨 부자를 위한 성공투자기법

chapter...01

월급의 일정액을 펀드에 자동이체하라

적립식 펀드투자법

종자돈을 마련하기 위한 최고의 상품은 '적립식펀드'

물가상승률도 따라잡지 못하는 낮은 금리 때문에 은행에서 적금을 붓는 사람들이 줄고 있다. 과거에는 금리가 높아 적금으로 종자돈 만들기가 어렵지 않았다. 하지만 금리가 낮아진 지금 샐러리맨이 한정된 수입으로 종자돈을 모으려면 적립식펀드만한 게 없다.

적립식펀드란, 매달 일정액을 주식이나 채권에 투자하여 운용성과에 따라 수익을 챙길 수 있는 간접투자상품이다. 적립식이므로 목돈이 없어도 투자가 가능하다는 것이 최대장점이다. 2004년 이후부터 인기를 끌기 시작했는데 최근 장기투자시의 안정성과 수익성이 검증되고 저금리가 지속되면서 적립식펀드의 투자가 폭발적으로 늘어나고 있다.

최근에는 적립식펀드가 정기적금보다 3배 이상의 높은 수익을 내고 있다. 2007년 5월 기준으로 적립식펀드 계좌는 900만 개를 돌파했고, 수탁규모도 32조를 넘어서고 있으며 매달 지속적으로 증가하고 있는 추세다.

● 정기적금과 적립식펀드의 비교

구 분	정기 적금	적립식 펀드
수익형태	확정금리	실적배당
예상수익률	연4% 내외	연 10% 내외
운용대상	주로 대출	주식, 채권, 파생상품, 콜 등
세금	수익금의 15.4% 과세	주식매매차익 비과세
중도해지시	매우 불리함	약간 불리함
적합한 사람	보수적인 투자자, 단기투자자	수익추구형 투자자, 장기투자자

적립식펀드의 장점과 단점

적립식펀드는 소액으로 수익성 있는 유망상품에 분산투자되므로 위험이 적으면서 높은 수익을 기대할 수 있다. 실제로 2004년 이후 3년간 적립식펀드의 수익률을 확인해보면 실현수익률이 50%가 넘는 상품이 많다. 펀드의 주 수익원인 주식매매차익에 대하여 비과세되므로 절세효과도 탁월하다. 또한 소액으로는 살 수 없는 수십 종 유망상품에 투자할 수 있기 때문에 거액투자효과도 있다.

하지만 적립식펀드는 원금을 보장하지는 않는다. 최근 주식시장이 좋아서 손실 없이 높은 수익을 내기도 했지만, 만약 환매시점에 주식시장이 크게 떨어지면 손실도 감수해야 한다. 따라서 환매타이밍을 잘 잡는 것이 무엇보다도 중요하다. 그리고 적립식펀드는 정기적금처럼 확정금리가 제시되는 것이 아니고 매일매일의 수익률이 다르다. 이러한 불규칙적인 수익률에 일희일비할 필요는 없고 장기투자를 한다는 마음을 갖는 것이 유리하다. 또한 보통 1.5%~2.5% 내외의 수수료를 부담하는데, 수익이 날 때만이 아니라 손실이 발생했을 때도 부담해야 한다.

적립식펀드 만기에 손실이 나면?

적립식펀드는 수익률이 높은 반면 경우에 따라서는 손실이 날 수도 있다. 예컨대 3년계약으로 적립식펀드에 가입했는데 줄곧 이익이 많이 나다가 하필 3년이 되는 시점에 주가가 크게 떨어져 손실이 났다면 그처럼 억울한 일도 없다. 하지만 걱정할 필요는 없다. 왜냐하면 펀드는 만기가 없기 때문이다. 그래서 3년계약으로 가입했는데 마침 3년 되는 시점에 손실이 나고 있다면 좀 더 기다리는 편이 낫다. 나중에 펀드수익률이 좋아지면 그때 환매하면 그만이다. 또한 계약기간 전이라도 중도에 수익률이 좋으면 중도환매를 신청해도 된다.

적립식펀드를 중도에 환매하면 손해가 크지 않나?

적립식펀드는 정기적금에 비하여 중도해지의 불이익이 적다. 예컨대 매월 100만 원씩 3년간 불입하기로 한 정기적금과 적립식펀드를 똑같이 2년만에 중도해지한다고 가정해보자. 중도해지로 인한 불이익을 각각 비교해보면 적립식펀드의 경우에는 아주 미미하다는 것을 알 수 있다. 적립식펀드의 중도환매수수료는 직전 3개월 납입액(300만 원)의 수익분에 대하여 부과되는 반면, 정기적금은 2년간 납입전액(2,400만 원)에 대하여 부과되기 때문이다.

만약 정기적금의 중도해지이율이 2%이고 적립식펀드의 직전 3개월 납입액의 수익이 2%라면, 정기적금은 중도해지로 인하여 480,000원을 부담해야 하지만 적립식펀드는 42,000원에 불과하다(표 참조).

● 정기적금과 적립식펀드 중도 해지시 불이익 비교

구 분	정기 적금	적립식 펀드
월납입액	100만원	10C만원
계약기간	3년(연4% 가정)	3년(실적배당)
중도해지시 부담액 계산	납입전액×(만기이율−중도해지이율)	직전3개월납입액의 수익분×70%
2년 후 중도해지시 부담액	중도하지이율 2%가정 2400만원×2%=480,000원	직전3개월납입액의 수익2%가정 (30만원×2%)×(70%)=42,000원

게다가 적립식펀드의 경우에는 만약 직전 3개월 동안의 이익이 없다면 중도환매를 한다 해도 환매수수료를 부담하지 않는다. 그

리고 적립식펀드 중에서도 선취형펀드의 경우에는 중도에 환매해도 환매수수료가 전혀 없다.

적립식펀드의 최대손실은 얼마나 될까?

적립식펀드는 일반적으로 주식에 투자되는 주식형 펀드가 많다. 그래서 주가가 하락하면 손실이 날 수 있다. 최대 손실수준을 대략 알 수 있다면 적립식펀드에 대한 투자여부나 유형을 결정하는 데 도움이 된다.

꼭 들어맞는 것은 아니지만, 여기서는 '최대손실'을 주가지수가 반토막 났을 때로 상정하였다. 예컨대 적립식펀드 가입시점에 주가지수가 1,000포인트였는데 1년 후 500포인트까지 하락했다고 가정하자. 그러면 최고점인 1,000포인트에서 적립식펀드에 투자한 사람은 얼마나 손실을 보게 될까? 다음 표를 참조하라.

여기서는 가능한 한 '최대' 손실을 구하기 위해 1년간 한 번도 주가지수가 오르지 않고 매달 떨어지기만 했다고 가정했다. 이런 가정 하에 시뮬레이션을 해보니 주식비중이 80% 정도 되는 주식형 펀드의 수익률은 −24.94%, 주식비중이 30% 정도 되는 혼합형 펀드의 수익률은 −9.35%로 주가지수가 빠진 폭(−50%)보다는 훨씬 적었다. 즉, 적립식으로 투자하면 같은 주식형펀드라도 손실폭이 적다는 것을 알 수 있다.

● 적립식펀드의 최대손실 예상 시뮬레이션

회차	월납 입액	납입누계	주가	매입 수량	매입 누계	평가액	적립식펀드 유형별 수익률		
							주식80%	주식50%	주식30%
1	1,000,000	1,000,000	1,000	1,000	1,000	1,000,000	0.00%	0.00%	0.00%
2	1,000,000	2,000,000	960	1,042	2,042	1,960,000	-1.60%	-1.00%	-0.60%
3	1,000,000	3,000,000	920	1,067	3,129	2,878,333	-3.24%	-2.03%	-1.22%
4	1,000,000	4,000,000	880	1,136	4,265	3,753,188	-4.94%	-3.09%	-1.85%
5	1,000,000	5,000,000	840	1,190	5,455	4,582,589	-6.68%	-4.17%	-2.50%
6	1,000,000	6,000,000	800	1,250	6,705	5,364,370	-8.48%	-5.30%	-3.18%
7	1,000,000	7,000,000	760	1,316	8,021	6,096,152	-10.33%	-6.46%	-3.87%
8	1,000,000	8,000,000	720	1,389	9,410	6,775,302	-12.25%	-7.65%	-4.59%
9	1,000,000	9,000,000	680	1,471	10,881	7,398,896	-14.23%	-8.90%	-5.34%
10	1,000,000	10,000,000	640	1,563	12,443	7,963,667	-16.29%	-10.18%	-6.11%
11	1,000,000	11,000,000	600	1,667	14,110	8,465,938	-18.43%	-11.52%	-6.91%
12	1,000,000	12,000,000	560	1,786	15,896	8,901,542	-20.66%	-12.91%	-7.75%
1년후	1,000,000	13,000,000	500	2,000	17,896	8,947,805	-24.94%	-15.59%	-9.35%

이 표의 적립식펀드 예상 시뮬레이션은 물론 실제와 꼭 일치하지는 않을 것이다. 하지단 주가지수가 최악으로 하락했을 때 어느 정도의 손실위험부담이 있는지를 판단하는 데 어느 정도 도움이 될 것이다. 다시 말해 최악의 경우 손실이 25%까지 날 수 있다 하더라도 이를 감수할 수 있다면 주식비중이 80%인 주식형 펀드에 가입해도 좋지만, 손실이 10%를 넘는 것은 참을 수 없다고 생각하는 사람은 주식비중이 30%인 혼합형 펀드에 가입하는 것이 적절하다는 얘기다. 결국 펀드는 자신의 투자성향, 즉 '위험감수 수준' 을 어느 정도로 정하느냐에 따라 자기 자신에 맞는 상품이 따로 있다는 뜻이다.

하지만 주가지수는 한없이 빠지기만 하는 것이 아니다. 최근 우리나라의 주가지수 사이클은 2년 정도 된다. 따라서 1년 내내 빠졌다면 사이클 상 1년 정도는 오르게 될 것이다. 그렇다면 계속적인 하락으로 500포인트였던 주가지수가 처음 적립식펀드에 가입할 때의 지수인 1,000포인트에 다시 오게 된다면 적립식펀드의 수익률은 얼마나 될까?

● 적립식펀드의 손실회복 예상 시뮬레이션

회차	월납입액	납입누계	주가	매입수량	매입누계	평가액	적립식펀드 유형별 수익률		
							주식80%	주식50%	주식30%
1	1,000,000	1,000,000	1,000	1,000	1,000	1,000,000	0.00%	0.00%	0.00%
2	1,000,000	2,000,000	960	1,042	2,042	1,960,000	−1.60%	−1.00%	−0.60%
3	1,000,000	3,000,000	920	1,067	3,129	2,878,333	−3.24%	−2.03%	−1.22%
4	1,000,000	4,000,000	880	1,136	4,265	3,753,188	−4.94%	−3.09%	−1.85%
5	1,000,000	5,000,000	840	1,190	5,455	4,582,589	−6.68%	−4.17%	−2.50%
6	1,000,000	6,000,000	800	1,250	6,705	5,364,370	−8.48%	−5.30%	−3.18%
7	1,000,000	7,000,000	760	1,316	8,021	6,096,152	−10.33%	−6.46%	−3.87%
8	1,000,000	8,000,000	720	1,389	9,410	6,775,302	−12.25%	−7.65%	−4.59%
9	1,000,000	9,000,000	680	1,471	10,881	7,398,896	−14.23%	−8.90%	−5.34%
10	1,000,000	10,000,000	640	1,563	12,443	7,963,667	−16.29%	−10.18%	−6.11%
11	1,000,000	11,000,000	600	1,667	14,110	8,465,938	−18.43%	−11.52%	−6.91%
12	1,000,000	12,000,000	560	1,786	15,896	8,901,542	−20.66%	−12.91%	−7.75%
1년후	1,000,000	13,000,000	500	2,000	17,896	8,947,805	−24.94%	−15.59%	−9.35%
14	1,000,000	14,000,000	560	1,786	19,681	11,021,542	−17.02%	−10.64%	−6.38%
15	1,000,000	15,000,000	600	1,667	21,348	12,808,795	−11.69%	−7.30%	−4.38%
16	1,000,000	16,000,000	640	1,563	22,910	14,662,715	−6.69%	−4.18%	−2.51%
17	1,000,000	17,000,000	680	1,471	24,381	16,579,134	−1.98%	−1.24%	−0.74%
18	1,000,000	18,000,000	720	1,389	25,770	18,554,377	2.46%	1.54%	0.92%
19	1,000,000	19,000,000	760	1,316	27,086	20,585,176	6.67%	4.17%	2.50%
20	1,000,000	20,000,000	800	1,250	28,336	22,668,606	10.67%	6.67%	4.00%
21	1,000,000	21,000,000	840	1,190	29,526	24,802,037	14.48%	9.05%	5.43%
22	1,000,000	22,000,000	880	1,136	30,663	26,983,086	18.12%	11.33%	6.80%
23	1,000,000	23,000,000	920	1,087	31,750	29,209,590	21.60%	13.50%	8.10%
24	1,000,000	24,000,000	960	1,042	32,791	31,479,572	24.93%	15.58%	9.35%
2년후	1,000,000	25,000,000	1,000	1,000	33,791	33,791,221	28.13%	17.58%	10.55%

 ★ 샐러리맨 부자 만들기

적립식펀드의 수익률은 주가가 올라가면 손실을 회복하기 시작한다. 주가지수 1,000포인트에서 가입한 후 1년간 떨어졌던 적립식펀드도 지수가 오름에 따라 손실이 점차 줄어들다가 주가지수 720포인트가 되면 비로소 원금을 회복하게 된다. 그리고 처음 가입시점인 1,000포인트까지 오르게 되면 주식비중이 80%인 주식형 펀드는 28.13%, 주식비중이 30%인 혼합형 펀드는 10.55%의 수익을 올리게 된다. 주가지수 1,000포인트에 투자를 시작해서 다시 1000포인트를 되찾았을 뿐인데도 수익은 정기적금보다 몇 바나 높은 것이다. 그 이유는 무엇일까?

이것이 바로 적립십펀드의 안정성이다. 주가 1,000포인트에 모든 자금을 전액투자한 것이 아니라 매달 100만 원씩 나누어 투자했으므로 '평균 매입단가'가 낮아졌기 때문이다(일명 '코스트애버리징 효과'라고 함). 이로써 적립식펀드는 반드시 가입시점 대비 주가가 올라야만 수익이 나는 것이 아니라는 점을 알 수 있다. 오히려 적립식펀드는 주가가 사이클에 따라 아래위로 변동할 때 수익을 내기가 유리하다.

만약 다시 1년을 더 투자하여 주가지수가 1,500포인트까지 오른다면 적립식펀드의 수익률은 얼마나 될까?

회차	월납 입액	납입누계	주가	매입 수량	매입 누계	평가액	적립식펀드 유형별 수익률		
							주식80%	주식50%	주식30%
1	1,000,000	1,000,000	1,000	1,000	1,000	1,000,000	0.00%	0.00%	0.00%
2	1,000,000	2,000,000	960	1,042	2,042	1,960,000	−1.60%	−1.00%	−0.60%
3	1,000,000	3,000,000	920	1,067	3,129	2,878,333	−3.24%	−2.03%	−1.22%
4	1,000,000	4,000,000	880	1,136	4,265	3,753,188	−4.94%	−3.09%	−1.85%
5	1,000,000	5,000,000	840	1,190	5,455	4,582,589	−6.68%	−4.17%	−2.50%
6	1,000,000	6,000,000	800	1,250	6,705	5,364,370	−8.48%	−5.30%	−3.18%
7	1,000,000	7,000,000	760	1,316	8,021	6,096,152	−10.33%	−6.46%	−3.87%
8	1,000,000	8,000,000	720	1,389	9,410	6,775,302	−12.25%	−7.65%	−4.59%
9	1,000,000	9,000,000	680	1,471	10,881	7,398,896	−14.23%	−8.90%	−5.34%
10	1,000,000	10,000,000	640	1,563	12,443	7,963,667	−16.29%	−10.18%	−6.11%
11	1,000,000	11,000,000	600	1,667	14,110	8,465,938	−18.43%	−11.52%	−6.91%
12	1,000,000	12,000,000	560	1,786	15,896	8,901,542	−20.66%	−12.91%	−7.75%
1년후	1,000,000	13,000,000	500	2,000	17,896	8,947,805	−24.94%	−15.59%	−9.35%
14	1,000,000	14,000,000	560	1,786	19,681	11,021,542	−17.02%	−10.64%	−6.38%
15	1,000,000	15,000,000	600	1,667	21,348	12,808,795	−11.69%	−7.30%	−4.38%
16	1,000,000	16,000,000	640	1,563	22,910	14,662,715	−6.69%	−4.18%	−2.51%
17	1,000,000	17,000,000	680	1,471	24,381	16,579,134	−1.98%	−1.24%	−0.74%
18	1,000,000	18,000,000	720	1,389	25,770	18,554,377	2.46%	1.54%	0.92%
19	1,000,000	19,000,000	760	1,316	27,086	20,585,176	6.67%	4.17%	2.50%
20	1,000,000	20,000,000	800	1,250	28,336	22,668,606	10.67%	6.67%	4.00%
21	1,000,000	21,000,000	840	1,190	29,526	24,802,037	14.48%	9.05%	5.43%
22	1,000,000	22,000,000	880	1,136	30,663	26,983,086	18.12%	11.33%	6.80%
23	1,000,000	23,000,000	920	1,087	31,750	29,209,590	21.60%	13.50%	8.10%
24	1,000,000	24,000,000	960	1,042	32,791	31,479,572	24.93%	15.58%	9.35%
2년후	1,000,000	25,000,000	1,000	1,000	33,791	33,791,221	28.13%	17.58%	10.55%
26	1,000,000	26,000,000	1,040	962	34,753	36,142,870	31.21%	19.51%	11.70%
27	1,000,000	27,000,000	1,080	926	35,679	38,532,980	34.17%	21.36%	12.81%
28	1,000,000	28,000,000	1,120	893	36,572	40,960,128	37.03%	23.14%	13.89%
29	1,000,000	29,000,000	1,160	862	37,434	43,422,989	39.79%	24.87%	14.92%
30	1,000,000	30,000,000	1,200	833	38,267	45,920,334	42.45%	26.53%	15.92%
31	1,000,000	31,000,000	1,240	806	39,073	48,451,012	45.03%	28.15%	16.89%
32	1,000,000	32,000,000	1,280	781	39,855	51,013,948	47.53%	29.71%	17.83%
33	1,000,000	33,000,000	1,320	758	40,612	53,608,133	49.96%	31.22%	18.73%
34	1,000,000	34,000,000	1,360	735	41,348	56,232,622	52.31%	32.70%	19.62%
35	1,000,000	35,000,000	1,400	714	42,062	58,886,523	54.60%	34.12%	20.47%
36	1,000,000	36,000,000	1,440	694	42,756	61,568,995	56.82%	35.51%	21.31%
3년후	−	36,000,000	1,500	−	42,756	64,134,370	62.52%	39.08%	23.45%

이 표에서 보는 바와 같이 주식비중이 80%인 주식형 펀드의 경우 무려 62.52%라는 높은 수익률을 달성하게 된다. 3년 동안 주가지수는 1,000포인트에서 1,500포인트까지 올랐으니 50% 올랐는데 적립식펀드(주식비중80%)는 이보다 12.52%나 더 많은 수익을 낸 것이다. 그래서 적립식펀드는 장기투자했을 때 '저위험 · 고수익상품' 으로 탈바꿈하는 최고의 종자돈마련 상품이라 할 수 있는 것이다.

적립식펀드는 주가가 저점일 때 가입하는 것이 가장 좋을까?

최근 필자가 적립식펀드 상담을 하다보면, 지금은 주가가 너무 높아서 불안하니까 주가가 떨어졌을 때 저점에서 가입하겠다고 하는 사람들이 있다. 하지만 이러한 생각은 옳지 않다. 왜냐하면 주가 저점에서 적립식펀드에 가입하여 최고점에 환매한다 하더라도 최고의 수익률을 내는 것은 아니기 때문이다.

만약 주가지수 1,000포인트에서 적립식펀드를 가입했는데 한번도 하락하지 않고 1년마다 500포인트씩 올라 3년 후에는 2,500포인트가 되었다고 하자. 그러면 적립식펀드의 수익률은 얼마나 될까? 필자가 강연회에서 이런 질문을 하면 대부분 200%? 300%? 아니면 500%쯤 될 것 같다는 답변이 많다. 앞에서 살펴본 바와 같이 주가가 1,000p→500p(1년후)→1,000p(2년후)→1,500p(3년후)로 움직였을 때 적립식펀드(주식비중80%)의 수익률이 62.52%나 나왔으니, 주가저점(1,000포인트)에 가입하여 3년 후 최고점(2,500포인트)에서 환매한다면 수익률이 엄청나게 커질 것이라고 예상한 것이다. 하지만 천만의 말씀이다.

이 경우를 시뮬레이션해보면 3년 후 적립식펀드(주식비중80%)의 수익률은 44.94%에 불과하다. 3년 동안 주가지수는 1,000포인트에서 2,500포인트까지 올라서 150% 상승하였지만 적립식으로 투자한 경우에는 150%에 훨씬 못 미치는 것이다. 앞선 예시에서는 3년 동안 주가지수가 1,000포인트에서 1,500포인트 오른 경우 적립식펀드(주식비중80%) 수익률이 62.52%나 되었으니 2,500포인트까지 올랐다면 수익률이 훨씬 더 높아야 하지 않느냐고 반문할지 모른다. 다음 표를 보자.

● 주가지수 지속상승시 적립식펀드 수익률 예상 시뮬레이션

회차	월납입액	납입누계	주가	매입수량	매입누계	평가액	주식투자비율별 평가수익률		
							주식80%	주식50%	주식30%
1	1,000,000	1,000,000	1,000	1,000	1,000	1,000,000	0.00%	0.00%	0.00%
2	1,000,000	2,000,000	1,040	962	1,962	2,040,000	1.60%	1.00%	0.60%
3	1,000,000	3,000,000	1,080	926	2,887	3,118,462	3.16%	1.97%	1.18%
4	1,000,000	4,000,000	1,120	893	3,780	4,233,960	4.68%	1.92%	1.75%
5	1,000,000	5,000,000	1,160	862	4,642	5,385,173	6.16%	3.85%	2.31%
6	1,000,000	6,000,000	1,200	833	5,476	6,570,869	7.61%	4.76%	2.85%
7	1,000,000	7,000,000	1,240	806	6,282	7,789,898	9.03%	5.64%	3.39%
8	1,000,000	8,000,000	1,280	781	7,063	9,041,185	10.41%	6.51%	3.90%
9	1,000,000	9,000,000	1,320	758	7,821	10,323,722	11.77%	7.35%	4.41%
10	1,000,000	10,000,000	1,360	735	8,556	11,636,562	13.09%	8.18%	4.91%
11	1,000,000	11,000,000	1,400	714	9,271	12,978,813	14.39%	8.99%	5.40%
12	1,000,000	12,000,000	1,440	694	9,965	14,349,637	15.66%	9.79%	5.87%

1년후	1,000,000	13,000,000	1,500	667	10,632	15,947,538	18.14%	11.34%	6.80%
14	1,000,000	14,000,000	1,520	658	11,290	17,160,172	18.06%	11.29%	6.77%
15	1,000,000	15,000,000	1,560	641	11,931	18,611,756	19.26%	12.04%	7.22%
16	1,000,000	16,000,000	1,600	625	12,556	20,088,980	20.44%	12.78%	7.67%
17	1,000,000	17,000,000	1,640	640	13,165	21,591,205	21.61%	13.50%	8.10%
18	1,000,000	18,000,000	1,680	595	13,761	23,117,819	22.75%	14.22%	8.53%
19	1,000,000	19,000,000	1,720	581	14,342	24,668,244	23.87%	14.92%	8.95%
20	1,000,000	20,000,000	1,760	568	14,910	26,241,924	24.97%	15.60%	9.36%
21	1,000,000	21,000,000	1,800	556	15,466	27,838,331	26.05%	16.28%	9.77%
22	1,000,000	22,000,000	1,840	543	16,009	29,456,961	27.12%	16.95%	10.17%
23	1,000,000	23,000,000	1,880	532	16,541	31,097,329	28.16%	17.60%	10.56%
24	1,000,000	24,000,000	1,920	521	17,062	32,758,975	29.20%	18.25%	10.95%
2년후	1,000,000	25,000,000	2,000	500	17,562	35,123,932	32.40%	20.25%	12.15%
26	1,000,000	26,000,000	2,040	490	18,052	36,826,410	33.31%	20.82%	12.49%
27	1,000,000	27,000,000	2,080	481	18,533	38,548,497	34.22%	21.39%	12.83%
28	1,000,000	28,000,000	2,120	471	19,005	40,289,214	35.11%	21.95%	13.17%
29	1,000,000	29,000,000	2,160	463	19,468	42,049,999	36.00%	22.50%	13.50%
30	1,000,000	30,000,000	2,200	455	19,922	43,828,703	36.88%	23.05%	13.83%
31	1,000,000	31,000,000	2,240	446	20,369	45,625,589	37.74%	23.59%	14.15%
32	1,000,000	32,000,000	2,280	439	20,807	47,440,331	38.60%	24.13%	14.48%
33	1,000,000	33,000,000	2,320	431	21,238	49,272,618	39.45%	24.66%	14.79%
34	1,000,000	34,000,000	2,360	424	21,662	51,122,146	40.29%	25.18%	15.11%
35	1,000,000	35,000,000	2,400	417	22,079	52,988,623	41.12%	25.70%	15.42%
36	1,000,000	36,000,000	2,440	410	22,488	54,871,766	41.94%	26.21%	15.73%
3년후	–	36,000,000	2,500	–	22,488	56,221,072	44.94%	28.08%	16.85%

투자격언에 "High risk, high return"이란 말이 있다. 위험을 크게 부담하면 할수록 수익도 크다는 의미다. 적립식펀드도 마찬가지다. 주가지수가 1,000p→500p→1,000p→1,500p로 움직인 경우에는 1,000포인트에서 500포인트로 떨어지는 구간에서 손실위험을 부담했기 때문에 높은 수익을 기대할 수 있는 것이다. 반면에 주가지수가 1,000p→1,500p→2,000p→2,500p의 흐름으로 단 한 번도 손실위험을 부담하지 않고 상승만 한 경우에는 상대적으로

높은 수익을 기대할 수 없다.

주가가 1,000포인트에서 1,500포인트로 올라가면, 원래는 주식을 1,000개 살 수 있었던 것을 667개밖에 못 산다. 2,000포인트로 올라가면 500개밖에 못 사고, 2,500포인트가 되면 400개밖에 못 산다. 반면에 주가지수가 1,000포인트에서 500포인트로 떨어지면 일시적으로 손실이 나긴 하지만 1,000포인트에서 1,000개 살 수 있었던 주식을 500포인트에서는 2,000개 살 수 있다. 따라서 향후 주가가 올라가면 많은 수량이 한꺼번에 올라가기 때문에 수익률도 그만큼 커진다. 반대로 주가가 계속 올라가기만 하면 손실은 나지 않는다 하더라도 점점 비싸게 사야 하기 때문에 수익률은 크지 않게 되는 것이다.

그런데 주가지수는 사이클이 있어서 3년 동안 계속 올라가기만 하는 것도 아니고 계속 떨어지기만 하는 것도 아니다. 또한 이미 살펴본 바대로 적립식펀드는 고점에서 가입한다고 항상 손실이 나는 것도 아니고, 저점에서 가입하여 고점에서 환매한다고 해서 최고의 수익률을 올릴 수 있는 것도 아니다. 즉 결론은, 적립식펀드의 가입시점은 주가가 고점이든 저점이든 상관이 없다는 것이다. 적립식펀드의 수익률은 주가가 얼마나 큰 폭으로 변동하느냐, 그리고 환매시점을 언제로 잡느냐에 따라 결정되는 것이다.

종자돈을 마련하려면 일단 적립식펀드에 가입하라. 가입시점의 주가수준은 고점이든 저점이든 상관없다. 중요한 것은 주가수준에 상관없이 2~3년 이상 붓다가 주가가 많이 올랐을 때 환매시점을 잘 잡는 것이다. 그렇다면 이제 환매시점을 어떻게 잡아야 하는지가 걱정스러울 것이다. 하지만 걱정할 것 없다. 적립식펀드를 장기로 투자하다보면 반드시 주가고점이 와서 수익이 많이 나는 때가 반드시 온다. 그때 환매하면 된다. 그때가 오지 않으면 올 때까지 좀 더 기다리면 된다. 일반적으로 그 환매시기는 주가 사이클상 3년 안에 온다.

적립식펀드 투자포인트

요즘 적립식펀드에 관하여 신문이나 뉴스에서 많이들 다루그 있지만, 막상 가입하려고 보면 어떻게 해야 할지 막막한 사람들도 많은 것 같다. 이런 분들은 자신만의 판단기준이 없기 때문이다. 다음 몇 가지만 꼭 짚어 보자.

첫째, 실력있는 전문가를 찾아라.

펀드 선택에 확신이 없다면 혼자서 고민하지 말고 은행이나 증권사를 방문하여 전문가의 도움을 청하라. 소액이라고 기죽을 것도 없다. 스스로 구하지 않으면 아무도 도와주지 않는다. 전문가와 상담해보면 상품선정이나 환매시점의 관리에 대하여 상세하게 들을 수 있을 것이다.

무슨 소린가 하면, 무조건 수익률이 높은 상품만을 찾으려 하지 말고 자신의 투자성향, 투자기간, 투자목적에 맞는 상품을 선택하라는 것이다. 예컨대 자신의 투자성향이 손실위험이 좀 있더라도 높은 수익을 바라고, 투자기간도 3년 이상이라면 주식형 펀드가 적합하다. 한편, 원금을 중시하는 보수적인 투자성향이거나 1년 내외의 단기에 쓸 용도가 있는 자금이라면 주식비중이 적은 혼합형 펀드나 적금이 적합하다. 3년 이상의 장기투자자에게 지나치게 안정적인 상품은 맞지 않고, 1년 미만의 단기투자자에 주식비중이 많은 투자형상품은 적합하지 않다. 또한 투자목적이 주택자금이면 주택자금에 적합한 상품이 맞고, 노후자금이면 노후자금에 적합한 상품에 가입하는 것이 맞다.

운용규모는 500억 원 이상되는 펀드 중에서 선택하고, 과거의 운용성과는 유형평균보다 높은 수익률을 내는 펀드 중에서 선택하는 게 좋다. 운용규모와 과거운용성과에 관한 자료는 펀드평가사 사이트(www.funddoctor.co.kr, www.morningstar.co.kr, www.fundzone.co.kr)에 들어가 보면 자세하게 나와 있다.

넷째, 장기투자하라.

적립식펀드의 단기수익률이 높은 것은 별로 의미가 없다. 왜냐하면 적립식펀드란 서너 달 적립하다가 환매하는 것이 아니기 때문이다. 최소 2년 이상 적립하고 그 후에 환매시점을 잡아야 한다. 특히 당장 쓸 자금이 아닌 여유자금이라면 가능한 한 길게 투자하여 종자돈을 불리는 데 집중해야 한다.

chapter...02

안전하게 주식투자하는 방법도 있다

적립식 주식투자법

주식도 적금 붓듯이 투자하라

주식은 일반적으로 위험하다. 그래서 주식초보자나 주식으로 크게 망해본 사람은 많이 꺼리는 투자수단이기도 하다. 그러나 주식에 직접투자하면서도 크게 위험하지 않은 방법이 있는데, 그것이 바로 적립식 주식저축(소위 '적금주')이다. 적립식 주식저축이란 특정한 상품명이 아니라 '주식도 적금처럼 투자하라'는 관점에서 관행적으로 쓰이는 말이다.

일반적으로 저축은 매월 얼마씩 불입하는 적금과 목돈을 1년 또는 2년간 예치하는 예금이 있다. 여기서 말하는 주식저축이란 매월 일정액을 적금 붓듯이 특정 주식에 투자하는 것을 말한다. 결국 투자금액을 쪼개서 장기투자하는 것이라고 볼 수 있다. 예컨대 〈LG전자〉의 주식을 매월 100만 원씩 1년 동안 지속적으로 사는 방식이다. 투자방식면에서 보면 적립식펀드나 정기적금과 유사하다.

구 분	정기적금	적립식 펀드	주식저축
투자주체	은행	자산 운용사(펀드 매니저)	투자자 자신
투자대상	주로 대출	주식, 채권, 선물옵션 등	특정주식
세금	이자소득과세	주식매매차익 비과세 채권이자/주식배당소득 과세	주식매매차익 비과세 주식배당소득과세
수수료	없음	0.5%~2.5%	0.1%~0.5%
중도환매 수수료	기간에 따라 중도 해지이율 있음	보통 3개월 지나면 없음 (단, 선취형펀드는 항상 없음)	없음

주식저축은 이런 점이 좋다

일반적으로 주식에 투자하려는 분은 목돈을 투자하는 경우가 많다. 그러나 주식저축은 적금하듯이 주식에 투자하는 것이므로 적은 금액으로도 가능하다. 따라서 소액투자자가 몇십만 원으로 하는 것도 얼마든지 가능하다. 또한 매월 일정액을 분할매수하는 것이므로 특별히 매수타이밍을 잡지 않아도 된다. 위험을 최소화시키면서 고수익이 가능한 투자방식이다. 주식매매차익에 대하여 비과세되고 중도해지에 따른 불이익이 없다는 점도 다른 상품에 비해 유리하다. 그래서 주식초보자나 주식시세를 자주 볼 수 없는 샐러리맨에게 매우 권장할만한 주식투자방법이다.

우량주 주식저축으로 연15%수익만 내자

누구나 주식투자로 대박을 맛보고 싶어한다. 그리고 실제 대박난 투자자도 있다. 하지만 대박을 갈망하는 대부분의 투자자는 실패하기 마련이다. 대박의 환상 뒤에는 '쪽박'의 위험성도 그만큼 크기 때문이다.

샐러리맨의 직접투자는 일단 성공확률이 적고, 특히 한 번 실패하면 회복하기 어려운 대박게임에서 패자가 되기 쉽다. 그런 승부는 처음부터 내몫이 아니라고 생각하는 것이 좋다. 차라리 정기예금 대비 2~5배 정도의 수익을 기대하고 우량주 주식저축으로 승부하라. 우량주 주식저축의 가장 큰 장점 중의 하나는 손실폭이 크지 않으면서 15% 이상의 안정적인 수익을 기대할 수 있다는 점이다.

다음 표에서 보는 바와 같이 매월 말일 우량주를 매입할 경우 일반적으로 최저수익률은 −10% 내외이면서 1년 수익률은 15% 내외로 나타나고 있다. 물론 어느 시기에 주가가 크게 상승하면 수익률은 훨씬 더 커질 것이다.

매월말일종가로 100만원씩 투자, 투자기간: 06.4.40 ～ 07.4.30			
투자종목	투자기간중 최저누적수익률	투자기간중 최고수익률	1년수익률
삼성테크윈	−11.63%	23.96%	14%
웅진코웨이	−10.47%	30.54%	30%
LG	−7.49%	16.43%	16%
삼성전기	−9.68%	18.84%	−9%
현대건설	−9.81%	12.02%	11%
평균	−9.92%	20.36%	14%

주식저축은 주가가 크게 오르지 않아도 높은 수익이 가능하다

주식투자에는 두 가지 위험이 존재하는데, 그것은 '시장위험'과 '개별위험'이다. 따라서 이 두 가지 위험만 줄일 수 있다면 큰 손실 없이 높은 수익을 기대할 수 있게 된다. 매월 일정액을 주식에 저축하면 바로 이 두 가지 위험을 줄일 수 있다. 특정주식을 한 번에 전액투자하는 것이 아니라 매월 일정액씩 소액으로 분할트자하기 때문이다. 그렇게 했을 경우 주가가 떨어져도 저점매수의 기회가 되어 유리하고, 주가가 올라가면 손해 볼 일이 없으니 위험이 줄어들게 된다. 또한 주가가 크게 오르지 않고 박스권에서 횡보할 때도 상당한 수익을 낼 수 있다.

다음 표는 〈웅진코웨이〉 주식을 매월말일 종가로 100만 원씩 1년간 투자한 케이스다. 최초 투자일인 2006년 4월 28일의 주가는 28,000원이고, 1년 후인 2007년 4월 30일의 주가는 31,350원으로 12% 상승하는 데 그쳤다. 그런데 주식저축으로 매월 100만 원씩 투자한 경우의 수익률은 실제 주가상승률의 3배에 가까운 30%에 달했다.

주식저축은 위험관리면에서도 탁월하다. 〈웅진코웨이〉 주식이 2006.6.30일 20,800원까지 하락하여 최초투자시보다 26%나 하락하였음에도 불구하고 주식저축으로 분할투자한 경우에는 10% 손실에 그쳤기 때문이다. 따라서 적립식 주식저축은 손실위험은 줄이면서 고수익을 기대할 수 있는 투자방법이라고 할 수 있다.

● 웅진코웨이 주식저축 예시

매월 말일 종가로 100만원 투자시(웅진코웨이)			2006.4.28 전액투자시 (1,200만원)
투자일자	종가	누적수익률	
2006.4.28	28,000	0%	0%
2006.5.30	23,000	−7%	−18%
2006.6.30	20,800	−10%	−26%
.	.	.	.
.	.	.	.
.	.	.	.
2007.4.30	31,350	**30%**	**12%**

주가가 떨어져도 주식저축은 수익을 낼 수 있다

최초 투자시점보다 주가가 올라가면 당연히 수익이 나겠지만

1년 후 주가가 떨어지면 주식저축도 손해가 나지 않을까? 물론 그렇다. 하지만 하락폭이 크지 않다면 오히려 이익이 나는 것을 알 수 있다.

　다음 표에 있는 〈삼성전기〉의 주가를 보자. 최초 투자시점인 2004.9.10일 주가는 31,950원이었으나 1년 후인 2005.9.12일 주가는 29,200으로 오히려 주가가 9% 정도 떨어졌다. 그런데 주식저축으로 적립식 투자한 경우의 수익률은 11%에 이른다. 이것이 소위 '적금주의 마법'이다.

● 삼성전기 주식저축 예시

매월 10일 종가로 100만원 투자시(삼성전기)			2004.9.10 전액투자시 (1200만원)
투자일자	종가	누적수익률	
2004.9.10	31,950	0%	0%
2004.10.11	29,000	−5%	−9%
2004.11.10	26,000	−10%	−19%
.	.	.	.
2005.5.10	23,200	−12%	−27%
.	.	.	.
2005.8.10	26,400	0%	−17%
2005.9.12	29,200	**11%**	**−9%**

　물론 아무리 적립식 주식저축이라 하여도 1년 내내 지속적으로 하락하면 손실이 커질 수밖에 없다. 하지만 이 경우에도 일시에 전액투자한 것보다는 손실폭이 훨씬 작다. 손실이 적으면 향후 원금회복도 그리 어렵지 않다.

다음 표에서 보는 바와 같이 〈기아차〉는 1년 동안 지속하락하여 주가가 거의 반토막이 되었다. 하지만 적립식 주식저축으로 투자한 경우에는 22%의 손실에 그친 것을 알 수 있다.

● 기아차 주식저축 예시

매월 10일 종가로 100만원 투자시(기아차)			2006.4.28 전액투자시 (1200만원)
투자일자	종가	누적수익률	
2006.4.28	19,400	0%	–%
2006.5.30	16,250	–6%	–16%
.	.	.	.
2006.12.28	13,450	–11%	–31%
.	.	–	.
2007.4.30	11,100	**–22%**	**–43%**

만약에 기아차를 2006.4.28일에 1,200만 원 전액투자했다면 1년 후 수익률은 –43%로 회복하기가 매우 힘든 상황이 된다. 하지만 매월 100만 원씩 적립식으로 투자한 경우 손실폭은 반(–22%)으로 줄어든다는 것을 알 수 있다. 주식투자에서 20% 내외의 손실은 회복하기가 그리 어렵지 않다. 이 정도의 손실이라면 좀 더 기다리면 곧 원금이 회복되고 수익이 날 수도 있다는 기대를 해도 좋은 정도다. 더욱이 대기업인 〈기아차〉가 1년 동안이나 주가가 떨어진 상황이라면 향후 오를 가능성이 매우 크다고 봐야 한다. 실제로 〈기아차〉의 주가는 두 달 후인 2007.6.29일 14,400원으로

반등했다.

만약 2007년 5월과 6월에도 계속 〈기아차〉의 주식으로 100만 원씩 저축했다면 원금을 회복하고도 4%의 수익을 내게 된다. 그 이유는 지속적인 분할매입으로 평균매입단가가 낮아졌기 때문이다. 〈기아차〉의 주가는 크게 떨어졌지만 적립식으로 투자하여 저가매수가 많아졌기 때문에 실제 평균매입단가는 13,825원으로 낮아진 것이다. 2007.4.30일에는 주가가 11,100원으로 떨어져 −22%의 손실이 났지만 두 달 후인 2007.6.29일 주가가 14,400원까지 올라 평균매입단가를 상회함으로써 4% 수익이 나게 되었다.

1년 사이에 주가가 43%나 떨어졌지만 매월 적립식으로 투자하여 평균매입단가를 낮춰놓은 것이 원금회복의 기반이 된 셈이다. 결국 최초 투자시점의 주가인 19,400원에 훨씬 못 미치는 14,400원에서도 투자자는 수익을 낼 수 있게 되었다. 즉, 적립식 주식저축은 주가가 반토막이 나더라도 지속적으로 투자하기만 한다면 원금회복이 그리 어렵지 않다는 것을 알 수 있다.

적립식 주식저축은 우량주로 하라

주식저축이 다른 투자방식에 비하여 아무리 저위험·고수익 투자방법이라 하더라도, 종목을 잘못 선택하면 큰 손실이 날 수 있다. 기업내용이 좋지 않은 종목은 소액으로 주식저축해도 위험이 크기 때문이다. 따라서 주식저축 방식으로 투자하려면 재무구조가 좋은 우량종목을 선택해야 한다.

그런데 우량주란 과연 어떤 것일까? 필자가 생각하는 우량주는 재무구조가 건실하면서 안정성, 수익성, 성장성이 있는 기업이다. 그렇다면 우량종목은 어떻게 찾아야 하나? 일반 개인투자자가 1,800개 정도 되는 상장기업의 재무제표를 모두 확인해보기란 거의 불가능하다. 따라서 우량주는 일반 증권사의 리서치자료나 민간 경제연구소 등에서 추천하는 종목 중에서 선택하라고 권하고 싶다.

일단 공신력 있는 전문가나 기관의 추천을 참고하여 종목을 선택했다 하더라도 반드시 투자에 앞서 HTS(증권사 홈트레이딩 프로그램)에서 해당 기업의 상세한 내용을 확인하는 게 좋다. 일반적으로 증권사의 HTS화면에는 '기업분석' 또는 '기업정보' 탭이 있다. 그것을 클릭하면 해당 기업의 개요 및 현황, 투자지표, 재무제표, 재무분석 등의 자료가 간단명료하게 요약되어 있다.

주식저축 투자포인트

많은 사람들이 주식에 대한 편견을 가지고 있다. "절대 해서는 안된다" 혹은 "주식에 깨진 돈, 원금만 찾으면 깨끗이 물러난다" 혹은 "주식! 네가 이기나 내가 이기나 어디 한번 붙어보자" 등등

등……. 사실 이러한 고집은 실패의 지름길이다. 주식저축으로 위험을 줄이면서 합리적인 수익을 추구하는 자세로 투자한다면 주식으로도 얼마든지 성공할 수 있다. 매월 일정액씩 주식에 적금 하듯이 투자만 하면 된다. 단, 다음 사항에 유의하여야 한다.

첫째, 우량주에 투자하라.

아무리 주식을 적금 붓듯이 분할매수한다고 해도 안정성, 수익성, 성장성이 별로 없는 회사에 투자하는 것은 바람직하지 않다. 어떤 것이 우량주인지 잘 모르겠다면 증권사 직원에게 물어보거나, 그것도 여의치 않다면 〈LG전자〉, 〈한국전력〉, 〈현대차〉, 〈국민은행〉 등 누가 보더라도 망하지 않을 것 같은 회사에 투자하면 된다.

둘째, 단기적인 손실에 놀라지 마라.

아무리 우량주라 하더라도 전반적인 주식장세가 좋지 않거나 단기적인 개별악재에 의해 손실이 나는 경우가 다반사다. 하지만 주식저축에서는 주가의 하락이 오히려 저가에 더 많은 주식을 살 수 있는 기회가 되는 셈이므로 두려워 할 필요가 없다. 흔들리지 말고 지속적으로 정액투자만 고수하면 된다.

셋째, 목표수익률이 달성되면 차익실현하고 다시 시작하라.

우량주에 적금식으로 장기투자하다보면 어느 시점에 자신이 세운 목표수익률에 도달할 때가 있다. 주가가 계속 오르는 것은 아니므로 어느 정도 목표수익을 달성되면 차익을 실현하는 것이 좋다. 그리고 다시 적금 붓듯이 주식저축을 시작하라. 차익을 실현한 후에는 안전한 예금이나 안정형 펀드로 전환해도 좋다.

결론적으로, 주식투자를 해보고는 싶지만 목돈으로 하기가 좀 불안한 샐러리맨, 주식투자의 초보자, 주식시장을 계속 지켜보고 있을 수 없는 사람들은 주식저축방식을 고려해볼 만하다.

chapter...03

내 투자 스타일에 답이 있다

스타일 투자법

나에게 맞는 재테크패션을 파악하라

개인의 투자스타일은 손실을 감수하는 수준에 따라 다르다. 손실이 전혀 나지 않기를 바라는 '위험회피형', 손실이 좀 날 수 있더라도 좀 더 나은 수익률을 추구하는 '위험중립형', 크게 손실이 날 위험성도 있으나 잘 되면 수익이 매우 높은 것을 추구하는 '위험선호형' 등이 있다. 물론 더 구체적으로 세분화될 수도 있고 이 세 가지 유형 안에 모든 투자자를 끼워맞출 수도 없겠지만, 자신의 투자스타일이 어디에 더 가까운지를 알면 좀 더 현명한 투자를 할 수 있을 것이다. 투자스타일에 따라 자산배분이나 재테크 전략이 달라질 수 있기 때문이다.

투자도 서로 궁합이 잘 맞아야 한다. 돈에 눈이 멀어 궁합에 맞지 않는 투자를 억지로 하다 보면 돈을 벌면서도 스트레스가 쌓이는 경우가 있다. 게다가 만약 돈까지 못 벌게 되면 경제적인 손실뿐 아니라 엄청난 정신적 충격과 가정파탄으로 이어질 수도 있다. 행복하고 만족스런 투자는 바로 자신의 스타일을 제대로 알고 그에 맞는 투자를 하는 것이고, 그것이 바로 내 몸에 맞는 '재테크패션'인 것이다.

이제 투자스타일별 투자전략을 꼼꼼히 살펴보자.

● 투자스타일에 따른 투자전략표

구 분		위험 회피형	위험 중립형	위험 선호형
목표수익률		5% 내외	15% 내외	30% 이상
자산 배분	안전자산	90%	50%	10%
	위험자산	10%	50%	90%
장 점		안정성이 높다	안정성, 수익성 모두 추구	대박을 기대할 수 있다
단 점		수익성이 낮다	일정 폭의 손실가능성	손실위험이 크다
재테크전략		투잡, 맞벌이,창업,자기계발 등	분산투자 (상품분산, 시간분산)	역발상 투자 헤지,다양한 정보망
추천 금융상품		정기예금, 절세상품, 국채 등	펀드, 주식, ELS, ETF 등	주식, 펀드, 전환사채, ELW, 선물, 옵션 등

위험회피형은 투잡, 맞벌이, 창업, 자기계발에 올인

위험회피형은 무조건 버는 데 올인해야 한다. 즉, 투자수익률에 의존하기보다는 열심히 벌어서 재산을 증식하는 스타일이다. 재테크지식에 무관심하거나 자신의 본업에서 더 큰 수익을 얻을 수

있다고 생각한다. 이들은 투자를 한다고 해도 5% 내외의 낮은 수
익률에 만족해야 한다. 왜냐하면 손실위험을 감수하지 않고 높은
수익을 낼 수 있는 투자처란 없기 때문이다.

이들은 수익성보다는 안정성에 더 치중하므로 자산배분시 안
전자산에 투자하는 비중이 압도적으로 많게 된다. 따라서 투자수
익으로 인한 자산증식은 별로 기대할 수 없다. 직접 몸으로 뛰는
투잡, 맞벌이, 창업, 자기계발 등을 통해 소득을 늘리는 것이 가장
현실적인 재테크 전략이다. 만약 직업적으로 크게 벌 수 있는 상
황은 안 되는데도 더 높은 수익률을 목표로 해야 한다면 자신의
투자스타일을 바꿔야 한다.

위험중립형은 분산투자로 15% 수익목표

위험중립형 투자자는 자신이 감수하는 만큼의 위험에 상응하
는 수익을 기대하는 투자자로, 어느 정도 융통성이 있으며 경제상
황에 따라 투자패턴을 약간 수정할 줄도 안다. 이들의 연 목표수
익률은 15% 정도이다. 손실위험도 어느 정도는 감수해야 하므로
경우에 따라서는 원금의 15% 정도를 잃을 수도 있다. 반대로 15%
이상의 수익을 기대할 수도 있으므로 경제상황에 따라 적절하게
자산을 배분하여 초고수익을 얻고자 한다. 따라서 이러한 유형의
투자자는 안전자산에 50% 정도 투자하고 위험자산에 50% 정도를
투자한다. 이들의 재테크 전략은 바로 '분산투자' 다. 여기서 다시

한 번 분산투자의 수칙을 점검해보자.

첫째, 상품을 나누어 가입해야 한다. "계란을 한 바구니에 담지 말라"는 재테크 격언의 의미와 일맥상통한다. 하나의 상품에 투자했을 때라면 막을 수 없는 손실이라도, 여러 상품에 나누어 투자한다면 어느 한 쪽의 손실을 다른 쪽의 수익으로 상쇄할 수 있는 구조를 만드는 것이다.

둘째, 상품의 만기를 나누어야 한다. 즉, 투자기간을 1년, 3년, 5년, 7년, 30년 등 상품마다 다르게 분산함으로써 재무계획에 따른 목돈을 손실 없이 현금화할 수 있게 한다. 예상치 않았던 긴급자금이 필요할 때도 이렇게 기간을 분산해놓으면 모든 투자액을 중도해지할 필요가 없으니 유리하다.

셋째, 투자금액을 나누어야 한다. 위험자산에 대한 투자는 한꺼번에 투자하지 않고 투자시점을 나눔으로써 시장위험이나 변동성위험을 줄이는 것이 좋다.

결론적으로, 위험중립형의 재테크 성공여부는 상품분산, 만기분산, 투자금액분산에 달려있다고 할 수 있다.

목표수익 30% 이상인 위험선호형은 역발상투자

위험선호형은 많은 손실을 볼 가능성이 있더라도 큰 수익을 내야 만족하는 스타일이다. 이들은 원금손실의 위험을 당연하게 생각한다. 대신 매우 높은 수익을 추구하기 때문에 자기고집도 강한 편이다. 투자스타일도 일반적인 흐름이나 대세와 반대인 경우가 많다. 예를 들어 주식이 대폭락하고 있는데 주식을 산다거나, 부동산가격이 하락하고 있는데 부동산투자를 하는 식이다. 역발상으로 투자하기 때문에 원금손실의 위험이 어느 투자자보다 크지만, 투자방향이 들어맞을 때는 누구보다 수익을 많이 챙길 수 있다.

이들은 안전자산에 10% 정도, 위험자산에 90% 정도 투자한다. 연 목표수익률은 30% 이상으로 잡으며, 높은 수익을 얻는데 초점을 맞추기 때문에 위험 정도에는 크게 연연하지 않는다. 투자자산이 아무리 많이 깨져도 크게 스트레스를 받지 않는 스타일이다. 오히려 '투자하다보면 깨질 수도 있고, 바로 그렇기 때문에 크게 벌 수도 있는 것'이라는 사고방식의 소유자들이다. 그래서 이들의 재테크 전략의 핵심은 좀 특이하다.

첫째, 위험에 대처할 수 있는 방법을 강구해야 한다. 예컨대 주식에 투자한다면 주식시장이 안 좋을 때 선물이나 옵션 등으로 헤지(가격변동이나 손실위험을 피하기 위해 행하는 거래)해야 할 것이다.

다른 위험자산에 투자할 때도 그것이 잘못되었을 때의 대체투자
나 대안에 대하여 미리 생각해두어야 한다.

둘째, 위험선호형 투자자는 위험을 줄이면서 가장 낮은 가격에
투자하여 가장 높은 가격에 이익실현할 수 있는 기회를 포착해야
한다. 그러기 위해서는 양질의 정보가 필수적이다.

셋째, 공격적인 투자의 묘미는 무엇보다 역발상이다. 모든 사람
이 주식을 투매하고 전문가들도 주식시장이 아주 오랫동안 침체
될 것이라고 예견할 때부터 주식투자를 시작한다든지, 부동산시
장이 얼어붙어 있는데 슬그머니 부동산에 투자하기 시작하는 식
이다.

위험회피형이라도 저금리상황이 지속되면 위험중립형으로

위의 세 가지 유형은 획일적으로 대략 3등분하여 구분해놓은
것일 뿐 투자전략의 절대적인 기준이 될 수 있는 것은 아니다. 세
가지 유형을 좀 더 세분하여 더 많은 유형으로 구분할 수도 있고
개인의 투자스타일이 언제라도 바뀔 수 있기 때문이다. 그러나 이
세 가지 유형은 현재 나의 투자스타일이 어느 유형에 가까운지,
어떻게 자산을 배분해야 하는지, 나에게 맞는 재테크 전략과 금융
상품은 무엇인지를 아는 데 도움이 될 것이다.

투자수익면에서 볼 때 위험회피형이 부자로 진입하려면 많은 세월이 소요되고, 위험선호형은 훨씬 짧은 시간에 부자에 진입할 수 있다. 그러나 그저 빨리 부자가 되고자 하는 마음만으로 위험회피형이 위험선호형과 같은 투자를 하는 것은 금물이다. 모든 종자돈이 다 깨질 수도 있고, 그로 인한 정신적인 상처가 너무 클 수 있기 때문이다.

왜 많은 사람들이 재테크를 하려는 것일까? 좀 더 많은 돈으로 좀 더 풍요롭고 행복한 생활을 하기 위해서다. 개개인마다 재테크의 목적이 따로 있을 것이며, 단지 무조건 돈만 많이 벌면 된다는 식으로 재테크를 하는 사람은 없을 것이다. 다시 말해서, 경제적인 재테크뿐 아니라 정신적으로도 만족스러운 재테크가 되어야 한다는 것이다. 돈은 많이 버는데 정신적인 스트레스가 많다면 그 재테크는 성공적이지 못한 것이고, 돈은 좀 적게 벌어도 스스로 만족하고 행복하다면 바로 그것이 최상의 재테크가 될 것이다. 일도 적성에 맞는 것이 행복한 것처럼, 투자도 투자스타일에 맞는 전략을 가지고 하는 것이 만족도도 높다.

물론 자신의 투자스타일을 한 번 찾았다고 하여 평생 그 스타일만 고수할 필요는 없다. 왜냐하면 상황에 따라 투자스타일도 수정할 줄 알아야 유리하기 때문이다. 지금은 위험회피형이라도, 저금리상황이 장기간 지속되면 안전자산보다는 위험자산의 비중을 높여 위험중립형으로 선회하는 것도 고려해볼 만하다. 또한 여유자금이 적을 때는 위험회피형으로 투자하다가 여유자금이 많아지면 위험선호형으로 투자할 수도 있다. 즉, 자신의 기본적인 투자스타일이 있다 하더라도 투자시장, 투자금액, 투자기간, 투자목적, 투자연령, 투자시점 등에 따라서 어느 정도의 융통성을 가지는 게 좋다는 것이다.

물론 원칙도 없이 투자스타일을 자주 바꾸는 것은 좋지 않다. 하지만 경제상황이나 자신의 여건에 비추어볼 때 투자스타일을 바꾸는 것이 유리하다면 바꾸어야 한다. 자신의 투자스타일에 대한 고집스런 집착보다 유연한 마인드가 중요하다.

내 몸에 맞는 주식은 따로 있다

투자자를 크게 분류하면 리스크를 거의 부담하지 않으려는 위험회피형, 약간의 리스크가 있더라도 시장수익률 이상의 수익을 얻고자 하는 위험중립형, 리스크를 크게 부담하더라도 큰 수익을 기대하는 위험선호형으로 구분할 수 있다고 했다. 이렇게 구분하는 것은 자신의 투자스타일에 따라 자산배분과 재테크전략도 다르게 설정해야 하기 때문이다. 자신의 투자스타일을 파악하는 것에 그치지 않고, 나만의 투자스타일에 따라 적절하게 자산배분을 하여야 한다. 나의 투자스타일에 맞는 수익구조를 마련하는 전략을 세우고 이에 따라 투자실천을 하는 것이 합리적인 투자자의 모습이다. 당연히 주식에 투자할 때도 투자스타일에 따라 각기 적합한 종목이 있다.

위험회피형이라면 ETF에 분할투자하라

위험회피형 투자자는 원금이 깨지는 것을 극히 싫어하고 원금손실이 나면 크게 스트레스를 받게 되므로 아예 주식투자를 하지 않는 편이 낫다. 하지만 정기예금 금리 이상의 수익을 올리고 싶다면 기본적으로 약간의 위험부담을 하더라도 채권형 펀드나 채권혼합형 펀드에 가입하는 것도 고려해볼 만하다. 만약 좀 더 끙기를 내어 생계에 지장이 없는 여유자금으로 굳이 주식투자를 하고자 한다면 ETF인 'KODEX200(종목코드: 069500)'에 매월 정액투자하는 방법을 고려해볼 만하다. 또는 변동성이 적은 고배당주(한국전력, KT&G, 강원랜드 등) 위주로 매월 분산매입하는 것도 한 방법이다.

아무리 위험회피형 투자라 하여도 주식에 투자하는 한 어느 정도의 손실위험은 상존해 있는 것이다. 그러므로 시장상황에 따라 언제라도 손실이 날 스 있음을 스스로 인정하고, 실제로 손실이 나더라도 중장기적 관점에서 투자한다는 여유로운 마음의 자세가 중요하다. 만약 투자 후 원금손실상황이 지속되어 스스로 너무 스트레스를 받아 본업에도 충실하지 못하게 된다면, 주식투자를 즉시 청산하고 위험회피형에 적합한 안전투자상품으로 돌아가는 것이 현명하다.

실제로 필자는 증권회사에 근무하는 동안, 위험회피형 투자자가 주식투자했다가 손실 때문에 엄청난 정신적 고통으로 힘들어하는 모습을 자주 보았다. 이들은 본인의 투자스타일을 망각한 채 오직 고수익에 대한 욕심만으로 주식투자에 섣불리 접근한 케이스다. 샐러리맨이 직장을 그만 두고 음식점을 하나 냈다 하더라도 장사가 잘 안 되면 언제라도 손실이 날 수 있다. 마찬가지로 주식투자도 어떤 기업에 대한 투자이므로 언제라도 손실이 날 수도 있는 것이 당연하다. 그런데 위험회피형 투자자는 이를 인정하려 하지 않으니까 더 힘들어지는 것이다. 특히나 주식시장이 전반적으로 좋은 데 본인이 투자한 종목만 떨어질 때 위험회피형 투자자의 심리적 압박감과 스트레스는 엄청나다. 따라서 주식시장의 변동성과 위험을 감수하기 힘들다면 아예 처음부터 주식투자를 하지 않는 편이 낫다.

위험중립형이라면 업종대표주에 분산투자하라

위험중립형 투자자는 약간의 원금손실을 감수하더라도 은행금리보다는 높은 수익을 기대하는 투자자이므로 가용자산의 30% 정도는 주식투자를 해볼 만하다. 당연히 주식에 투자할 자금은 손실이 나더라도 좀 적게 나는 것이 유리할 것이므로 급등주보다는 업종대표주(LG전자, 현대차, 국민은행 등) 또는 실적우량주 중에서 선택하는 것이 현명하다.

투자한 종목이 매매타이밍이 잘 맞아떨어져 상승하면 별 문제가 없겠지만, 반대로 하락폭이 커지기 시작하면 적절한 시기에 손절매도 고려해보아야 한다. 따라서 주식매수시점에 미리 주가가 상승할 경우의 목표매도가격을 정해놓아라. 반대로 주가가 하락할 경우에도 대비하여 손실이 몇% 이상이면 손절매하고 빠져나오겠다는 식의 본인만의 매매원칙을 정해놓고 투자에 임하기 바란다.

매월 일정액을 분할매수하거나 단기적인 손익여부와 상관없이 중장기적인 관점에서 투자하고자 하는 것이라면 좀 더 유연한 태도로 투자에 임해도 될 것이다. 또한 투자종목의 선정과 매매시점에 대해서는 본인이 직접 결정하는 것보다 전문가와 상담하여 보다 시장상황에 맞도록 현실적인 접근을 해야 할 것이다. 좋은 종목을 선정하는 것도 중요하고, 좋은 종목이 선정되면 어느 시기에 매수 또는 매도하느냐가 수익과 밀접한 관계에 있기 때문이다.

일반적으로 개인투자자가 주식을 하는 경우에는 언론매체나 루머, 감(感) 등으로 투자하는 경우가 많은데 이는 결코 합리적인 투자방법이 아니다. 그래서 자기의 성향에 맞는 조언과 상담을 해주는 전문가가 있는 것이 좋다. 아무리 재테크에 관심이 많은 사람이라 하더라도 자신의 본업에 충실하면서 모든 재테크수단에 대해 다 알아보기는 힘들다. 적절하게 금융기관에 있는 전문가들을 만나 자신에 맞는 투자방식을 상담하고 현실적인 투자에 대한 조언을 참고하면서 투자하는 지혜가 필요하다.

위험선호형이라면 시장주도주에 집중투자하라

위험선호형 투자자는 원금손실이 클 수 있더라도 시장이 좋을 경우 매우 많은 수익을 기대하는 투자자이므로 가용자산의 70% 정도를 주식에 투자할 수 있다. 아무리 위험선호형 투자자라 하더라도 자신의 모든 재산을 주식에 투자하거나 대출을 받아서까지 주식투자를 하는 것은 스스로 위험을 더욱더 가중시키는 것이므로 절대 옳은 방법이 아니다. 이들이 선택할 만한 주식은 낙폭과대주, 저PER주, 시장주도주, 또는 테마주 등이다.

위험선호형 투자자는 고수익을 기대하므로 그만한 노력도 더 해야 한다. 예컨대, 시장상황에 대한 판단능력도 있어야 하고 종목분석도 잘 해야 한다. 본인의 실력이 부족하다고 느끼면 여러 전문가의 도움을 받아 이를 보충해야 한다. 또한 위험선호형 투자자의 투자자산은 반드시 여유자금이어야 한다. 생계에 영향을 주는 자금으로 투자하게 되면 스스로 위축된 상태에서 투자하게 되고, 무리한 고수익만을 추구하게 되므로 그만큼 실패할 가능성도 커진다.

위험선호형 투자자는 단기적인 매매로 고수익을 낼 수도 있고 중장기투자로 고수익을 낼 수도 있지만, 정작 중요한 것은 실제

고수익이 났을 때 신속하게 차익실현하는 것이다. 위험선호형 투자자가 결과적으로 실패하는 이유 중 하나는, 고수익이 났을 대 이에 만족하지 못하고 더욱 욕심을 부리기 때문이다. 일단 목표한 고수익이 났다면 적절하게 차익을 실현하여 약간의 휴식기간을 가지고 또 다른 대안투자를 준비하는 자세가 필요하다. 누구든 투자할 때마다 성공할 수는 없다. 성공했으면 성공요인을 분석하고, 실패했으면 실패요인을 분석하여 향후 투자에 도움이 되도록 해야 한다.

내 몸에 맞는 펀드를 찾아라

위험회피형 투자자를 위한 펀드투자 클리닉

위험회피형 투자자는 손실이 나는 것을 극히 꺼려하고 원금코장 여부를 중시하는 투자자이므로 여러 펀드 유형 중 그나마 원금보장이 수월한 채권형 펀드가 적합하다. 위험회피형 투자자에게 있어 채권형 펀드는 주식에 전혀 투자하지 않는다는 점에서 손실위험이 그만큼 적다고 할 수 있는 반면, 수익도 그만큼 적다는 것을 인정해야 한다.

위험회피형 투자자라 하더라도 채권형 펀드에 가입할 때는 신중하게 고려해야 할 부분들이 있다. 바로 금융소득종합과세 대상자에 해당될 수도 있는 분들이다. 이들은 '개인별 연간 금융소득'

을 합산하여 4천만 원을 초과하는 소득은 다른 소득과 합산하여 누진세율을 적용한다. 즉 금융소득이 4천만원 이상인 사람은 상대적으로 더 많은 세금을 내게 된다. 여기서 '금융소득' 이란 이자소득과 배당소득을 말하는 것인데, 채권형 펀드의 경우에 채권이자소득이라는 금융소득이 생긴다. 그러므로 금융소득종합과세 대상자가 될 수도 있는 분이라면 이자소득이 4천만 원을 초과하지 않도록 만기를 분산시키는 것이 유리하다. 예컨대 10억 원을 채권형 펀드에 가입할 경우 연 4% 이상의 이자수익이 발생한다면 이자소득이 4천만 원을 초과하게 되어 금융소득과세 대상자가 될 우려가 있다. 따라서 5억 원에 대하여는 1년만기, 3억 원은 2년만기, 2억은 3년만기로 하여 연간 금융소득을 분산하여 놓으면 금융소득종합과세 대상에서 제외될 수 있다.

위험회피형 투자자라도 약간의 위험을 부담하면서 채권형 펀드보다 높은 수익을 생각한다면 채권혼합형 펀드를 고려해볼 만하다. 채권혼합형 펀드는 주로 채권에 투자하면서 주식시장의 상

● 대표적인 채권혼합형 펀드 수익률(2007. 7.23 기준)

펀드명	운용사	설정일	설정규모(억)	1년수익률
삼성 배당플러스30혼합	삼성투신운용	2005.01.18	1,416	20.45%
KTB 에버스타혼합	KTB자산운용	2001.04.17	1,511	19.88%
신영 고배당혼합	신영투신운용	2004.10.11	502	18.93%
랜드마크 1억만들기고배당혼합	랜드마크운용	2004.01.02	2,451	18.26%
미래에셋 인디펜던스한아름혼합	미래에셋운용	2001.03.16	2,295	17.61%

황에 따라 주식비중을 30%까지 늘려 수익률을 높일 수 있다.

채권혼합형 펀드는 주식형 펀드보다는 손실위험의 폭이 적으므로 보수적인 투자자를 위한 저금리시대의 투자대안이라 할 수 있다.

위험중립형 투자자를 위한 펀드투자 클리닉

위험중립형 투자자는 10% 내외의 손실이 있을 수 있더라도 그 이상의 수익을 목표로 하는 투자자이므로 주식혼합형 펀드에 가입할 만하다. 또한 거치형이 아니라 매월 일정액을 적립하는 적립형으로 가입한다면 주식형 펀드도 괜찮다. 금융소득종합과세 대상자가 될 우려가 있으신 분은 이자소득이 상대적으로 적은 주식혼합형 펀드(주식비중 50~60%인 펀드)가 채권형 펀드보다 유리하다.

IMF 외환위기 이후 급변한 저금리 상황 하에서 어느 정도의 수익을 올리고자 한다면 최소한 위험중립형 정도의 위험감수수준은 가지고 투자에 임해야 한다. 최근 급부상한 금융상품의 하나인 ELS펀드도 위험중립형 투자자라면 투자해볼 만한 가치가 있다. ELS펀드의 유형이 다양하므로 자신의 입맛에 맞는 ELS를 선택하면 된다.

ELS펀드 가입시 고려해야 할 것은 본인의 손실감수수준, 주식시장의 상황, 기타 자신의 구체적인 자금계획 등과 맞추어야 한다는 점이다. 펀드를 단순한 목표수익률만으로 선택한다면 향후 그

펀드의 수익률이 하락할 때 그에 대한 대응을 잘 하지 못하게 되고 스스로도 상당한 스트레스를 받기가 쉽기 때문이다.

시장상황에 맞게 탄력적으로 대응할 수 있다는 '엄브렐러 펀드'는 샐러리맨에게는 그리 적합한 펀드가 아니다. 이 상품은 시장상황에 따라 수수료 없이 주식형 펀드 또는 채권형 펀드로 갈아탈 수 있게 하여 시장상황에 가장 잘 대응할 수 있는 펀드를 표방한다. 그러나 엄브렐러 펀드는 투자자가 직접 시장상황을 판단하여 상품의 종류와 펀드의 전환시점를 정해야 한다는 현실적으로 어려운 문제에 봉착하게 된다. 개인투자자가 시장을 정확히 판단하는 것은 사실상 불가능하므로, 이러한 상품의 투자는 만기 때까지 투자자에게 적잖은 스트레스를 줄 수 있다는 점을 유념해야 한다.

● 대표적인 주식혼합형 펀드 수익률(2007년 7월 23일 기준)

펀드명	운용사	설정일	설정규모(억)	1년수익률
마이다스블루칩배당혼합C	마이다스운용	2004.11.16	1,204	38.26%
미래에셋인디펜던스혼합형	미래에셋운용	2000.10.13	374	35.12%
프런티어배당주식혼합1	우리CS운용	2001.10.04	2,311	31.48%
삼성웰스플랜50혼합	삼성투신운용	2002.11.11	589	27.39%
대한FirstClass오토액티브혼합	대한투신운용	2006.02.08	217	27.04%

위험선호형 투자자를 위한 펀드투자 클리닉

위험선호형 투자자는 손실에 대한 고민보다는 높은 수익에 대한 기대가 강한 사람이다. 따라서 주식편입비율이 많아 고수익이 기대되는 주식형 펀드에 가입할 만하다. 일시에 목돈을 투자하는 경우든(거치형) 매월 일정액을 적립하는 것이든(적립형) 주식형 펀드(주식비중 60% 이상인 펀드)가 적합하다. 주식시장의 상황에 따라 고수익이 가능한 ELS펀드도 고려해볼 만하다. 다만, ELS펀드는 만기의 주가 또는 주가지수에 따라 수익의 편차가 클 수 있고, 만기 전의 시장상황에 유연하게 대응할 수 없기 때문에 위험선호형 투자자로서는 좀 지루하고 답답한 상품이 될 수도 있다.

위험선호형 투자자에게 무엇보다 중요한 것은 시장상황이 예상과 다르게 진행될 때 투자자산의 손실을 최소화시킬 수 있어야 하는 것이다. 또한 고수익 투자수단의 매매타이밍이 되었을 때 신속하게 투자할 수 있도록 어느 정도의 환금성 여유자금이 있어야 한다. 따라서 아무리 위험선호형 투자자라 하더라도 어느 한 가지 수단에만 몰아서 투자하는 것보다는 여러 금융상품에 분산하되 비중을 달리하여 투자하는 것이 현명하다. 그리고 기회가 될 만한 다른 투자수단(부동산 등)이 생겼을 때 즉시 현금화할 수 있는 긴급자금이 항상 준비되어 있는 것이 좋다.

또한 여러 분야의 전문가들과 수시로 접촉하여 본인의 자산이 효율적이고 현실에 맞게 관리될 수 있도록 늘 신경써야 한다. 어쨌든 손실위험의 가능성이 크면 클수록 수익도 크다. 그러나 손실위험의 대응방안은 전혀 생각하지 않고 무조건 고수익만 좇는 투자자가 많다. 이러한 투자자는 오직 수익만이 관심사이기 때문에 크게 손실이 날 때 그에 대한 대응을 적절하게 하지 못하여 더 큰 손실을 불러오게 된다. 특히나 위험회피형인 투자자가 위험선호형 투자자처럼 투자해서는 안 된다. 대부분의 위험회피형 투자자는 원금에 대한 집착이 강하여 손실이 났을 때 막연히 걱정만 하고 정작 이에 대응할 대체방안의 준비에는 소홀하게 되기 쉽기 때문이다.

● 대표적인 주식형 펀드 수익률(2007년 7월 23일 기준)

펀드명	운용사	설정일	설정규모(억)	1년수익률
미래에셋 디스커버리 주식형	미래에셋운용	2001.07.06	11,489	70.87%
KTB 마켓스타주식_A	KTB자산운용	2005.03.03	7,522	72.45%
세이고배당주식형	세이에셋운용	2002.04.02	710	69.73%
마이다스 블루칩배당주식C	마아디스운용	2004.10.19	2,478	69.19%
한국부자아빠거꾸로주식A-1	한국투신운용	2003.12.18	1,366	67.14%

대개 '나' 보다는 투자전문가가 투자를 더 잘한다. 대개 적은 돈으로 투자하는 것보다는 큰 돈뭉치에 참여하는 것이 덜 위험하다. 혼자서 직접투자에 매달려 쩔쩔매는 것은, 송금수수료가 아까워 큰돈을 현금으로 직접 배달하는 것과 같다. 성공을 장담할 수 없는 직접투자보다는, 차라리 약간의 비용을 부담하고 간접투자하는 편이 훨씬 효율적이다.

chapter...04

투자기술은 타이밍의 예술이다
타이밍 투자법

장을 떠나면 기회를 놓친다

월가의 전설 피터 린치는 〈마젤란펀드〉를 운용하면서 13년간 2,700%(연평균 29%)라는 놀랄 만한 수익을 올렸다. 당연히 이러한 수익률만 보고 판단한다면 그 펀드에 투자한 사람들은 모두 부자가 되었어야 한다. 하지만 그렇지 않다. 실제로 피터 린치가 조사한 결과에 따르면 투자자 중 절반이 손실을 보았다고 한다. 세계 최고의 전문가가 운용하였고 실제로도 최고의 수익률을 냈음에도 불구하고 손해본 사람이 절반이나 되는 이유는 무엇일까?

답은 간단하다. 투자자들이 펀드수익률이 가장 좋을 때 투자하고, 펀드수익률이 가장 나쁠 때 환매했기 때문이다. 이는 마치 주가가 오를 때 사서 떨어질 때 파는 것과 다름없는 행동이다. 즉,

투자의 타이밍을 잘못 잡은 것이다. 아무리 투자의 귀재라고 하더라도 투자타이밍에 상관없이 항상 수익을 낼 수 있는 것은 아니다.

2007년 7월 우리나라 종합주가지수가 2,000포인트까지 올랐다. 하지만 실제로 개인투자자들은 종합주가지수 1,400~1,500포인트대에서 많이 매도하였다. 그래서 그 당시 모두 매도해버린 투자자들은 주가가 더 상승하자 너무 일찍 매도한 것을 후회했다. '매수는 기술, 매도는 예술'이라는 말이 있다. 평가손익이 얼마가 되든 현실적으로는 매도해야 손익이 결정나는 것이므로 매수타이밍보다 매도타이밍이 중요하다는 것을 강조한 말이다.

투자에서 타이밍이란 성공과 실패를 가름할 정도로 중요하다. 주가가 앞으로 올라갈지 떨어질지는 아무도 모른다. 많은 전문가가 여러 가지 지표로 예측은 하지만 꼭 맞는 것은 아니다. 혹자는 "예측은 깨지기 위해서 하는 것"이라며 전문가의 역할을 폄하하기도 한다. 어쨌든 주가가 가장 많이 오르는 시기를 우리가 예측할 수 없기 때문에 주식시장을 떠나 있으면 최고의 수익률을 올릴 기회도 놓칠 수밖에 없다. 그래서 투자의 타이밍을 잡으려면 항상 일부금액이라도 투자시장에 맡겨놓고 추세를 지켜봐야 하는 것이다.

정보에 마음을 열고 투자의 타이밍을 잡자

누구에게나 기회는 온다. 그런데 그 기회를 잘 잡아 성공하는 사람이 있는가 하면, 주저하다가 기회를 놓치고 나서 후회하는 사람도 있다. 필자는 2003년부터 칼럼기고나 강연회를 통해 주식시장의 펀더멘털(투자할 만한 매력이나 가치)이 좋아지고 있으니 주식이나 펀드에 투자하라고 말했다. 그 당시 필자의 강의를 듣고 그 기회를 잡은 사람들은 정기예금의 10배 이상의 수익률을 냈다. 반면에 혹시라도 잘못되면 어쩌나 망설이며 투자하지 못한 사람들은 상대적인 박탈감에 안타까워하고 있다. 지금도 마찬가지다. 좋은 투자처를 소개해도 그들은 여전히 망설이기만 한다. 그들은 떡을 손에 쥐어줘도 혹시 떡 속에 이물질이 들어 있으면 어쩌나, 잘못 먹고 체하면 어쩌나 걱정하기만 한다.

다시 한 번 말하지만 "매수는 기술, 매도는 예술"이다. 주식투자뿐 아니라 다른 투자에도 두루 적용되는 말일 것이다. 어느 투자에도 매수와 매도의 기회가 있다. 매수의 타이밍을 놓치게 되면 제때 사지 못해 기회비용을 잃게 된다. 그리고 매도의 타이밍을 놓치게 되면 실제로 큰 손실로 이어진다.

망설이지 않고 기회를 잡는 것은 말로는 쉽지만 사실 실천하기가 그리 쉽지 않다. 혼자서는 기회가 오는지 안 오는지조차 모를 가능성도 크다. 또한 기회가 왔다고 해도 합리적인 투자의 규모와 방법을 결정하지 못한다. 그래서 전문가가 필요한 것이다.

　타이밍에 맞추어 투자하는 적시투자가 가끔 대박을 터뜨리기도 한다. 얼마전 모 신문에는 주식투자의 경험도 없고 투자교육도 전혀 받지 않은 사람이 1년만에 200% 이상의 수익을 냈다는 기사가 났다. 그 사람은 향후 주식시장을 밝게 보는 전문가의 말을 듣고 본인도 그리 생각하여 투자를 하게 되었다고 한다. 투자에 대한 지식이나 경험이 없었지만 그토록 큰 성공을 거둘 수 있었던 것은 바로 투자의 기회를 잘 잡았기 때문이다. 이렇듯 '타이밍'은 주식의 문외한에게도 공평하게 온다. 문제는 선택과 결정의 문제인 것이다. 주저하지 말고 기회를 잡아라.

chapter...05

소액이라도 분산하라

포트폴리오 투자법

20대 샐러리맨은 80% 이상을 펀드나 주식에

20대는 주로 종자돈을 마련하는 시기이다. 혹자는 "20대에는 소득의 50% 이상을 안전한 저축으로 모아두라"고 말하지만 필자의 생각은 전혀 다르다. 왜냐하면 가장 공격적으로 돈을 벌고 싶어하는 시기에 수익성이 적은 예금만 강요할 필요가 없기 때문이다. 이러한 조언은 마치 공을 차고 싶어하는 아이에게 "공 차다가 잘못하면 다리가 부러질 수도 있으니 남들 차는 것을 구경만 하라"고 말하는 것과 같다. 구더기 무서워서 장 못 담글까. 설령 투자에 실패한다고 해도 대개 20대에는 운용자산이 그리 많지 않기 때문에 경제적으로도 심각한 타격은 받지 않는다.

따라서 20대에는 약간의 손실을 두려워 말고 예금보다는 펀드나 주식에 80% 이상을 투자하는 것이 좋다. 직접투자나 수익성이 가장 큰 성장주 펀드에 70% 정도, 비과세나 소득공제혜택이 있는 펀드에 15%, 나머지는 향후 아파트청약과 갑작스런 사고에 대비하여 청약부금과 보장성보험에 가입해두는 것이 좋겠다.

● 20대의 종자돈 만들기 포트폴리오 예시

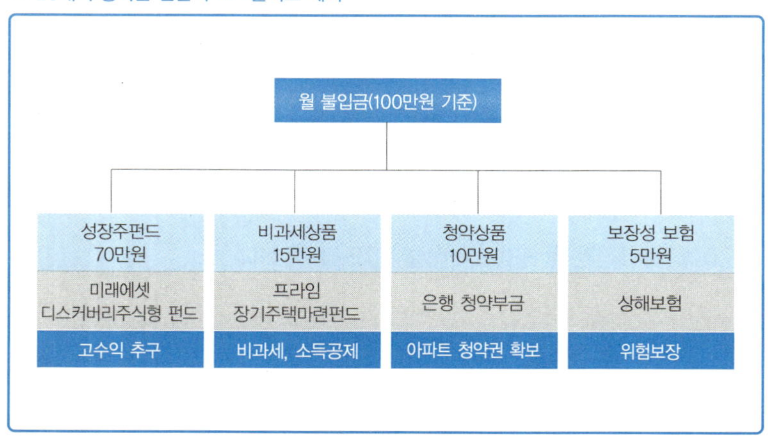

30대에도 투자형 상품에 집중하라

30대는 일반적으로 주택자금과 자녀양육비를 마련하는 시기다. 갈수록 평균수명이 늘어 사회가 고령화되어가고 있다는 점을 고려해 볼 때, 이제는 30대도 매우 젊은 나이에 속하므로 투자형 상품 중심의 적극적 투자가 적당하다. 다만, 주택자금과 같이 많은 돈이 필요하고 쓸 시기가 정해진 경우에는 그 시기에 맞게 현금화할 수 있도록 관리해야 한다. 문제는 자녀양육비로 인해 주택자금 마련을 차일피일 미루게 될 수 있다는 점이다.

그러므로 가계의 수지를 정기적으로 점검하여 재원을 마련하는 일이 중요하다. 외벌이 부부라면 투잡을 하거나 본업 외의 아르바이트를 고려해보는 것이 좋고, 맞벌이부부라면 각자의 수입을 통합관리하는 것이 효과적이다.

30대는 목적자금이 많을수록 가정이 편안할 수 있으므로 자산의 70% 이상은 투자형 상품에 투자하는 것이 좋겠다.

● 30대의 종자돈 만들기 포트폴리오 예시

월 불입금(200만원 기준)			
주식형 펀드 100만원	주식혼합형 펀드 50만원	비과세상품 (40만원)	보장성 보험 (10만원)
미래에셋 인디펜던스주식형	마이다스 블루칩배당혼합	템플턴 장기주택마련혼합	상해보험 질병보험
고수익 추구	안정+수익 추구	비과세, 절세	위험보장

40대에는 ELS, 국내펀드, 해외펀드 등으로 다양하게 불리기

40대는 주택을 넓히거나 자녀교육에 많은 돈이 들어가는 시기이다. 일반적으로 이 시기에는 여유자산도 제법 생겼을 가능성이 크므로 전문가와 상담하여 본격적으로 포트폴리오를 짜보는 것이 좋다. 여유자산을 어떻게 굴리느냐에 따라 유동성자산이 크게 불어날 수 있는 시기이기 때문이다.

40대에는 자녀가 커감에 따라 주택도 넓혀야 하고 진학자금도 마련해야 한다. 따라서 수익성과 안정성을 겸비할 수 있도록 투자형 상품의 비율을 50~60% 내외로 하는 것이 합리적이다. 투자상품도 주식혼합형 펀드, 해외 펀드, ELS, 주가지수연동예금 등으로 다양하게 나누는 것이 현명하다. 40대에 생긴 여유자산은 '지키기' 보다는 '불리기' 에 초점을 맞추되 자신의 투자원칙을 지키고 전문가와 상담하면서 투자하는 것이 필요하다.

● 40대의 여유자금 운용 포트폴리오 예시

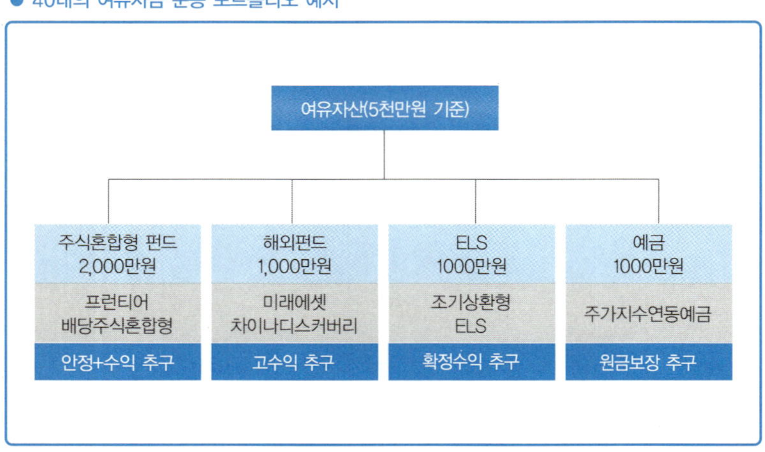

50대에는 현금성 자산 확보와 절세에 초점을 맞춰라

50대는 직장인의 경우 정년퇴직할 시기이므로 노후생활을 위한 준비를 해야 하고, 여유가 되면 자녀결혼자금도 마련해야 한다. 자녀의 결혼자금은 결혼시기를 어느 정도 예상할 수 있으므로 필요한 시기에 현금화할 수 있도록 관리해야 한다.

노후를 위한 자금준비는 높은 수익보다는 리스크를 줄이는 쪽으로 관리되어야 한다. 즉, 고수익보다는 안정적인 수익을 추구하여야 할 때이며, 자산의 획기적인 증식보다는 필요한 시기에 자산을 적절히 현금화시킬 수 있는 유동성이 더 중요하다. 따라서 돈이 묶이지 않아야 함을 늘 염두에 두고 현금성자산 확보와 절세에 포인트를 맞춰야 한다. 위험자산에 투자하는 비중은 50% 내외로 하는 것이 좋다.

만약 1억 원으로 노후를 준비한다면 안정성과 수익성을 동시에 고려하여 예컨대 연금펀드 3천만 원, 배당주펀드 3천만 원, ELS 3천만 원, 정기예금 1천만 원 등으로 나누어 투자할 만하다. 다만, 연금펀드는 연 1,200만 원까지만 가능하므로 3천만 원을 투자하려면 1년에 1천만 원씩 분할하여 투자해야한다

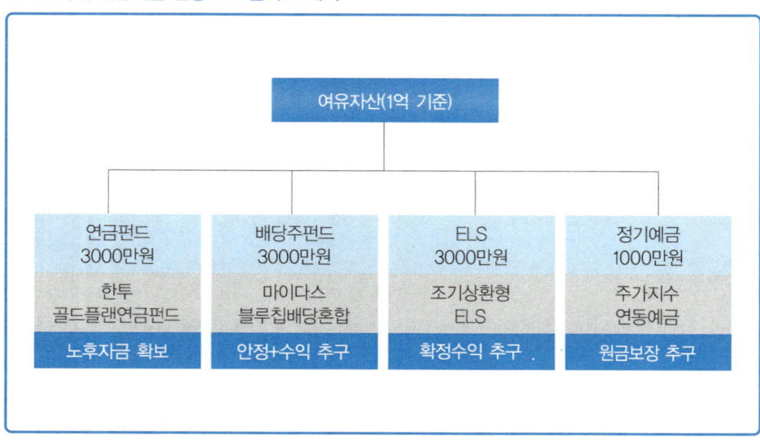

60대에는 이자나 배당이 나오는 상품이 유리하다

60대는 수익을 얼마만큼 높일 수 있는지 보다는 안정적으로 보유자산을 사용할 수 있는지에 중점을 두어야 한다. 따라서 위험자산에 투자하는 비중은 40% 내외로 낮추는 것이 좋다. 이때는 지금껏 모아둔 돈을 죽을 때까지 무난하게 쓸 수 있도록 해야 한다. 건강이 나빠져 병원비 등에 돈이 많이 들어갈 수 있으므로 언제든지 현금화가 가능한 자산을 준비해두어야 한다.

정기적인 수입이 없는 경우 생활비, 여가비 등을 해결할 수 있도록 월 또는 분기 단위로 이자나 배당이 나오는 상품이 유리하다. 또한 자산을 전적으로 자식에게 맡기는 것보다는 따로 안전하게 관리해줄 수 있는 전문가를 두는 편이 좋다.

이 시기에는 수익성보다 안정성과 유동성에 주안점을 두어야 하므로 부동산이 많으면 현금화하는 편이 좋겠고, 자녀에 대한 상속·증여문제는 일찌감치 결정하여 실행함으로써 가족들이 금전적인 문제로 불화를 일으키는 일이 없도록 한다.

연금식으로 지급되는 연금펀드, 정기적으로 이자가 나오는 ABS, 정기예금의 2배 이상 수익이 기대되는 ELS, 유동성자금으로 활용할 수 있는 정기예금 등에 나누어 투자하면 소기의 목적을 달성할 수 있다. 이 경우에도 연금펀드는 1년에 1천만 원씩 10년간 분할하여 투자해야 한다.

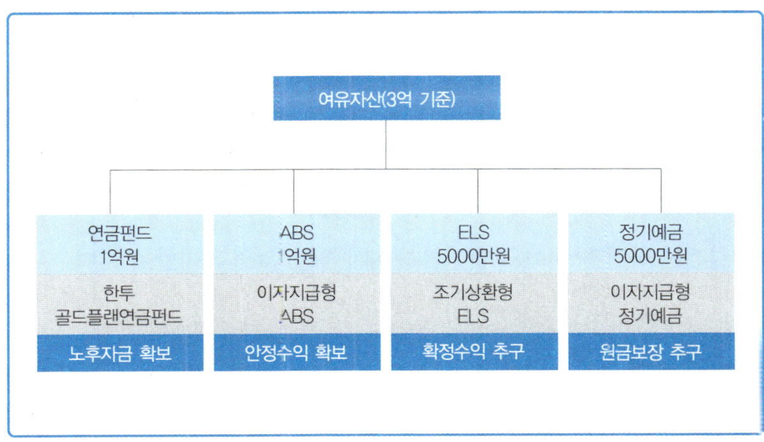

chapter...06

실패에서 성공을 배운다
실패의 법칙

실패는 끝장이 아니다

실패는 당신이 실패자임을 의미하지 않는다.

실패는 다만 당신이 아직 성공하지 못했음을 의미할 뿐이다.

실패는 당신이 아무것도 성취하지 못했다는 걸 의미하지 않는다.

실패는 다만 당신이 무엇인가를 새로 배웠음을 의미할 뿐이다.

실패는 당신의 위신이 손상된 것을 의미하지 않는다.

실패는 다만 당신이 무엇인가를 용감히 시도했었음을 의미할 뿐이다.

실패는 당신이 틀렸다는 것을 의미하지 않는다.

실패는 다만 당신이 다른 방법으로 해야 한다는 것을 의미할 뿐이다.

실패는 당신이 열등하다는 것을 의미하지 않는다.

실패는 다만 당신이 완전한 존재가 아님을 의미할 뿐이다.

실패는 당신이 인생을 낭비했다는 것을 의미하지 않는다.

실패는 다만 당신이 다시 출발해야 할 좋은 이유를 갖고 있음을 의미할 뿐이다.

- 로버트 H. 슐러의 '실패의 의미' 中 -

조그만 성공이 큰 실패를 부른다

"실패는 성공의 어머니"란 말이 있다. 필자가 전적으로 동감하는 말이다. 실패는 성공을 위한 과정에 불과하다고 생각하기 때문이다. 최고의 기업도 실패 없이 성공한 것은 아니고, 최고의 부자도 실패 없이 부자가 된 것은 아니다. 실패는 바로 자신에게만 재수없게 찾아오는 것이 아니라 누구에게나 찾아가는 것이다.

누구나 인생에서 크고 작은 실패를 경험하게 된다. 실패를 자연스럽게 인정하라. 그러면 성공의 길이 보인다. 실패를 인정하고 성공의 기반으로 만드는 것이 바로 '실패의 법칙' 이다.

샐러리맨이 부자가 되려면 실패를 두려워해서는 안 된다. 우리는 주식시장에서도 실패하는 투자자를 많이 보게 된다. 하지만 그 중에서 결국 큰 성공을 거두는 사람도 발견하게 된다. 주식시장에서 현재 최고의 전문가로 대접받는 사람들은 십중팔구 수많은 실패를 경험한 사람들이다. 그래서 필자는 강연회나 특강 등에서 "주식초보라면 먼저 실패해보라"고 권하기도 한다.

주식초보가 소액으로 투자하여 성공하는 경우가 종종 있다. 그런데 이들의 작은 성공은 큰 실패로 이어지는 경우가 더 많다. IMF 외환위기 직후 명퇴자들이 주식투자에 열심인 적이 있었다. 처음에는 몇백만 원으로 주식에 투자했다가 수익이 잘 나니까 아예 억대의 명퇴금을 모두 주식에 투자했다가 한꺼번에 날려버리는 일들이 허다했다. 차라리 처음에 몇백만 원으로 실패했다면 훗날 명퇴금 전액을 날리는 일도 없었을 것이다. 초기의 실패를 기반으로 꾸준히 정석투자를 했다면 어쩌면 지금쯤 갑부가 되었을지도 모르는 일이다.

주식투자에서 실패하는 이유를 알면 성공의 길이 보인다

성공의 방식을 책이나 상식적인 논리로 알고는 있지만 그대로 실천하는 사람은 적다. 성공의 방식은 실패를 통해 뼛속 깊이 알게 되는 것이다. 자신이 직접 실패를 경험했을 때라야 성공의 뒤리도 비로소 진심으로 깨닫게 된다. 가장 실패하기 쉬운 투자수단인 주식에서 실패를 딛고 성공하려면 어떻게 해야 할까?

① 투자원칙: 막연한 투자원칙이 아니라 분명한 투자원칙을 세워라

주식투자에서 자신만의 원칙이 없는 사람은 필패한다. 원칙 없이 투자하다가 실패하면 그때서야 원칙의 중요성을 깨닫게 된다. 주식투자에 원칙이 없는 사람들은 어제 미국 나스닥 시장이 올랐는지 내렸는지, 혹은 뉴스에 좋은 호재가 나왔는지 안 나왔는지 등 단순한 사실에만 민감하게 반응한다. 그리고 그것을 기초로 한 자신의 '감' 에 따라 투자여부를 결정한다.

성공한 투자자의 일반적인 특징은 확실하고 분명한 자신만의 투자원칙이 있다는 것이다. 그러나 그 내용이 모호하거나 상황에 따라 해석이 달라진다면 결코 좋은 원칙이 아니다. 예컨대 '바닥에서 사고 천장에서 판다' 라든지 '테마종목만 매매한다' 라든지 '상한가 혹은 급등주만 따라잡는다' 라는 식의 원칙은 모호하고도 실천하기 매우 어렵다.

투자원칙은 확고하고 간결하면서도 반드시 지킬 수 있는 것으로 세우는 것이 중요하다. 예컨대 '10%의 수익이 나면 팔고, 5%의 손실이 나면 미련없이 손절매한다' 라든지 '코스피200 종목 중에서 5일이동평균선이 20일이동평균선을 상향돌파할 때만 매수

하고, 하향돌파할 때만 매도한다' 라는 식으로 객관적으로 실현이 가능하며 명확한 투자원칙을 세워야 하는 것이다.

그러나 자신만의 투자원칙을 세우는 것보다 더 중요한 것은, 자신이 세운 투자원칙을 철저하게 지키면서 매매하는 것이다. 어떤 투자원칙이든 이를 잘 지키는 투자자는 결국 성공하게 되어 있다. 일반 투자자들 중 많은 사람들이 처음에는 자기가 산 주식이 얼마 오르면 팔겠다고 미리 정해놓고서도 막상 그 가격이 되면 욕심이 생겨 더 기다리다가 결국 손실을 보고 나오곤 한다. 자신들이 세워놓은 원칙을 지키지 않았기 때문에 일어나는 일이다. 가장 중요한 것은 세워놓은 투자원칙대로 실천하는 것이다.

② 손절매: 이보전진을 위하여 일보후퇴하라

주식투자에서 제때 손절매를 못하는 사람은 필패한다. 손절매를 제대로 못하여 한 번 실패를 경험한 사람은 곧 손절매의 중요성을 깨닫게 된다. 주식시장은 항상 오르기만 하는 것이 아니다. 그럼에도 불구하고 우리나라 사람들은 대개 원금이 깨지는 것에 대해 굉장한 거부감을 가지고 있어서 손절매를 제때 하지 못한다. 그래서 자꾸 실패하는 것이다.

주식의 하수들은 손해가 아까우니 원금이 되면 팔겠다고 생각하지만, 주식의 고수들은 자신의 예측과 다르게 주가가 움직이면 일정시점에서 미련 없이 손절매한다. 손절매는 2보 전진을 위한

1보 후퇴다.

급락장에서 손절매하지 못한 사람은 곧바로 후회하게 된다. 손절매를 잘 하면 주식이 저가가 되었을 때 더 싼 가격으로 더 많은 수량을 살 수 있는 기회를 얻는 셈이기 때문에 결과적으로 더 큰 이익을 볼 수 있다. 그러나 제때 손절매하지 못했다면 이후 주가가 더 많이 떨어져서 정말 부담 없이 살 만한 가격이 되었을 때에도 막상 현금부족으로 발만 동동 구르게 된다.

주식의 고수는 매수가 대비 일정수준 떨어지면 더 사려는 생각보다 먼저 손절매를 생각하지만, 주식의 하수는 매수가 대비 떨어지면 물타기하느라 현금을 다 소진해버리고 만다. 손절매를 제대 못하여 이미 실패한 경험이 있는 사람이라면, 반드시 나름대로의 손절매 기준과 원칙이 있어야만 주식시장에서 성공할 수 있음을 알고 있을 것이다.

③ 매매의 우선순위: 객관적으로 판단하라

단추를 엇갈리게 끼워 실패하는 경우도 많다. 주식의 고수는 손실이 난 종목을 손절매하여 수익이 난 종목을 더 사지만, 주식의 하수는 수익이 난 종목을 팔아 손실이 난 종목을 더 산다.

2억 원의 여웃돈이 있는 사람이 강남에 1억 원을 투자하여 피자집을, 강북에 1억 원을 투자하여 제과점을 차렸다고 하자. 1년이 지나서 보니 강북의 제과점은 장사가 계속 안 되어 5천만 원의 손실이 났고, 강남의 피자집은 장사가 잘 되어 자산이 2억 원으로 불어났다. 만약 이 두 가게 중 한 가게를 팔아 다른 한 가게에 더 투자해야 한다면 어떻게 하는 것이 나을까? 이 당연한 계산을 주식판에서는 하지 못하는 사람들이 많다.

주식의 하수는 잘 되는 강남의 피자집을 팔아 잘 안 되는 강북의 제과점에 투자하겠다는 것과 같고, 주식의 고수는 잘 안 되는 강북의 제과점을 팔아 강남의 피자집에 추가투자하겠다는 것과 같다. 어느 쪽이 더 현명한 판단인가?

매매의 순서가 틀려 실패했다면, 다음에는 그런 실수를 범하지 않을 수 있는 학습을 한 것과 같으므로 실망만 할 필요는 없다.

④ 時테크: 투자원칙에 부합되는 노력만 투자하라

주식의 고수는 자신의 수익에 직결되거나 자신의 투자원칙에 부합하지 않는 시장분석에는 시간을 낭비하지 않는다. 그러나 주식의 하수는 향후 시장이 어떻게 될까, 미국 나스닥이 내일 어떻게 될까, 금년 경기전망은 어떨까 등등 쓸데없는 예측을 위하여 많은 시간을 할애한다. 하지만 정작 투자는 이와 전혀 관계없이 자신의 '감'으로 한다. 장세예측이나 경기전망 등이 중요하지 않다는 것이 아니다. 자신이 실제로 투자하는 데 도움이 되는 정보를 위하여 시간을 집중하면 그만이지, 거기서 더 나아가 괜히 시간과 체력을 낭비할 필요는 없다는 것이다.

하수들은 심지어 자신이 매매하지도 않을 종목에 대해서도 열심히 연구하고, 다른 사람이 보유한 종목까지 시간을 쏟아 연구하여 가르쳐주려고 하지만 모두 부질없는 짓이다. 고수는 투자정보의 내용도 자신의 투자원칙에 입각하여 재빨리 걸러내어 요점만 수용하지만, 하수는 객관적인 투자정보 이외에도 더 많은 정보는 없는지 찾기 위해 많은 시간을 보내고 나서도 투자결정은 제대로 하지 못한다. 고수는 자신의 투자원칙에 부합하는 종목발굴과 투자기법연구에 많은 시간을 할애하지만, 하수는 그럴듯한 정보를 찾아헤매는 데 많은 시간을 할애한다.

⑤ 역발상 투자: 보통사람과는 조금 다른 시각을 가져라

주식의 고수는 바닥에서 20~30% 오른 상태에서 편안한 마음으로 사고 천장(고점)에서 떨어질 것을 두려워하지만, 주식의 하수는 바닥에서 20~30% 오르면 불안한 마음 때문에 사지 못하고 천장이 임박해서야 더 올라갈 것이라 확신하며 사게 된다.

주가폭락으로 투매가 일어날 때 고수는 언제 사야 할까를 고민하지만, 하수는 투매 후에 지긋지긋한 악몽에서 빠져나온 듯 "나는 아무래도 주식으로는 안 되나봐" 하며 섣부르게 마음을 정리해버린다.

고수는 곧바로 확실하게 체결될 수 있도록 주문을 내지만, 하수는 가능한 한 조금이라도 싸게 사고 조금이라도 비싸게 팔기 위하

여 현재가보다 훨씬 낮은 매수호가나 현재가보다 훨씬 높은 매도호가를 내놓고 뒤늦게 체결되지 않았음을 후회한다.

고수는 보유주식이 급등하여 일단 팔았다 하더라도 이후 더 오르면 판 가격보다 높은 가격이라도 재매수하지만, 하수는 일단 판 가격보다 낮은 가격에 매수주문을 내놓고서 체결되지 않으면 "애초에 팔지 말았어야 했는데"라며 아까워한다.

주식의 고수는 위험관리를 통하여 손실을 최소화시키는 데 관심이 많은 반면, 하수는 위험관리에 대한 대책은 없으면서 높은 수익에만 관심이 많다.

당신은 주식의 고수인가, 하수인가? 아직 하수라면 당연히 고수의 투자방식을 따르는 것이 낫다. 그리고 그것이 힘들다면 해당 전문가에게 맡기는 것이 낫다.

4장

왕초보 샐러리맨이
꼭 알아야 할 투자테크

이제 주식을 모르면 바보취급 당한다

기본에 충실한 주식투자법

초보자가 주식에 접근하는 방법

주식은 일반적으로 위험하다. 더욱이 주가가 역사상 최고가를 달리고 있을 때는 혹시 상투를 잡는 것 아닌가 하는 두려움이 있다. 가끔 주식의 주 자도 모르는 사람들이 주식을 하겠다고 주식에 대해 물어오는 때가 있다. 그들 대부분은 "좋은 종목 좀 찍어달라"고 부탁한다. 그런데 사실 주식초보자에게 종목만 찍어주는 것은 그리 바람직한 가이드가 아니다. 제대로 알고 투자해야 하는데 단기적인 수익에만 급급하게 만들기 때문이다. 주식초보자에게 종목만 찍어주면 최소한 두 가지의 큰 위험이 있다.

첫째는 주식초보자가 투자할 기업에 대해 좀 더 정확히 알아보려고 노력하지 않는다는 점이다.

초보자는 오직 전문가의 말만 믿고 투자하는 경우가 다반사다. 그래서 투자하는 기업이 안정적인지, 성장성이 있는지, 수익은 잘 내고 있는지에 대한 구체적인 재무정보는 놓치는 경우가 많다.

주식초보자들은 대개 전문가에게 좋은 종목을 찍어달라고 조른다. 이는 시험을 준비하는 초등학생이 문제풀기는 힘드니까 답만 가르쳐달라는 것이나 다름없다. 답만 가르쳐주면 초등학생이 시험을 잘 볼 수 있을까? 아니다. 그 답에 맞는 문제가 시험에 나올지 안 나올지 알 수 없기 때문이다. 설령 나온다 하더라도 해당 문제와 답을 엇갈리게 쓰면 틀리게 된다. 또한 한 번쯤은 재수좋게 시험을 잘 볼지 몰라도 계속 그럴 수는 없을 것이다. 주식투자도 마찬가지다. 자신이 투자하는 종목에 대한 공부는 반드시 필요하다. 찍어주는 종목만 무조건 믿고 투자하는 것보다는 좋은 종목을 고르는 안목을 기르는 것이 더 중요하다는 것이다.

둘째, 주식초보자는 좋은 종목을 알려줘도 타이밍을 잘 맞히지 못해서 실패하는 경우가 많다.

주식은 좋은 종목만 고른다고 수익을 내는 것이 아니다. 그래서 똑같은 종목을 가지고도 어떤 사람은 수익을 내는데 어떤 사람은 손실을 보는 것이다. 주식초보자는 이러한 투자타이밍을 잘 맞히지 못하여 우량주에 투자하고도 실패하는 경우가 많다.

장사를 하려면 어떤 업종을 선택할 것인가를 가장 먼저 생각하게 된다. 그리고 장사를 하려면 위치는 어디가 좋을지, 권리금이나 보증금은 얼마나 필요한지, 언제 시작해서 언제까지 할 것인지 등을 곰곰이 따져보고 하는 것이 보통이다. 그저 돈만 벌면 된다는 마음으로 아무 계획이나 준비 없이 장사를 시작하는 사람은 없다. 주식투자도 마찬가지다.

주식투자를 하기 전에 꼭 준비해야 할 것이 있다. 일반적으로 주식에 투자하기 위해서는 두 가지 분석을 해두어야 한다. 투자종목에 대한 내재가치를 분석하는 '기본적 분석' 과 투자타이밍을 포착하는 '기술적 분석' 이 그것이다. 첫째, 기본적 분석은 좋은 종목을 고르는 과정이다. 이는 장사하려고 하는 사람이 어떤 업종을 선택해야 잘 될 것인가를 생각하는 것과 같다. 장사도 좋은 업종을 골라야 성공가능성이 있는 것처럼 주식도 가능성있는 종목을 고르는 것이 중요하다. 둘째, 기술적 분석은 투자하기로 선정한 종목에 대하여 언제 매수하고 언제 매도하느냐를 결정하는 과정이다. 아무리 좋은 종목을 잡았다 하더라도 매수 매도를 제대로 못하면 말짱 도루묵이기 때문이다. 기본적 분석(종목분석)과 기술적 분석(타이밍분석)은 주식초보자에게 가장 기본적인 투자준비과정이다. 또한 이러한 공부는 앞으로 투자의 성공여부를 가름할 가장 중요한 기반이 된다.

기본적 분석: 좋은 종목을 고르는 방법

샐러리맨이 직장을 그만두고 장사를 하려면 어떻게 준비해야할까? 당연히 어떤 장사가 전망이 있는지를 먼저 고민해봐야 할 것이다. 주식투자에서도 어떤 종목을 선택해야 하는지가 주식투자의 첫 번째 관문이다. 좋은 종목을 선택하기 위해 공부하는 것이 바로 기본적 분석이다. 기본적 분석은 '무엇을 살 것인가', 그리고 '과연 투자할 만한 가치가 있는 기업인가'를 판단하는 과정이다. 대개 전문가들은 투자자들에게 우량주를 많이 추천한다. 그런데 우량주라는 게 도대체 뭘까?

일반적으로 우량주라 함은 재무구조가 건실하고 안정성, 수익성, 성장성이 있는 기업이라고 할 수 있다. 그렇다면 우량주를 어디서 찾아야 할까?

① 리서치자료를 통하여 종목을 수집하라

우리나라에 상장된 주식은 1,800종목이 넘는다. 우량주를 찾아내기 위해 1,800여 개의 종목을 모두 분석하기린 현실적으로 불가능에 가깝다. 증권사에 가거나 홈페이지를 방문하면 증권사 데일리, 위클리, 월보 등 우량주에 대해 소개한 자료들이 많이 나와 있다. 이러한 자료에 소개된 종목들 중에서 우량주를 선택하는 것이 좀 더 쉽게 우량주를 찾는 방법이다. 대부분 증권사 자료나 경제연구소의 자료에는 우량주가 중점적으로 소개되기 때문에 투자자는 그 중에서 마음에 드는 종목을 고르면 된다.

단, 우량주를 고르는 데도 기준이 있어야 한다. 나름대로 자신만의 기준이 있다면 그에 따르면 되고, 그런 기준이 없다면 다음세 가지 기준을 참고하여 고르기 바란다. 첫째, 부채비율이 낮고자기자본비율이 큰 기업을 선택하라. 이러한 기업이 바로 '안정성'이 있는 기업이다. 쉽게 말해 '부도날 위험이 적은 기업'이다. 둘째, 시장점유율이 높고 매출이 늘어나고 있는 기업을 선택하라. 이러한 기업이 '성장성'이 큰 기업이다. 매출이 갈수록 줄어들거나 들쭉날쭉하는 회사는 향후 성장가능성이 불투명하기 때문에투자대상으로는 위험하다. 셋째, 상대적으로 이익을 많이 내는 회사를 선택하라. 이러한 기업은 '수익성'이 좋은 기업이다. 이익을내는 회사의 주가가 올라가게 되어 있다. 적자를 내거나 이익이줄어드는 회사의 주가는 떨어지기 마련이다.

그나저나 이러한 정보들을 어떻게 확인할 수 있을까? 걱정할게 없다. 증권사HTS(PC용 주식매매 프로그램)마다 모두 보기좋게정리해두고 있다.

② 증권사의 HTS를 활용하라

보통 집을 살 때는 등기부등본을 떼어본다. 그 집에 문제가 있는지 없는지를 확인하기 위해서다. 주식을 살 때도 마찬가지다. 종목을 골랐다고 바로 투자할 것이 아니라 그 기업에 대해 좀 더 구체적으로 확인할 게 있다. 부동산을 살 때 등기부를 떼어보듯이 주식을 살 때도 그 기업의 기업내용을 확인해야 하는 것이다.

기업내용은 각 증권사의 HTS에서 쉽게 확인할 수 있다. 모든 증권사의 HTS에는 '기업분석' 탭이 있다. 그래서 증권계좌를 가지고 있는 사람이라면 누구나 상장회사의 기업내용을 쉽게 확인할 수 있다. HTS를 잘 다루지 못하는 완전초보라면 증권사 직원에게 사용법을 자세히 물어보고 스스로 한 번 확인해보기 바란다.

주식을 사기 전에는 반드시 HTS를 통해 해당 종목의 기업분석 내용을 확인해보아야 한다. HTS의 기업분석 탭에 들어가면 기업의 안정성, 성장성, 수익성을 한눈에 확인할 수 있다. 즉, 자신이 투자하고자 하는 종목이 우량주인지 아닌지 알 수 있는 것이다.

기술적 분석: 매수·매도 잘 하는 방법

우량주를 선택했다그 해서 모두 수익을 낼 수 있는 것은 아니다. 전문가가 추천해준 우량주에 투자를 해도 사람에 따라 수익을 내기도 하고 손실을 보기도 한다. 그 차이는 바로 매매타이밍디 서로 다르기 때문이다. 그래서 자신에게 맞는 매매원칙을 가지고 매매하는 것이 무엇보다 중요하다. 언제 매수해야 하는가? 그리고 언제 매도해야 하는가? 이것이 바로 손익을 확정짓게 된다.

매수타이밍과 매도타이밍을 잡는 방법은 여러 가지가 있다. 어떤 방법이든 일단 자기만의 방법을 찾아야 한다. 전문가들에게는 모두 그들 나름대로 매매시점을 판단하는 기준이 있다. 그런 기준이 없다면 아래 세 가지를 이용하기 바란다.

● 거래량이 상승하면서 주가가 상승하면 매수하라!!!

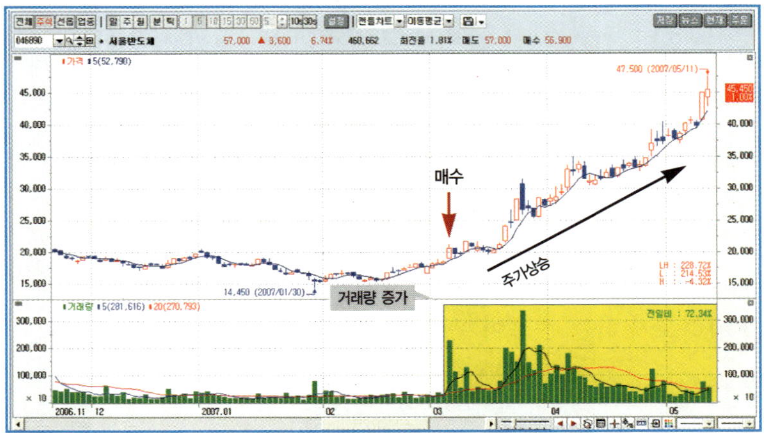

거래량이란 증권거래소 안에서 매매된 주식수를 말한다. 매도 100주, 매입 100주인 경우 거래량은 100주로 계산된다. 이에 대해 매매왕복계산을 매매량으로 하여 거래량과 구별하는 경우도 있지만 일반적으로 '매매량'과 '거래량'은 같은 의미로 사용되고 있다.

위의 차트와 같이 주가 바닥권에서 거래량이 보통 때보다 3~5배 많아지면서 주가가 상승하면 매수하라. 거래량이 늘어나면서 주가가 상승한다는 것은 바로 그 주식을 사는 사람이 점차 많아진다는 것을 의미한다. 사는 사람이 많아지면 주가는 계속 올라갈 확률이 높다.

　　주가 천정권에서 거래량이 보통 때보다 3~5배 많아지면서 주가가 하락하면 매도하라. 거래량이 늘어나면서 주가가 하락한다는 것은 바로 그 주식을 파는 사람이 점차 많아진다는 것을 의미한다. 파는 사람이 많아지면 주가는 계속 떨어질 확률이 높다. 따라서 거래량이 늘면서 주가가 하락하는 경우에 신속하게 매도하는 것이 좋다. 이런 상황에서는 수익이 났다면 차익을 실현하고, 설령 손실이 나고 있다 하더라도 손절매해야 한다.

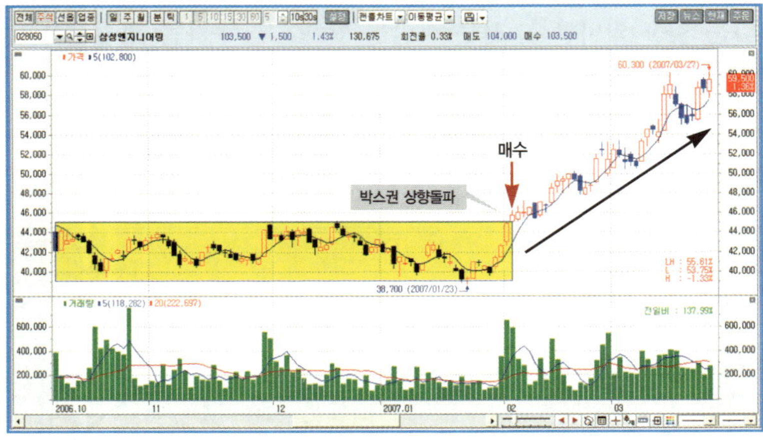

주가가 일정한 가격 범위 내의 박스권에서 움직이다가 그 박스권의 상단을 돌파하는 양봉이 나오면 추가상승 가능성이 높다. 이때의 박스권 상단을 돌파하는 주가는 최근 주가 중 가장 높은 때에 해당하지만 그래도 매수시점에 해당한다. 박스권의 상향돌파는 새로운 상승추세를 의미하기 때문이다. 예컨대 집값이 8천만 원과 1억 원 사이에서 줄곧 매매되다가 1억 원을 상향돌파하면 급격히 상승하는 모습을 보이는 것과 유사하다.

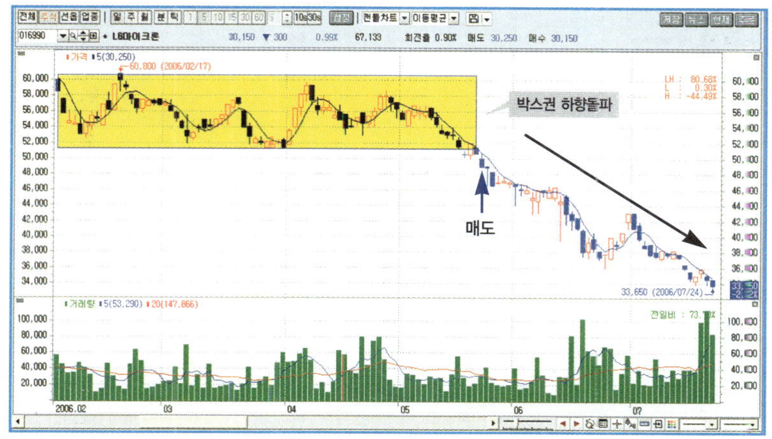

위의 차트와 같이 주가가 일정한 가격범위 내의 박스권에서 움
직이다가 그 박스권의 하단을 돌파하는 음봉이 나오면 추가하락
가능성이 높다. 이때의 박스권 하단을 돌파하는 주가는 최근 주가
중 가장 낮은 때에 해당하지만 그래도 매도해야 한다. 박스권의
하향돌파는 새로운 하락추세의 신호탄으로 봐야 한다. 이런 상황
에서는 향후 더 떨어질 가능성이 크기 때문에 설령 손실이 났더라
도 매도하고 빠져나오는 게 안전하다.

　　주식차트에서 '이동평균선' 이란 여러 날의 주가평균을 선으로 이어놓은 것을 말한다. 예컨대 '5일이동평균선' 은 5일 동안의 평균주가를 선으로 연결한 것이고, 20일이동평균선은 20일 동안의 평균주가를 선으로 연결한 것이다. '골든크로스' 는 단기이동평균선이 장기이동평균선을 아래로부터 위로 상향돌파한 것을 말하는 것으로 이 시점을 매수시점으로 본다. 반면에 '데드크로스' 는 단기이동평균선이 장기이동평균선을 위에서 아래로 하향돌파하는 현상을 말한다. 이것은 향후 주가가 떨어질 가능성이 많으므로 매도시점으로 잡아야 한다.

주식투자는 흔히 '타이밍의 예술' 이라고 한다. 그만큼 매수시점과 매도시점을 잘 잡는 것이 무엇보다 중요하다. 주식을 언제 사고 팔지, 즉 매매시기를 제대로 포착해야 높은 수익을 올릴 수 있기 때문이다. 그래서 주식에 투자하려면 반드시 매매원칙을 가지고 매매해야 한다. 남들이 사라고 하니까 사고, 팔라고 하니까 파는 식으로 매매하면 실패하기 십상이다.

아직까지 매매원칙이 없다면 위에서 소개한 세 가지를 기준으로 매매를 해보기 바란다. 물론 공부하다가 더 좋은 매매원칙을 알게 되면 그 원칙에 따르면 된다. 매매원칙이 물론 100% 성공을 보장하는 것은 아니다. 하지만 실패확률을 줄이면서 성공확률을 높이는 초석이 될 것임은 분명하다.

간접투자시대, 펀드에 답이 있다
펀드 잘 고르는 법

펀드란 무엇인가?

'펀드' 란 금융기관이 여러 사람의 돈을 모아 전문가로 하여금 대신 투자하게 하고, 투자를 통해 얻은 이익을 투자자들에게 돌려주는 간접투자상품이다. 펀드의 투자대상은 주식, 채권에서부터 원자재, 부동산, 비행기, 선박과 같은 실물자산까지 매우 다양하지만, 보통 주식과 채권에 주로 투자한다.

모든 펀드는 그 운용실적에 따라 이익이 나면 이익을 돌려주고, 손실이 나면 손실을 부담시키는 실적배당형 상품이라는 점에서 확정금리형상품인 은행의 예금과는 다르다.

펀드는 투자지식과 경험이 많은 전문가가 대신 투자해주기 때문에 투자자가 직접 투자종목이나 매매시점을 선택하기 위해 고

심할 필요가 없다. 또한 10만 원 투자한 사람이나 1억 원 투자한 사람이나 수익률과 승률은 균등하다. 다수의 소액자금을 모아 거액의 자금이 되면 수십 개의 주식, 채권 등에 분산투자하는 방식이므로 투자자의 입장에서는 소액투자로 거액투자를 하는 효과를 볼 수 있다.

펀드의 운용내역이 공개되므로 펀드매니저는 수익을 내기 위해 노력할 수밖에 없다. 따라서 운용내역이 공개되지 않는 예금의 수익률보다는 투명하게 공개되는 펀드의 수익률이 높을 가능성이 크다. 더불어 주식형 펀드는 주식매매차익이 비과세되므로 절세효과도 탁월하다.

펀드투자에서는 금융기관이 파산한다 해도 기왕의 투자자산이 사라지는 것이 아니므로 걱정할 필요가 없다. 즉, 금융기관 파산과 펀드 손익은 상관이 없다. 펀드의 자산은 금융기관 자산과 별도로 관리되기 때문이다.

한편 중도에 환매하면 환매수수료를 지불해야 한다는 단점이 있다. 각각의 펀드마다 수익률이 불규칙하므로 상품 선택에 신중을 기해야 한다는 점도 투자자의 입장에서는 까다로운 부분이다. 펀드마다 투자대상이 다르고 투자시점도 다르기 때문이다. 따라서 어느 특정일을 기준으로 서로 다른 펀드의 수익률을 비교하여 우열을 가리는 것도 바람직한 태도는 아니다.

펀드 유형별 투자포인트

① MMF(Money Market Fund)

MMF는 주로 단기금융자산(단기채권, 기업어음, 양도성예금증서, 콜자금 등)에 투자하여 수익을 추구하는 단기투자신탁이다. 주로 안정적인 채권이나 유동성자산에 투자하고, 주식투자 부분이 전혀 없기 때문에 원금손실의 위험도 거의 없다.

MMF는 입출금이 자유롭다는 점에서 은행의 MMDA와 유사하나, MMDA는 가입시 금리가 정해지는 확정금리상품인데 비해 MMF는 운용실적에 따라 수익이 달라지는 실적배당상품이라는 차이가 있다. 즉, MMF는 위험이 적고 입출금이 자유로우면서 안정적인 수익을 기대할 수 있는 투자상품이다. 그러나 일반적으로 다른 펀드보다는 투자기간이 짧고 수익률도 낮다.

MMF는 언제든지 입금과 출금을 할 수 있으면서도 출금시 별도의 수수료를 내지 않아도 된다. 단, 확정금리상품이 아니라 실적배당상품이므로 시중금리보다 좀 높은 수익(4~5% 수준)을 낼 수도 있고 좀 낮은 수익을 낼 수도 있다.

1년 이상의 중장기 투자에는 적합하지 않고, 1년 미만의 단기투자에 적합하다. 또한 단기 금융자산에 주로 투자하기 때문에 단기금리 상승폭이 장기금리 상승폭보다 클 때 투자하는 것이 유리하다.

MMF는 필요한 시기에 즉시 인출이 가능하므로 투자의 원칙 중

‘환금성의 원칙’을 중시할 때 활용하기 좋은 상품이다.

　② 채권형 펀드

　채권형 펀드는 주식에는 전혀 투자하지 않고 채권에 60% 이상을 투자한 후 그 운용수익을 투자자에게 배분해주는 실적배당상품이다. 현재는 채권시가평가제의 시행에 의하여 주식형 펀드처럼 수익률 격차가 많이 날 수도 있게 되었다. 주식편입비율이 전혀 없기 때문에 손실위험은 적으나, 채권시가평가제에 의하여 펀드에 따라 수익률의 차이가 있을 수 있고, 경우에 따라서는 원금 손실이 날 수도 있다.

　채권형 펀드는 주식형 펀드에 비해 위험이 적다 할 수 있으므로 위험회피형 투자자가 가입해볼 만한 상품이다. 채권시가평가제의 도입으로 운용실적이 운용사마다, 펀드매니저마다 크게 달라질 수 있는 탓에 항상 정기예금금리 이상의 수익을 가져다 줄 것이라는 보장은 없다. 따라서 채권형 펀드에 투자할 때는 판매사가 제시하는 예상수익률보다는 반드시 투자설명서를 참고하여 펀드매니저의 운용실적이나 투자철학 등을 잘 살펴 투자하는 게 바람직하다. 판매사가 제시하는 예상수익률이나 목표수익률은 확정수익률이 아니므로 운용사의 운용능력에 따라 더 높아질수도, 낮아질 수도 있는 것임을 명심해야 한다.

　기본적으로 채권 비중이 많으므로(=이자소득 비중이 많으므로) 금융소득종합과세 대상자에 해당하는 분들에게는 불리하다.

③ 주식형 펀드

주식형 펀드는 주식에 60% 이상을 투자한 후 그 운용수익을 투자자에게 배분해주는 실적배당형 상품이다. MMF나 채권형 펀드와 달리 주식편입비율이 높기 때문에 원금손실위험이 상대적으로 크지만, 주식시장이 좋으면 상당히 높은 수익률을 올릴 수 있는 상품이다. 반면에 주식시장이 하락하면 원금손실이 날 수도 있다. 다만, 주식형 펀드를 운용하는 운용사나 펀드매니저는 주식시장이 하락할 때 손실을 최소화할 수 있는 전략을 가지고 운용할 것이므로 개인투자자가 직접투자할 때보다는 덜 위험하다.

주식형 펀드(거치형)는 리스크가 큰 대신 고수익도 기대할 수 있으므로 공격적인 투자자에게 적합한 펀드다. 다만, 주식형 펀드라도 적립식으로 가입할 경우에는 가입시점이 크게 중요한 것은 아니므로 보수적인 투자자도 가입을 고려해볼 만하다.

주식형 펀드(거치형)는 일정시점에 고수익을 달성할 수 있지만, 지나치게 장기간 지속하면 주가하락으로 수익률이 떨어질 수 있으므로 자신이 기대하는 목표수익률이 달성되면 신속히 차익실현에 나서는 것이 좋다.

주식형 펀드는 성장주 펀드, 배당주 펀드, 가치주 펀드 등 그 성격에 따라 투자스타일이 다르므로, 자신의 투자스타일에 맞는 펀드를 선택하는 것이 유리하다. 한편, 주식형 펀드는 금융소득종합과세 대상자에 해당하는 투자자에게도 유리하다. 왜냐하면 주식매매차익에 대하여는 세금이 부과되지 않기 때문이다.

④ 혼합형 펀드

혼합형 펀드는 주식편입비율에 따라 주식혼합형과 채권혼합형으로 나뉘어진다. 주식혼합형은 주식 등에 주로 투자하며 주식편입비율이 0%~60%로 증시상황에 따라 주식편입비율을 조절하는 펀드다. 채권혼합형은 채권 등에 주로 투자하고, 주식 등에는 50% 미만만 투자하는 펀드다. 주식혼합형이 주식에 많이 투자할 수 있으므로 채권혼합형보다 위험이 큰 반면 더 높은 수익을 기대할 수 있다. 증시상황에 따라 주식, 채권, 파생상품 등을 적절하게 배분하여 투자비율을 조절함으로써 안정적인 이자소득, 배당소득, 매매차익을 동시에 추구할 수 있다. 그러나 한편으로는 주식가격의 변동, 금리변화, 기업경영상황의 변화 등으로 인한 리스크도 감안해야 한다.

혼합형 펀드는 주식형 펀드보다는 위험이 적고, 채권형 펀드보다는 수익이 크므로 위험중립형 투자자가 가입해볼 만한 상품이다. 시기적으로 볼 때 혼합형 펀드는 주식시장이 어디로 갈지 모르는 혼란상태에서 가입해볼 만하고, 고수익보다는 안정수익을 목표로 하여야 한다.

우리나라에 설정된 펀드는 8000여 개 정도다. 이 모든 펀드를 다 확인하고 고를 수는 없다. 그래서 펀드를 선택할 때는 일단 펀드의 유형을 먼저 정하고, 그 유형 중에서 자신에게 맞는 펀드를 선택해야 한다.

① 자신의 위험감수수준에 적합한 펀드 유형을 결정하라.

어느 정도의 손실을 부담할 수 있느냐에 따라 주식형 펀드, 채권형 펀드, 혼합형 펀드를 선택할 수 있다. 손실위험이 있더라도 높은 수익을 기대한다면 주식형 펀드를 선택하고, 수익보다도 손실이 나지 않는 것이 중요하다면 채권형 펀드를 선택하라. 그리고 그 중간정도에 해당한다면 혼합형 펀드를 선택하면 된다. 일반적으로 젊은 사람일수록 주식비중이 높은 펀드를 선택하는 것이 적합하다고 하겠다.

② 자신의 스타일에 맞는 펀드를 선택하라.

펀드 유형을 결정했다고 모두 끝나는 것이 아니다. 예컨대 주식형 펀드에 투자하기로 결정했다고 하자. 주식형 펀드에도 성장주에 투자되는 성장주 펀드, 가치주에 투자되는 가치주 펀드, 배당주에 투자되는 배당주 펀드 등 여러 가지 형태의 펀드가 있다. 가능하면 자신의 스타일과 맞는 펀드를 선택하는 것이 좋다. 만약 자신의 스타일을 잘 모르겠다고 하면 다양한 성격의 펀드에 똑같이 나누어 투자하는 것도 좋은 방법이다.

③ 단기수익률보다 중장기수익률을 확인하라.

펀드평가사의 사이트에 들어가면 최근 수익률 1위인 펀드를 금방 찾을 수 있다. 하지만 현재 수익률 1위인 펀드가 가장 좋은 펀드라고 단정지을 수는 없다. 마찬가지로 최근 수익률이 좋지 않다고 하여 무조건 나쁜 펀드라고도 할 수 없다. 펀드는 투자종목과 투자시점에 따라 각각 수익률이 다를 수밖에 없다. 1주 수익률, 1개월 수익률이 좋다고 좋은 펀드라고 할 수 있는 것은 아니다. 1년 수익률, 3년 수익률이 모두 좋은 펀드를 선택해야 한다.

④ 자산규모가 큰 펀드를 선택하라.

펀드의 자산이 크면 유망종목에 더 많이 분산투자할 수 있고 위험을 관리하기에도 유리하다. 따라서 규모가 500억 원이 넘는 펀드에 투자하는 게 좋다. 하지만 펀드규모가 큰 것이 유리하다고 하여 지나치게 규모가 큰 것만을 선택할 필요는 없다. 왜냐하면 펀드규모가 지나치게 크면 오히려 수익률을 높이는 데 한계가 있기 때문이다. 역으로 펀드규모가 급격히 줄어들고 있는 펀드 역시 조심해야 한다. 혹시 펀드규모가 줄어들고 있지는 않은지 해당직원에게 반드시 물어보고 가입하기 바란다.

⑤ 혼자 고민하지 말고 전문가와 상의하라.

일반적으로 개인투자자는 전문가에 비하여 투자지식이나 경험이 부족하다. 그래서 펀드를 선택하고서도 그것이 잘 선택한 것인지 잘못 선택한 것인지를 잘 모른다. 그래서 펀드는 전문가와 상담한 후에 선택하는 것이 좋다. 전문가와 상담하면 펀드 선택에 도움을 주는 것은 물론 펀드의 사후관리에 대해서도 조언을 들을 수 있기 때문이다.

주가최고점, 주가폭락점에서 승패가 좌우된다

극단에서 대처하는 법

주가최고점에서의 성공투자전략

2007년 7월 25일 종합주가지수는 2004.22포인트. 연초 폭락으로 상반기 주식시장에 대한 부정적인 견해가 많았음에도 불구하고 주가는 사상최고치를 경신했다. 주가가 최고인데 주식이나 펀드를 팔아야 할까, 계속 가져가야 할까? 이러한 상황은 다음에도 올 것이다. 그래서 자신이 어떤 판단기준을 가지고 있느냐가 중요하다. 지금이 '상투' 라고 확신한다면 마땅히 팔고 다시 기회를 잡는 것이 옳을 것이다. 또한 최근 여러 증권사의 의견처럼 더 올라간다고 생각한다면 좀 더 기다려야 할 것이다. 하지만 이는 누구도 알 수 없다. 다만, 주가가 오르든 내리든 개개인마다 각각 다른 정답이 있다.

주가 최고점에 성공투자전략은 무엇일까? 이는 개인의 구체적인 자산상태, 수익상태, 심리상태, 시장전망 등에 따라 각각 다르다고 본다. 따라서 아래 몇 가지 중에서 자신에게 가장 맞는 방법을 선택하기 바란다.

첫째, 100% 매도하고 빠져나오는 전략

가장 속시원한 방법이다. 주식이든 펀드든 모두 팔아버리고 현금으로 보유하는 방법이다. 주가는 최고가이니 차익을 어느 정도 실현할 수 있고, 향후 빠진다고 하면 저가에 다시 잡을 수 있는 기회를 제공한다. 자산이 여유있는 사람, 수익이 꽤 많이 난 사람, 심리적으로 향후 떨어질지도 모른다는 생각을 가진 사람에게 유효한 전략이다. 하지만 그렇지 않은 사람에게는 그리 좋은 전략이 아니다.

둘째, 일부 매도하고 일부는 보유하는 전략

주식시장의 방향성을 확인하고 최종적인 결정을 하려 한다면 일부만 매도하는 것이 좋다. 주식시장이 떨어질지도 모르지만 반대로 추가상승할 수도 있기 때문이다. 이러한 방법은 수익이 크게 나지 않았거나 시장급변에 따른 투자심리변화가 크지 않은 사람들에게 유효한 전략이다. 하지만 자신만의 확실한 투자원칙이 없는 사람에게는 적합하지 않다.

셋째, 투자수단을 변경하는 전략

향후 주식시장이 조정이나 횡보에 머물 것 같다면 주식이나 펀드를 다른 상품으로 전환하는 방법이 있다. 단, 정기예금보다 나은 수익을 주는 ELS나 안정형 펀드 등을 고려해 볼 수 있다. 국내시장이 안 좋으니 해외펀드에 투자할 수도 있다. 자산이 많은 사람, 안정적인 수익을 추구하는 사람, 우유부단하지 않은 사람에게 적합하고 그렇지 않은 사람에게는 특별히 유리할 게 없다.

넷째, 헤지를 준비하는 전략

주식시장이 올라갈지 내려갈지 모르지만 기존의 포트폴리오를 깨고 싶지 않다면 '헤지(hedge)' 방법을 고려해야 한다. 예컨대 주식을 대량보유하고 있다면 선물옵션이나 워런트를 통해 반대 포지션을 가져가는 방법이다. 이러한 방법은 투자전문가, 고액투자자, 투자에 실패해도 큰 손실을 보지 않으려는 사람, 시장이 급변해도 뇌동매매하지 않는 사람에게 적합하다. 하지만 초보투자자나 소액투자자에게는 적합하지 않다.

다섯째, 장기투자하는 전략

주식시장이 단기적으로는 떨어지거나 횡보할 수 있지만 상승추세가 꺾이지 않는 한 '길게' 투자하는 방법이다. 이는 투자액이 크지 않은 사람, 적립식으로 투자한 지 2년 이내인 사람, 수익이 크게 나지 않거나 손실인 사람, 시장의 상황에 일희일비하지 않는 사람 등에게 적합한 전략이다. 반면, 거액투자자, 목표수익률을 초과한 사람, 시장상황에 민감한 사람에게는 적합하지 않다.

투자의 정답은 수학의 답처럼 단 하나뿐인 것이 아니다. 투자자 자신의 상황과 시장상황에 따라 각기 다른 정답이 있다. 그래서 어떤 전문가가 이렇게 하라 하여 꼭 그렇게 하는 것이 정답은 아니다. 투자의 정답에 대한 선택은 바로 투자자 자신에게 있다. 다만, 전문가는 투자자 자신에게 맞는 선택을 하도록 도와주는 사람일 뿐이다. 그래서 투자는 어렵다. 누군가 하라는 대로만 따라하면 성공할 수 있다면 누구나 부자가 될 것이다. 무엇보다도 자신만의 정상적인 투자원칙이 있어야 한다. 그러한 원칙이 있는 사람은 전문가의 말도 가려들을 줄 알고, 자신의 투자에도 잘 적용하게 된다.

주가폭락점에서 실패하지 않는 10가지 투자법

2006년 6월 8일, 선물옵션 동시 만기일이었다. 전일 35포인트 정도 폭락해서 반등을 기대한 사람도 있었지만, 그러한 기대는 깡그리 무너졌다. 반등은커녕 종합주가지수가 43.71포인트나 무너져버렸다. 예전과 마찬가지로 개인투자자들이 미리 매도하지 못하다가 더 큰 폭으로 빠지자 추가하락에 대한 두려움으로 손절매한 사람도 많았다. 그럼에도 불구하고 당시 필자의 고객 중 몇 사람은 이제 더 투자해야 하지 않느냐는 문의를 해왔다. 대부분 주식을 빨리 팔지 못해서 안달인데, 주식관련 비중을 좀 더 늘리겠다는 것이다. 실제로 이 분들은 역발상 투자에 장기투자를 가미하여 높은 수익을 올리는 분들이다.

2005년부터 주식시장은 추세적으로 상승하였다. 하지만 2006.5.8일 1,464포인트를 찍고 5주 연속 큰 폭으로 하락하였다. 하락의 원인을 불문하고 5주 연속하락은 보기 드문 하락이다. 근 한 달 동안 240포인트가 빠졌으니 1년 동안 벌어놓은 돈을 이 대다 까먹거나 큰 손실을 본 사람도 많았을 것이다. 사실 주가가 츠세적으로 상승할 때는 큰 위험 없이 높은 수익을 낼 수 있지만, 이 때처럼 단기에 큰 폭으로 하락할 때는 난감하기 그지없다.

주식투자에서 가장 중요한 것은 위험관리다. 위험관리를 잘 하면 폭락장에서도 큰 손실이 없을 뿐 아니라 다시 상승할 때 투자수익을 낼 수 있는 재원이 남아 있기 때문이다. 대부분 소액투자자들이 손해보는 이유는 적은 돈으로 몰빵 투자했다가 큰 폭의 하락 때 쪽박이 나서 실제 반등할 때 저가에 매수할 돈이 없기 때문이다. 주식시장에서의 위험관리는 어느 때건 손해를 보지 않겠다는 것이 아니라 폭락시에도 손실을 최소화하여 다시 상승할 때 투자재원을 확보해 놓는 것이다.

앞으로 주가가 기술적 반등을 할 수도 있고, 당분간 횡보할 수도 있고, 이러한 하락 추세를 계속 이어갈 수도 있다. 문제는 하락

추세를 이어갈 때 어떻게 해야 하는지가 중요하다. 주가폭락은 어느날 갑자기 찾아온다. 그리고 그러한 폭락은 한 번만 오는 것이 아니라 앞으로도 계속 갑작스럽게 찾아올 것이다. 언제 폭락이 오든 겁먹지 말고 어떻게 대응하느냐가 중요한 관건이다. 폭락 순간에는 누구나 손실을 본다. 따라서 주가폭락시에는 손실을 얼마나 줄이느냐에 초점을 맞추어야 한다. 폭락 전에 준비가 잘 되어 있으면 폭락이 두렵지 않다.

주식투자자가 주가 폭락시장에서 실패하지 않으려면 사전에 어떤 준비가 되어 있어야 하나?

첫째, '분명한' 매매원칙을 세우고 이를 반드시 지켜라.

이를 위하여 주식투자를 시작할 때 미리 차익실현구간(또는 수익률)과 손절매 구간을 정해야 한다. 그리고 반드시 정한 대로 실천해야 한다. 예컨대 10% 이익나면 차익실현하고 10% 손실나면 손절매하기로 정했다면 이를 반드시 지켜야 한다. 이러한 원칙이 없는 사람은 실패한다. 그리고 원칙을 정해놓고도 실천하지 않으면 필패한다.

둘째, 우량주에 분산투자하라.

실패하는 투자자의 대부분은 1주에 5천 원 미만의 저가주식을 선호한다. 하지만 성공하는 투자자는 고가의 우량주를 선호한다.

저가주식은 주식시장이 하락할 때 더 큰 폭으로 빠지고, 고가의 우량주는 저가주보다 훨씬 적게 빠지고 향후에는 안정적으로 상승전환할 가능성이 크다. 저가주 1,000주보다 고가우량주 10주가 훨씬 낫다는 것을 깨달아야 한다.

셋째, 몰빵하지 말고 분할하여 투자하라.

한꺼번에 모든 돈을 투자하면 저가매수기회를 놓치기 쉽고, 폭락시에 원금손실폭이 너무 크다. 소액이라도 나누어 투자하는 것이 좋다. 또한 단기간에 나누어 투자하는 것 보다는 약간의 기간을 두면서 분할투자하는 것이 유리하다.

넷째, 하락시에도 주식을 보유할 수밖에 없으면 헤지 방법을 강구하라.

주식시장 하락으로 손실을 보고 있더라도 주식을 장기로 보유할 수 있다면 선물옵션(선물매도, 풋매수, 콜매도 등)을 통하여 손실을 방어하는 전략이 필요하다. 선물옵션을 투기적으로 매매하는 것은 지극히 위험하지만, 헤지목적으로 하는 것은 유효하다고 본다. 다만, 자금이 좀 더 필요하고 정확한 지식이 필요하다.

최근 간접투자, 장기투자 문화가 점차 시작되면서 펀드에 가입한 사람들이 많다. 주식형 펀드 투자자는 하락장에 어떻게 대응해야 할까?

적립식 펀드는 매월 일정액씩 분할 투자되므로 일시적인 하락은 오히려 펀드매니저가 저가에 주식을 살 수 있는 기회를 제공한다. 또한 적립식 펀드는 보통 일시적인 차익실현 목적보다는 적금처럼 부어서 2~3년 후에 목돈을 만드는 방식이므로 단기간의 주식등락에 크게 신경쓰지 않아도 된다. 다만, 어느 정도 적립금액이 쌓였다면 환매시점을 잘 잡는 데 주력해야 할 것이다.

펀드도 성장주 펀드, 가치주 펀드, 배당주 펀드 등 여러 가지 특성을 가진 펀드가 있다. 예컨대 성장주 펀드는 하락장에 약하나, 가치주 펀드나 배당주 펀드는 하락장에 좀 강한 특성을 가지고 있다. '계란을 한 바구니에 담지말라'는 격언처럼 펀드도 나누어놓으면 폭락장에 손실을 줄일 수 있다.

주식시장이 불안할 때는 펀드도 한꺼번에 투자할 것이 아니라 투자타이밍을 잡으면서 기간을 두고 투자금액을 나누어 투자해야 한다. 예컨대 1억 원이 있다면 처음에는 2천만 원만, 그리고 향후 추세를 봐가면서 조금씩 투자를 늘려가는 방법이다.

넷째, 선취형펀드를 이용하라.

선취형 펀드는 수수료를 먼저 떼고 투자하는 대신 언제 환매하더라도 중도환매수수료가 없다. 반면에 후취형펀드는 보통 90일 이전에 환매하는 경우에는 중도환매수수료가 부과된다. 따라서 주식시장이 불안할 때는 기간에 상관없이 언제든지 환매수수료 부담 없이 빠져나올 수 있는 선취형 펀드가 유리하다.

다섯째, 펀드변경을 고려하라.

주식시장이 장기적인 하락추세로 접어들고 있는데 주식형 펀드에 투자하고 있었다면, 주식형 펀드를 주식비중이 적은 혼합형 펀드나 채권형 펀드로 전환하는 것도 고려해볼 만하다. 물론 일시적인 하락이라고 판단되면 펀드변경이 적절하지 않으므로 전문가와 상담하고 결정해야 할 것이다.

여섯째, 분위기에 휩쓸리지 마라.

펀드는 자신이 직접 조율하지 않아도 펀드매니저가 알아서 종목을 분산하고 투자시점을 분산하는 간접투자상품이다. 따라서 전문가가 알아서 잘 할 것이라 믿어야 한다. 주가가 폭락하자 주위 분위기나 뉴스만 믿고 그냥 환매부터 해버리는 오류를 범하지 말아야 한다. 그러면 다시 투자할 때 오히려 더 비싸게 사는 경우가 많다.

투자형 상품에는 항상 리스크가 있다. 그런데 투자자는 리스크를 피하려고만 하는 사람이 있는가하면, 이를 수익으로 이용하려는 사람이 있다. 리스크는 뒤집어보면 수익이다. 리스크를 관리하고 이용하는 투자자는 반드시 성공할 수 있을 것이다.

chapter...04

보험은 저축이 아니라 보장수단이다

내게 꼭 맞는 보험 선택법

잘못된 보험가입으로 후회하지 않으려면

몇 년 전에 필자가 은행을 찾았더니 은행직원이 "자녀를 위하여 저축하라"며 어린이보험을 열심히 설명하는 것이었다. 그런데 보장내용에 대한 설명보다는 은행금리보다 높은 금리를 준다느니, 자녀를 위하여 반드시 일찍 저축을 해야 한다느니, 자신도 가입했다느니 하는 것이 아닌가. 일찍이 보험사에서도 근무한 적이 있었던 필자가 그러한 설명을 듣고 있으려니 답답하고 한심하기 짝이 없었다. 은행권에 방카슈랑스 상품이 출시되면서 직원별 목표치가 할당되어 있다는 것은 알고 있었지만, 너무 황당하게 시작된 어린이보험 설명은 그 은행직원이 자신의 무지를 필자에게 그대로 보여준 것이었다. 아마도 보험을 판매한 지 얼마 되지 않았고 보험설계사 교육을 받지 못해서 그랬을 것이라고 이해하고 싶다.

　보험의 가장 큰 목적은 '위험에 대한 보장'이지 저축이 아니다. 물론 보험상품에 따라서는 금융(Financing), 저축(Saving) 등을 부수적인 서비스로 제공하기도 한다. 하지만 원래 보험은 우연한 사고에 대비한 위험보장서비스를 주목적으로 하는 것이지 자산증식을 위한 저축이 중심인 상품은 아니다. 만기환급형 보험이라 하더라도 만기에 주계약의 90%정도밖에는 돌려받지 못한다. 순수보장성 보험의 경우에는 만기 후에도 환급금이 없다(대신 보험료가 싸다). 만기환급형 보험도 특약보험료의 경우에는 만기가 되어도 돌려받지 못한다. 따라서 변액보험을 제외한 대부분의 보험은 계약기간이 끝난 후에는 그 전보다 자산이 증식되지 않는다.

　우리나라에서는 순수보장성 보험보다는 저축성이 가미된 보험상품들이 많이 거래된다. 이는 보험의 주된 존재의미와 어울리지 않는 것이다. 이에 대하여 어떤 이들은 양적 팽창에 급급한 보험회사와 모집인들에게 책임을 돌리기도 하고, 또 다른 이들은 계약자들이 순수보장성 보험에는 관심을 갖지 않기 때문이라며 풍토를 탓하기도 한다. 그리하여 우리나라 사람들은 보험도 저축이라고 생각하는 경우가 많다. 하지만 이는 잘못된 생각이다. 보험은 보험일 뿐이다.

보험회사는 정말 '도둑놈'인가?

누구나 한 번쯤 보험을 해약해본 경험이 있을 것이다. 그리고 해약환급금이 적다는 사실에 놀라면서 "보험회사는 도둑놈"이라고 욕한다. 하지만 이는 보험의 목적을 제대로 이해하지 못했기 때문에 생기는 오해다.

보험은, 보험가입자가 불의의 사고를 만나 경제적 활동을 못하게 되었을 때 자신이 낸 보험료보다 훨씬 많은 목돈(보험금)으로 손실을 보전해주는 금융상품이다. 또한 가입은 내가 했을망정 오로지 나만을 위한 보험도 아니다. 내가 아닌 다른 가입자가 사고를 당하면 내가 낸 보험료에서 미리 떼어낸 돈으로 보험금을 지급하게 되는 것이다. 이처럼 내가 낸 보험료의 일부는 보험목적에 부응하기 위해 보험금 지급재원으로 빠져나간다. 이를 '위험보험료'라고 한다. 위험보험료는 해약시 돌려받을 수 없다.

내가 낸 보험료에서 또 빠져나가는 것이 있는데, 그것은 바로 '부가보험료'다. 이것은 설계사의 수당, 보험회사직원의 급여, 증권발행비용 등 제경비에 충당된다. 많은 보험가입자들이 이 부분으로 빠져나가는 것을 좋지 않게 생각하는 것 같다. 하지만 부가보험료가 없다면 보험회사도 없고 보험설계사도 없을 것이므로 결정적으로 보험사고시 보험금도 받지 못할 것이다. 누가 공짜로 보험업무를 대신해준단 말인가. 모든 '서비스'에는 비용이 들어간다. 보험도 마찬가지다. 보험을 잘못 설계하여 판매했다면 잘

못이지만, 보험료에서 부가보험료를 빼내가는 것 자체가 잘못된 것은 아니라는 얘기다.

결론적으로, 내가 내는 보험료에서 위험보험료와 부가보험료는 당연히 돌려받지 못하는 돈이라는 얘기다. 그래서 해약을 하면 내가 낸 돈보다 훨씬 적은 돈을 받게 되는 게 일반적이다. 해약으로 받지 못한 돈은 이미 보험금 지급재원이나 경비로 쓰여졌으므로 결코 보험회사가 근거도 없이 꿀꺽 떼어먹는 것이 아니다. 그런 이유로 보험회사가 도둑놈이라고 한다면, 만약 내가 보험사고로 1억 원을 받게 되었을 경우 나도 도둑놈이라고 해야 한다.

순수보장성보험을 활용하라

위험이 많은 현대사회에서 보험은 필수다. 다만, 가계규모에 비해 지나치게 보험료가 많은 것은 바람직하지 않다고 본다. 보험은 크게, 보장에 중점을 둔 '보장성 보험'과 저축에 중점을 둔 '저축성 보험'으로 나뉜다. 필자는 저축성 보험보다는 보험료가 저렴하면서 보장이 많은 순수보장성 보험을 선호하는 편이다. 일반적으로 저축성 보험은 보험료는 많으면서 보장혜택은 적고, 다른 금융상품보다 만기환급금도 많지 않기 때문이다.

우리나라에서 순수보장성 보험이 각광받지 못하고 있는 이유가 몇 가지 있다. 첫째, 저축성 보험보다 순수보장성 보험의 보험

료가 적기 때문에 보험회사가 적극적으로 홍보하지 않는다는 점
이다. 둘째, 저축성 보험보다 보험료가 적은 보장성 보험은 설계
사의 수당도 적기 때문에 설계사도 판매에 열을 올리지 않는다는
점이다. 세째, 우리나라의 보험계약자들은 만기에 한 푼도 돌려받
지 못했을 경우 매우 불쾌하게 생각한다는 점이다. 그래서 만기에
무언가 돌려주는 저축성 보험이나 만기환급형 보험을 선호하는
것이다.

하지만 필자는 아직 모아놓은 돈이 없고 월수입이 많지 않다면
순수보장성 보험을 잘 활용하라고 권하고 싶다.

변액유니버셜보험과 적립식 펀드 논란

① 투자시대의 보험: 변액보험

'변액보험' 은 '정액보험' 에 대비되는 말이다. 정액보험은 보
험금이 특정금액으로 미리 확정되어 있는 보험이다. 반면에 변액
보험은 보험금이 투자실적에 따라 변하는 보험이라는 점에서 정
액보험과 다르다.

변액보험은 보험료의 일부를 주식, 채권 등에 투자한 후 투자실
적에 따라 보험금이 지급되는 상품이다. 투자실적이 좋으면 기존
의 정액보험보다 훨씬 많은 보험금을 탈 수 있고, 투자실적이 나
쁘면 기존 정액보험보다 못할 수도 있다.

종류	내용
변액종신보험	투자실적에 따라 사망보험금이 변하는 보험
변액연금보험	투자실적에 따라 연금액이 변하는 보험
변액유니버셜(VUL)	투자실적에 따라 보험금이 변하고, 입출금이 가능한 보험(Varlable Universal Life)

변액보험은 크게 변액종신보험, 변액연금보험, 변액유니버셜 보험 등이 있는데, 보험금이 투자실적에 따라 변하면서 입출금도 가능한 변액유니버셜보험이 그 중 가장 인기가 있다.

② 변액유니버셜 보험과 펀드의 최근 수익률 비교

● 변액유니버셜보험과 펀드의 수익률 비교(2007.7.23 기준)

변액유니버셜보험(주식형)		펀드(주식형)	
상품명	1년 수익률	상품명	1년 수익률
미래에셋 VUL/행복만들기VUL	57.95%	동양중소형고배당주식 1	103.27%
AIG I인베스트	57.88%	한국밸류10년투자주식 1	86.77%
메트라이프MasterPlan변액유니버셜	56.83%	유리스몰뷰티주식 C	84.88%
SH&C 듀-플러스I변액유니버셜	56.80%	미래3억만들기중소형주식 1	83.54%
하나변액유니버셜	54.73%	미래솔로몬나이스주식형 1	78.05%
유형평균	46.79%	유형 평균	60.42%

※ 생명보험협회 보험상품 공시, 한국펀드평가 펀드수익률 자료 참조

일반적인 투자상식으로 볼 때, 변액유니버셜보험과 일반펀드 의 수익률은 어느 쪽이 더 높다고 할 수는 없다. 투자실적에 따라

수익률이 달라지기 때문이다. 그런데 현실적으로 나타난 수익률은 일반 펀드의 수익률이 더 높다. 실제로 2007년 7월 23일을 기준으로 주식형 변액유니버셜보험의 수익률은 주식형 펀드보다 낮게 나타났다. 주식형 펀드의 1년 평균수익률이 60.42%로 변액보험보다 13.63%포인트나 높았다. 이는 주식형 펀드의 주식편입비율이 대개 90% 이상인 것과 달리 변액유니버셜보험은 70~80%로 상대적으로 낮기 때문이다.

한 자산운용사의 변액유니버셜보험 펀드매니저는 "보험사들의 운용성향이 보수적이기 때문에 주식편입비율을 공격적으로 늘리지 못한 데다 가치주, 배당주 등 여러 스타일의 펀드에 분산한 점도 상대적으로 낮은 수익률의 원인"이라고 진단했다.

한편, 원금 대비 수익률로 다시 계산하면 변액유니버셜보험과 주식형 펀드의 차이는 더욱 커진다. 왜냐하면 변액유니버셜보험의 투자수익률에는 위험보험료와 부가보험료로 빠진 금액이 반영되지 않기 때문이다. 예컨대 변액유니버셜보험의 보험료가 100만 원이고 위험보험료(보험금지급재원)와 부가보험료(사업비)가 20만 원이라고 가정해보자. 변액유니버셜보험의 수익률은 100만 원에서 20만 원을 공제한 80만 원을 기준으로 산정된다. 따라서 위험보험료와 부가보험료를 감안한 원금기준으로 수익률을 계산하면 실제 수익률은 훨씬 낮아진다. 반면에 주식형 펀드는 원금에서 공제되는 부분이 없기 때문에 변액유니버셜보험에 비해 20만 원이 더 재투자된 것과 같은 효과가 있다. 결국 납입원금 대비 수익률로만 비교한다면 변액유니버셜보험보다 주식형 펀드의 수익률이 훨씬 높다.

③ 변액유니버셜보험과 펀드의 비교

최근 몇년 간 변액유니버셜보험과 적립식 펀드가 인기몰이를 하면서 어느 쪽이 더 좋은가에 대한 논란이 끊이지 않았다. 사실 변액유니버셜보험과 적립식 펀드는 서로 그 성격과 목적이 다른 상품이기 때문에 획일적인 기준을 가지고 비교한다는 것부터가 그리 바람직해 보이지는 않는다.

필자는 얼마전 우연치 않게 보험사 직원들이 자체제작한 '변액유니버셜보험과 적립식 펀드의 비교자료'를 본 적이 있다. 각종 인터넷사이트의 재테크칼럼에서 이 두 가지 금융상품을 비교하는 글을 본 적도 있다. 그런데 그 중에 몇 가지 오류가 있어 여기서 지적하고자 한다.

변액유니버셜은 보험이지 펀드가 아니다. 따라서 펀드인 것처럼 설명하는 것도 바람직하지 않으며 심지어 '펀드보다 낫다'는 식으로 표현하는 것도 잘못된 것이다.

첫째, 변액유니버셜은 10년 이상의 장기투자가 가능하고, 적립식 펀드는 장기투자가 불가능하다?

적립식 펀드는 사실상 만기가 없다. 10년 이상 투자도 얼마든지 가능하다. 다만, 투자자들이 일반적으로 3년 전후에 환매하는 것일 뿐이다. 따라서 장기운용이 '불가능' 하다고 비교한 자료는 옳지 않다.

과세유무에 따라 무조건 변액유니버설이 더 좋다고 말할 수는 없다고 본다. 왜냐하면 변액유니버설은 '10년 이상 유지' 해야 하고, 보험차익이 있는 경우 그 '보험차익' 에 대해서만 비과세된다. 반면 적립식 펀드는 1년을 유지하든 10년을 유지하든 '기간에 상관없이' '주식매매차익' 에 관한 한 비과세되며 '이자·배당소득' 이 있는 경우 그 부분에 대해서만 과세가 된다. 적립식 펀드 가입자가 대부분 '주식형' 적립식 펀드에 가입하고 있으므로 실제로는 세금이 거의 없는 경우가 대부분이다.

사실 적립식 펀드도 전화 한 통화로 얼마든지 펀드를 변경할 수 있다. 따라서 적립식 펀드의 펀드변경이 불가능하다는 설명은 옳지 않다. 다만, 적립식 펀드는 '펀드변경' 이라는 용어를 쓰지 않으며 펀드변경의 형태나 방식이 변액유니버셜과 다를 뿐이다.

넷째, 변액유니버셜은 중도인출이 가능하고 적립식 펀드는 불가능하다?

적립식 펀드는 일반적으로 '중도인출' 이라는 용어를 사용하지 않고 '일부환매' 또는 '중도환매' 등의 용어를 사용한다. '인출' 이나 '환매' 나 사실상 돈을 빼는 것은 똑같다. 따라서 형태나 방식만 다를 뿐 적립식 펀드의 중도인출도 가능하다고 보는 것이 옳다. 또한 변액유니버셜의 경우에는 보통 주계약 해약환급금의 60%(총납입보험료의 60%가 아님) 내외에서만 인출이 가능하지만, 적립식 펀드는 당시 평가액의 100%까지 인출(환매)이 가능하다는 차이는 있다.

또한 단기에 중도해약을 하게 되었을 경우 변액유니버셜은 원금보다 훨씬 적은 해약환급금만 받을 수 있지만, 적립식 펀드는 당시 평가액 전액을 돌려받을 수 있다(선취형 펀드는 환매수수료도 없으며, 후취형 펀드는 보통 직전 3개월간의 이익분에 대한 환매수수료가 있다).

다섯째, 적립식 펀드의 수수료가 더 비싸다?

변액유니버셜의 수수료는 0.7% 내외이고 적립식 펀드(주식형의 경우)는 2.5% 내외다. 언뜻 보면 적립식 펀드의 비용이 더 많은 것

같지만, 이는 변액유니버셜의 숨겨진 비용을 고려하지 않은 비교다. 사실 변액유니버셜은 수수료 이외에도 사업비(15% 내외로 보험상품마다 다름) 및 위험보험료를 부담해야 하므로 적립식 펀드에 비해 훨씬 많은 비용이 든다.

7년 이후부터는 사업비가 없어지므로 장기적으로 보면 변액유니버셜의 수익률이 높다고 설명하는 사람들도 있다. 이는 단순히 '수수료'를 기준으로 판단하는 것인데, 필자는 이러한 계산법에 동의할 수 없다. 왜냐하면 적립식 펀드는 '사업비'가 없기 때문이다. 따라서 적립식 펀드는 변액유니버셜의 '사업비'에 해당하는 부분만큼을 7년 동안 재투자해 상대적으로 더 높은 수익을 낼 수 있는 것이다. 또한 변액유니버셜은 사업비 외에도 '위험보험료'가 지속적으로 빠져나간다.

더구나 적립식 펀드는 3년 내외의 단기상품이고 변액유니버셜은 10년 이상의 장기상품이라 설명해놓고, 다시 수수료 부분을 설명할 때는 적립식 펀드가 10년 이상의 장기상품인 양 말하는 것은 앞뒤가 맞지 않는다.

이러한 비교도 옳지 않다. 왜냐하면 적립식 펀드도 추가납입, 증액, 감액이 모두 가능하기 때문이다. 그것도 전화 한 통화로 즉시 가능하다. 또한 변액유니버셜은 보통 2년 내외의 의무납입기간이 있지만, 적립식 펀드에는 그러한 강제조항이 없다. 설령 만기를 3년으로 잡았다 하더라도 1년만 납입하고 더이상 추가납입은 하지 않아도 된다.

일곱째, 변액유니버셜는 수익률이 높고 적립식펀드는 수익률이 낮다?

이런 주장은 정말 어불성설이다. 필자의 소견으로는, 변액유니버셜의 수익률이 적립식 펀드보다 높은 것이 아니라 기존의 정액보험보다 높다고 하는 편이 옳다고 본다. 투자수익률면에서는 단연 적립식 펀드가 변액유니버셜보다 높다고 보아야 한다. 변액유니버셜보험이란 일부 보험상의 보장을 해주면서 보험료의 일부를 펀드에 투자하는 상품인데, 어찌 전적으로 투자에만 집중하는 펀드의 수익률보다 높을 수 있겠는가. 만약 보험상 보장혜택이 있는 변액유니버셜이 정말로 펀드보다 수익률이 높다면, 모든 사람들이 당장 대출이라도 받아서 변액유니버셜에 몰빵해야 할 것이다.

자신의 상황과 목적에 부합하는 상품을 선택하는 것이 중요한 것이지, 적립식 펀드가 낫다거나 변액유니버셜이 더 낫다거나 하는 식의 논란은 출발부터가 바람직해 보이지 않는다. 이는 사과와 닭고기 중 어느 쪽이 더 좋은 식품인가라는 논란과 다를 바가 없

다. 비타민이 부족한 사람에게는 사과가 더 좋을 것이고, 단백질
이 부족한 사람에게는 닭고기가 더 나을 것이다. 그러므로 투자자
들은 더이상 이러한 논란에 휘둘리지 않았으면 한다.

● 변액유니버셜보험과 적립식 펀드의 비교

구 분	변액유니버셜	적립식펀드
분류	보험	투자신탁
위험보장	있음	없음(특별서비스로 상해보험 가입시켜 주는 펀드도 있음)
투자기간	10년 이상	3년 내외? (제한 없음)
장기운용	가능	불가능? (가능함)
세금	비과세 (10년 이상 유지시 보험차익 비과세)	과세? (기간에 상관없이주식매매차익 비과세)
펀드변경	가능	불가능? (가능함)
중도인출	(주계약해약환급금의 60% 이내에서) 가능	불가능? (평가액의 100%까지 가능)
중도해지시 불이익	크다	적다
수수료	0.7% 내외 (위험보험료 및 사업비 8%~20% 내외 별도)	2.5%내외? (0.5%~2.5%내외)
추가납입	가능	불가능? (가능함)
수익률	(정액보험보다) 높다	낮다? (높다)
적합한 분	절세가 중요한 고액자산가	일반 직장인, 자영업자

이에 필자는 '상품가입목적'에 따라 다음과 같은 선택을 하는
것이 바람직하다고 생각한다.

첫째, '자산증식'이 주도적이라면 변액유니버셜보다는 적립식
펀드를 선택하라. 특히 10년 이내에 결혼이나 주택구입에 쓰기 위

하여 종자돈을 마련한다면 펀드를 활용하는 것이 낫다. 변액유니버셜은 만기가 길어서 펀드에 비하면 환금성이 좋지 않다. 물론 중도인출이 자유로워 해약하지 않고 출금할 수 있으나, 중도인출할 경우 수익률이 떨어지고 만기에 원금을 회복하지 못할 수도 있다.

둘째, '위험사고에 대한 보장'이 주목적이라면 보장이 중점인 (순수)보장성 보험을 선택하라. 일반적으로 순수보장성 보험은 보험료가 저렴하면서 보장혜택은 크다. 보험료가 너무 많이 나가면 종자돈 만들기가 힘들어지거나 늦어지게 된다.

셋째, 고액자산가로서 상속·증여 등으로 인한 세금을 줄이고 싶다면 변액유니버셜을 선택하라. 보험의 가장 큰 장점 중의 하나가 비과세혜택이다. 고액자산가는 자산증식보다 절세에 대한 관심이 더 많기 때문에 변액유니버셜보험이 유리하다.

대개의 샐러리맨들은 갑부가 아니다. 따라서 '보험'은 보험목적에 부합하는 저렴한 보장성 보험 중심으로 설계하면 되고, '자산증식을 위한 투자'는 투자목적에 부합하는 '펀드'를 중심으로 설계하면 된다.

구 분	변액유니버셜	적립식펀드
자금성격	장기자금(10년 이상)	중기자금(3년~10년)
투자포인트	절세	자산증식
적합한 사람	자산이 많은 사람	소액투자자
투자전략	변액유니버셜+적립식펀드	적립식펀드+순수보장성보험

보험에 잘 가입하는 방법

① 자신에게 일어날 수 있는 위험에 맞게 가입하라

필자가 과거 보험회사에 근무할 때는, 아는 설계사의 부탁으로 어쩔 수 없이 보험에 가입하는 고객들을 종종 볼 수 있었다. 그런 경우는 보통 보험의 보장내용에 대한 설명이 거의 없이 단지 '아는 사람에게 보험 하나 들어준다' 는 개념으로 가입하게 되므로, 정작 가입자는 해당 보험이 어떤 상품이며 어떤 보장을 가지고 있는지에 대해 잘 알지 못하는 경우가 많았다. 이렇게 가입한 보험은 대개 1년 이내에 해약된다.

사람마다 예상되는 위험이 모두 다르다. 어떤 사람은 재해사고에 대한 보장이 더 중요할 수도 있고, 어떤 사람은 질병에 대한 보장이 더 중요할 수도 있다. 즉, 각각 자신에게 닥칠 수 있는 위험에 맞는 보험에 가입해야 한다는 것이다. 예컨대 재해사고의 위험이 큰 사람은 재해보장이 잘 되도록 설계된 보험에 가입해야 할 것이고, 질병에 대한 걱정이 큰 사람은 각종 질병에 대한 보장이 잘 설계된 보험에 가입해야 할 것이다. 즉, 설계사가 '좋은 상품'이라고 선전하는 보험에 충동적으로 가입할 것이 아니라, 자신에게 일어날 수 있는 위험을 먼저 얘기하고 설계사가 그에 맞는 보험을 찾아줄 수 있도록 해야 한다.

② 저렴한 보장성 보험 중심으로 가입하라

보통 샐러리맨들은 가계에 여유가 그리 많지 않은 사람들이다. 월급을 모아 결혼도 하고 집도 사고 아이도 키워야 하는 사람들이다. 따라서 보험료가 상대적으로 많으면서 보장혜택이 적은 '저축성' 보험은 가입할 필요가 없다. 또한 아무리 좋은 '보장성' 보험이라 하더라도 월급 대비 보험료의 비중이 10%를 초과하는 보험이라면 피해야 한다.

보험은 자산증식이 목적이 아니라 위험한 사고에 대한 대비로 생각해야 한다. 보험사고는 크게 두 가지가 있다. 첫째, 내 몸에는 이상이 없지만 교통사고와 같은 외부의 충격으로 인하여 발생하는 재해사고다. 이는 상해보험으로 보장받을 수가 있는데, 보통 3만 원 내외의 상해보장성 보험이 적합하다. 둘째, 외부의 충격은 없었지만 내 몸의 질병으로 인하여 발생하는 질병사고다. 이는 질병보험으로 보장받을 수가 있는데, 질병보험은 보통 상해보험의 보험료보다 두 배 이상 더 비싸다. 또한 질병보험은 나이가 많을수록 보험료가 더 비싸진다. 만약 보험료가 부담된다면 만기환급이 전혀 없는 순수보장형 상품으로 가입하는 것을 고려해볼 만하다. 일단 보험료를 적게 시작해야 향후 새로운 위험이 생겨 추가로 보험을 가입해야 할 떠도 부담이 적어진다.

③ 고액보장에 초점을 맞추고, 특약은 중복되지 않게 하라

보험에 대한 인식이 바뀌면서 1인당 2개 이상의 보험에 가입하는 사람들이 많다. 그런데 여러 개의 보험에 가입하면서 동일한 특약을 중복가입한 경우가 많다. 특약보험료는 소멸성이기 때문에 만기환급형 상품의 경우에도 이를 돌려받을 수가 없다. 따라서 특약은 특별한 사정이 없는 한 중복가입할 필요가 없다.

아무 생각 없이 여러 가지 보험에 가입하다보면 불필요한 보험료도 많이 발생할 수 있으므로 그만큼 가계부담도 커지게 된다. 예컨대 상해보험에서 '입원특약'을 가입해놓고도 질병보험에서 또 입원특약을 가입하는 경우다. 보통 입원특약에 의한 보험금은 최소 4일 이상 입원해야 나온다. 그런데 보통 샐러리맨은 4일 이상 입원하는 경우가 거의 없다. 설령 4일 이상 입원하여 보험금을 받는다고 하더라도 그리 큰돈은 아니다. 사실 입원하여 받는 보험금은 소액이라 보험으로 해결하지 않아도 될 만큼 적은 경우가 많다.

보험은 치명적인 사고로 인하여 큰 경제적 손실을 입었거나 경

제활동을 못하게 되었을 때 중요한 의미를 갖는다고 본다. 예컨대 치명적인 교통사고로 인한 장애나 치명적인 질병으로 인하여 경제활동을 할 수 없게 되었을 때 될 수 있는 한 많은 보험금이 나오도록 설계하는 것이 좋다. 따라서 보험에 가입할 때는 고액보장에 포인트를 맞추고, 기타 경제활동에 큰 지장을 주지 않는 자잘한 사고에 대한 보장은 최소화시키는 것이 현명하다고 하겠다.

④ 만기를 지나치게 길게 하지 마라

보험안내를 받다 보면 "보험의 만기를 길게 할수록 유리하다"는 설명을 많이 듣는다. 그러나 지나치게 만기를 길게 잡으면 오히려 불리한 점도 있다. 예컨대 현재 나이 30세인 A씨가 80세 만기 암보험에 가입하여, 향후 50년 사이에 암이 발병할 경우 5천만 원의 보험금을 받게 된다고 가정하자. 물가상승률을 5%로 가정하면, 만약 A씨가 20년 후인 50세에 암에 걸려 5천만 원을 받게 된다고 해도 '현재가치' 로 환산하면 1,884만원밖에 안 된다는 계산이 나온다. 그리고 40년 후인 70세에는 710만 원 정도밖에 안 된다. 확정보험금의 경우에는 물가상승률 때문에 장기로 가면 갈수록 보험금의 보장정도가 낮아진다. 또한 만기를 길게 가져가면 보험료도 더 비싸지는 게 일반적이다.

세상이 급변하면서 위험의 성격도 변한다. 예컨대 1970년대에는 지금보다 자동차가 적었기 때문에 교통사고의 위험이 적었지만 지금은 교통사고의 위험이 훨씬 커졌다. 과거에는 결핵이 아주 무서운 질병이었지만, 요즘은 그리 치명적인 병이 아니다. 요즘은 암이 치명적인 질병이지만, 10년 후에는 암이 정복되어 감기처럼 여겨질지도 모를 일이다. 또 앞으로는 암이나 AIDS보다 더 무서운 질병이 새로 생겨날지도 모른다.

이처럼 시대에 따라 위험은 없어지거나 줄어들기도 하고, 이전에 없었던 새로운 위험이 생겨나기도 한다. 이처럼 위험도 변하기 때문에 현재의 보험이 미래의 새로운 위험까지 보장할 수는 없다. 그래서 필자는 80세 만기, 99세 만기(종신)형 상품보다 10년 만기나 20년 만기 상품을 선호한다.

chapter...05

오래 사는 것이 축복이 되려면

老테크

55세에 퇴직하고 45년을 더 사는 시대

자식만 잘 키우면 노후에 아무런 걱정 없이 살던 시대가 있었다. 그러나 지금은 노후에 부모를 봉양하는 시대가 아니고, 또한 부모 스스로도 자식에게 얹혀살겠다는 생각을 하는 경우는 별로 없는 듯하다.

우리나라는 세계에서 가장 빠른 속도로 고령화사회로 진입하고 있다. 미래에 노인인구를 부양할 유소년층은 줄어들고 있다. 이미 한국인의 평균수명이 78세를 넘어섰다. 2050년이면 한국은 성인의 절반 이상이 60세가 넘고, 매년 90세 생일을 맞는 사람의 수가 신생아 수보다 많은 세계 최고령 국가가 된다고 한다. 이미 우리나라 노인층의 빈곤비율은 젊은층 빈곤비율의 3배에 달한다.

많은 사람들의 예상대로 평균수명 100세 시대가 곧 도래할 것이다. 50세 내외까지 직장생활을 하고 정년퇴직하고서도 50년을 더 살아야 하는 것이다. 이제는 오래 사는 것이 축복이 아니라 재앙이 될지도 모른다. 샐러리맨으로서 은퇴를 미리 준비하지 않는다면 50년간의 노후생활이 비참해질 것이 자명하다.

소위 인생의 '4대자금'은 결혼자금, 주택자금, 자녀학자금, 노후자금이라고 한다. 그 중에서 이제는 노후자금이 가장 중요해졌다. 다른 자금은 보통 10년 내외에 사용해야 하는 자금이지만, 노후자금은 무려 50년 동안이나 써야 할 자금이기 때문이다. 더욱이 노후에는 경제적 능력도 떨어지므로 가장 서둘러 마련해두어야 할 자금인 것이다.

그렇다면 평범한 샐러리맨들은 이 문제를 어떻게 해결해야 할까?

첫째, 늙어서도 할 수 있는 일을 준비하라. 죽을 때까지 일할 수 있는 것이 인간에게는 가장 큰 행복이다. 둘째, 오랫동안 함께 할 수 있는 재정전문가를 구하라. 노후자금의 효율적인 설계와 관리에 도움을 줄 것이다. 셋째, 펀드 중심으로 재테크를 설계하라. 장기투자에 적합한 간접투자상품이 바로 펀드다. 펀드로 포트폴리오를 구성하라. 넷째, 지금부터 당장 노후를 준비하라. 나이가 어리다고 미룰 것도 아니고, 나이가 많다고 늦은 것도 아니다.

노후준비자금 7억 만들기

그렇다면 노후생활자금으로는 대체 얼마나 준비해야 하는 것일까? 월생활비를 200만 원으로 계산하고 30년간 쓴다고 하면 약 7억 원 정도가 필요하다. 물가상승률을 감안하면 당연히 더 많이 필요하다. 하지만 주택이 있다면 주택연금을 통하여 상당부분 줄일 수 있고, 노후에도 할 수 있는 별도의 직업이 있다면 거의 준비하지 않아도 될지 모른다. 하지만 세상일이란 어찌될지 모르는 것이므로 일단 준비해놓는 편이 안전할 것이다. 개인적으로 특별히 책정한 노후자금목표가 없다면 일단 7억을 목표로 해보자.

자, 7억을 만들려면 매월 얼마씩 저축해야 할까? 목돈을 언제까지 만들 수 있느냐는 얼마나 빨리, 얼마나 수익률이 좋은 상품을 이용하느냐에 달려 있다. 4% 내외의 정기적금을 이용한다면 아주 오래 걸릴 것이고, 펀드나 주식을 이용한다면 상대적으로 짧은 기

● 투자상품 · 연령별 7억 만들기(월불입액 비교)

적립수단	목표수익률(연)	적립기간별 매월 불입 예상액				
		10년 (45세)	20년 (35세)	30년 (25세)	40년	50년
정기적금	4%(단리)	490만원	210만원	120만원	80만원	58만원
안정성장형펀드	8%(원금대비수익률)	320만원	110만원	57만원	35만원	39만원
성장형펀드	12%(원금대비수익률)	270만원	86만원	43만원	25만원	29만원
주식	15%(원금대비수익률	233만원	73만원	36만원	21만원	25만원

늦다 ↑ 상품 ↓ 빠르다

거액 ← 짧을수록　기간　길수록 → 소액

간에 만들 수 있을 것이다. 물론 펀드나 주식은 위험도 감수해야 한다는 단점이 있다. 하지만 장기투자시에는 은행적금보다 훨씬 유리하다고 할 수 있다.

위의 표에서 보는 바와 같이 노후자금은 빨리 시작할수록 유리하다. 만약 55세에 7억 원을 목표로 4%의 정기적금을 이용한다고 하자. 25세부터 시작하면 매월 120만 원씩 납입해야 하지만, 35세부터 시작하면 210만 원, 45세부터 시작하면 490만 원을 납입해야 한다. 그래서 가능하면 투자형 상품인 펀드나 주식과 같이 수익률이 높은 상품으로 하는 것이 유리하다는 것이다.

물론 펀드나 주식은 손실위험이 크므로 꺼려질 수 있다. 하지만 매월 일정액씩 나누어 장기투자하는 것이므로 생각보다는 위험하지 않다. 주식이나 펀드로 적립하면 정기적금으로 준비하는 것보다 훨씬 적은 돈으로 7억을 마련할 수 있다. 예컨대 20년만에 7억을 만드는 데 정기적금은 210만 원이 필요하지만 펀드나 주식은 7~80만 원으로도 가능하다. 만약 월불입액이 똑같다면 투자형 상품으로 준비해야 훨씬 빠른 시간 안에 7억 원에 도달하게 된다.

노후자금을 위한 유형별 포트폴리오

① 위험회피형 샐러리맨

위험회피형 샐러리맨이 노후자금을 마련하는 방법으로 가장 적절한 상품은 은행의 연금신탁이므로 여기에 50%를 투자해보는 것을 권한다. 연금신탁은 10년 이상 자유롭게 적립한 후 연금으로 수령하여 노후생활자금에 활용할 수 있고, 연 300만 원까지 소득공제가 되며 납입원금이 보전되는 상품이므로 원금보장을 중시하는 샐러리맨에게 매우 적합한 상품이다. 단, 가입 후 5년 이내에 해지할 경우에는 기타소득세뿐 아니라 해지가산세가 부과되므로 단기에 노후자금을 준비하려는 사람에게는 적합하지 않다.

적립식 펀드는 단기적인 측면에서 보면 손실위험이 있으나 장기투자의 경우에는 일반 적금보다 큰 수익이 가능한 상품이다. 따라서 위험회피형 샐러리맨이라 하더라도 장기로 투자하는 경우에는 혼합형 펀드(주식비중 30% 이하)에 40% 정도 배분하는 것이 좋다. 나머지 10%는 암이나 질병과 같은 건강과 관련된 보장성

● 위험회피형 샐러리맨의 노후준비

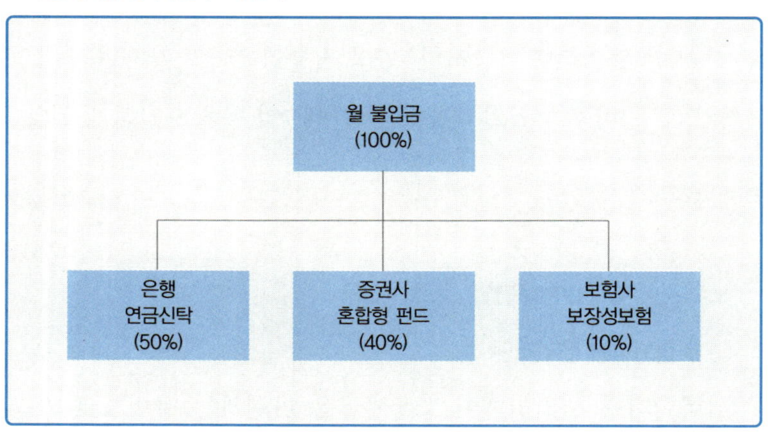

보험에 가입하라. 한 개의 연금보험에 가입하여 저축기능과 보장기능을 한꺼번에 추구할 수도 있다. 그러나 노후자금을 마련하는 데는 저축기능에 관한 한 순수한 저축상품으로 가입하고, 보장기능에 관한 것은 연금보험보다 저렴한 보장성 보험에 가입하는 것이 더 유리하다.

② 위험중립형 샐러리맨

위험중립형 샐러리맨의 경우, 장기로 투자한다면 연금펀드(주식형)에 40% 정도 배분한다. 주식형 펀드 자체가 위험자산이므로 단기적으로는 손실이 날 수 있지만, 장기투자의 경우에는 상품과 기간의 분산효과로 위험은 적어지고 수익은 커질 가능성이 매우 높기 때문이다. 30%는 혼합형 펀드에 가입하되, 소득공제 및 비

● 위험중립형 샐러리맨의 노후준비

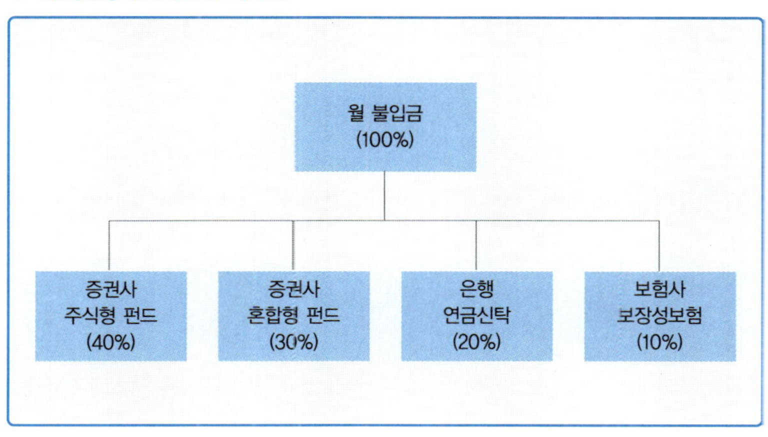

과세 혜택이 있는 장기주택마련펀드(혼합형)를 이용하는 것이 유리하다. 또한 은행의 연금신탁에 20% 정도 투자하여 안전성과 소득공제 혜택을 통한 절세효과를 노리는 게 좋다. 보장성 보험에도 10% 배분하여 갑작스러운 사고에 경제적 기반이 흔들리지 않도록 하는 것이 현명하다.

③ 위험선호형 샐러리맨

위험선호형 샐러리맨은 좀 더 공격적으로 자산을 운용할 수 있다. 그러나 공격적으로 운용한다 해도 사실은 적립식으로 장기간 투자하는 것이므로 사실 실질적인 위험은 별로 없다고 봐도 된다. 그러므로 연금펀드에 50%, 성장형펀드에 20%, 주식 직접투자에 20%, 그리고 나머지 10%는 보장성 보험에 가입하는 포트폴리오

● 위험선호형 샐러리맨의 노후준비

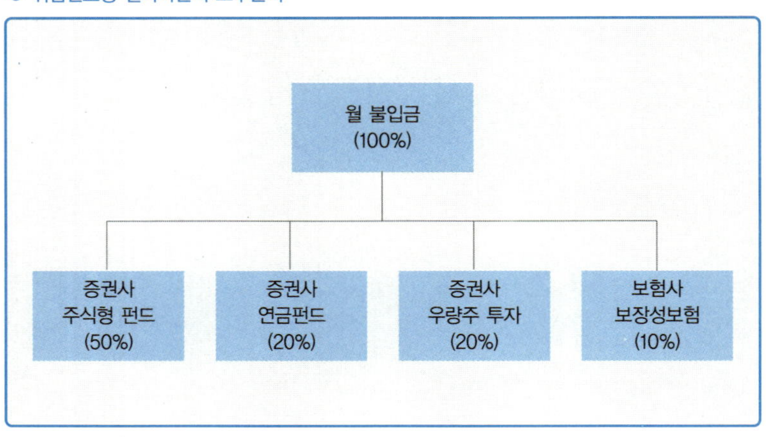

를 짤 수 있다.

물론 이러한 배분 또한 샐러리맨 자신의 여건에 따라 약간 수정하면서 자신에게 맞게 짜는 것이 중요하다. 따라서 여기에 예시된 포트폴리오는 언제 어떤 상황에나 꼭 적합한 것은 아니다. 개인에 따라서는 여유자금이 너무 소액이라 도저히 이런 식으로 자산배분을 할 수 없는 케이스가 있을 수 있고, 현재 주식시장이 조정국면을 맞고 있으므로 주식비중을 좀 더 줄이고 혼합형 펀드나 채권형 펀드의 비중을 좀 더 늘일 수도 있기 때문이다.

중요한 것은, 자신의 노후생활자금을 마련하기 위한 자기만의 포트폴리오를 짜고 실천해야 한다는 점이다. 전문가와 상담하여 적절한 시기에 이를 수정하고 합리적인 대안들을 찾기 바란다.

'평균수명 100세 시대'가 오고 있다. 과거에는 정년퇴직 후 5~6년 더 살다가 천국으로 갔지만, 이제는 정년퇴직 후에도 40~50년을 더 살아야 한다. 그래서 노후자금을 가능한 한 빨리 모아나가야 한다. 그리고 노후에도 계속 일할 수 있는 직업을 지금부터 생각하고 준비해둬야 한다. 노후자금이 마련되었다고 해서 늙어 일손을 놓고 편히 쉬기만 하면 재미도 없을 뿐더러 더 빨리 늙는다. 늙어도 직업을 가지고 일할 수 있는 터전을 준비하라.

chapter...06

세금은 안 낼 수도 있고, 돌려받을 수도 있다

稅테크

연말정산, 절세상품만 가입해도 한달 월급을 번다

언제나 연말이 되면 1년이 금방 지나가버렸음에 아쉬워하며 송년회를 한다. 계속되는 송년회 모임에 놓치기 쉬운 연말정산…….금년부터는 확실히 챙기자. 연말정산을 잘만 하면 내년 1월 월급통장에 그간 원천징수당했던 세금을 상당부분 환급받을 수 있기때문이다. 세금을 많이 낸 사람일수록 그 환급효과는 더 크다.

"국세청은 샐러리맨만 봉으로 안다"는 불평이 있을 정도로 소득이 너무 투명하여 에누리 없이 낸 세금. 가능하면 많이 돌려받는 방법으로 연말정산 관련 금융상품을 가입해보면 어떨까. 어차피 저축을 할 것이라면 소득공제가 가능한 상품으로 가입하는 것이 현명하다. 그래서 연말정산 관련 절세금융상품을 모두 모아 정

리해보았다. 또한 연말정산 관련 금융상품을 가입할 때의 유의사
항도 잊지 말자.

● 절세상품 총정리

구분		금융 상품	주요취급 기관	가입대상	가입기간	가입한도	소득공제 한도	
비과세		생계형 펀드	은행 증권사	·6C세 이상 노인 ·장애인, 국가 유공자 등	각상품 별로다름	1인당 3천만원 이내	0 자소득 비과세 (소득공제는 없음)	
소 득 공 제	주택 자금 관련 금융 상품	장기주택 마련펀드	은행 증권사	·무주택 세대주 ·85m²이하 1주택 소유 세대주	7년 이상	분기당 300만원	·납입악의 40% ·2010년부터 가입불가	모두 합산하여 연300만원 한도
		청약저축	국민은행 우리은행 농협	·무주택 세대주 ·60세 이상 또는 장대인 부양하는 호즈승계자	입주자로 선정된 날까지	2만원 ~10만원	·납입액의 40%	
	연금 관련 금융 상품	연금저축 펀드	은행 증권사	·만 18세 이상	10년 이상	분기당 300만원	·납입액의 100%(연300 만원한도)	모두 합산하여 연300만 원 한도
		연금저축 보험	보험사	·만 18세 이상	10년 이상	분기당 300만원	·납입액의 100%(연300 만원한도)	
	보험 관련 금융 상품	보장성 보험	보험사	·개인	제한없음	제한없음	·연간납깁보험 료 소득공제	100만원 한도
		장애인 전용 보장성 보험	보험사	·장애인	제한없음	제한없음	·연간납일보험 료 소득공제	100만원 한도

비과세, 소득공제, 고소득 모두 OK: 〈장기주택마련펀드〉

장기주택마련상품은 다른 일반 저축상품과는 달리 이자소득에

대한 비과세혜택뿐 아니라 직장인의 경우 연간 불입액의 40%(300만 원 한도)까지 소득공제 혜택이 주어진다. 7년이 경과해야 비과세 혜택이 주어지는 단점이 있기는 하지만, 주택자금이든 학자금이든 급하게 찾지 않을 자금이라면 장기주택마련상품에 가입하는 것이 유리하다.

장기주택마련상품은 은행의 저축상품에만 있는 것이 아니라 증권사에서 판매하는 장기주택마련펀드도 있다. 장기주택마련펀드도 은행의 장기주택마련저축처럼 비과세와 소득공제혜택이 있으며, 장기투자시에는 은행상품보다 실제 수익률면에서 2배 이상 높게 나타나고 있다.

장기주택마련상품은 분기당 300만 원(월평균 100만 원) 한도만 지키면 여러 금융기관에 가입이 가능하다. 예를 들어 월 60만 원씩 적립하는 경우라면 은행의 장기주택마련저축에 7년 만기로 월 10만 원, 증권사의 장기주택마련펀드에 10년 만기로 월 20만 원, 또 다른 증권사에 30년 만기로 월 30만 원씩 가입하는 것이다. 그러면 7년 후 주택마련 등의 목적으로 만기해약할 때 적립자금에 비과세혜택을 볼 수 있을 뿐만 아니라 7년 만기 해지 후에도 10년, 30년 만기의 장기주택마련펀드와 저축이 남아 있으니 [비과세+소득공제+고수익]이라는 삼중혜택을 계속 누릴 수 있게 된다.

2003년까지는 직장인이 장기주택마련저축이나 펀드로 소득공제를 받으려면 배우자 또는 부양가족이 있어야만 가능했다. 즉,

기존에는 배우자나 부모형제 등 부양가족이 있어야 소득공제가 가능했지만 2004년부터는 단독세대주도 소득공제가 가능하도록 제도가 바뀌었다. 따라서 신입사원이나 단독세대주도 장기주택 마련저축제도를 이용하여 절세할 수 있는 길이 열렸으니 이를 적극 활용해야 할 것이다.

만약 계약일로부터 7년 이내에 해약하더라도 실직, 이민 등 특별한 사유에 해당되는 경우에는 이자소득세가 전액 면제된다. 따라서 중도해약하는 경우에는 증빙을 갖추어 이자소득세가 추징되지 않도록 해야 할 것이다.

저금리시대의 도래로 은행의 확정금리상품의 금리가 투자자에게 만족을 주지 못하고 있다. 그러나 장기주택마련 펀드에 가입하는 경우에는 운용실적에 따라 은행금리보다 높은 수익을 낼 수 있다. 장기주택마련 펀드에 매월 일정액으로 불입하라. 장기간 투자할수록 손실위험이 적고 수익이 높아지므로 확정금리상품인 은행의 장기주택마련저축보다 유리하다.

● 장기주택마련펀드 수익률(2007년 7월 26일 기준)

펀드명	운용사	설정일	1년 수익률	3년수익률
BEST장기주택마련혼합1	SH운용	2004.07.30	20.92%	137.42%
스마트플랜장기주택마련 혼합K-1	대한투신운용	2003.01.17	25.96%	69.01%
Templeton장기주택마련혼합1	프랭클린운용	2003.02.24	19.17%	47.60%
삼성장기주택마련혼합1	삼성투신운용	2003.01.17	21.48%	58.95%
미래장기주택마련안정혼합1	미래자산운용	2003.02.13	17.61%	52.35%

납입액의 100% 소득공제: 〈연금저축펀드〉

연금저축펀드는 이자소득에 대한 비과세 혜택은 주어지지 않지만, 납입액의 100%(300만 원 한도) 소득공제가 되는 상품이다. 연금저축 펀드는 거주자가 저축불입계약기간 만료 후 연금형태로 지급되는 저축에 가입하는 경우 당해년도의 불입액과 300만 원 중 적은 금액을 종합소득금액에서 공제한다. 종전 개인연금저축은 연간 72만원까지만 공제가 가능했으나, 연금저축 펀드는 공제한도금액이 300만 원까지로 상향되었다. 구(舊)개인연금저축과 연금저축펀드는 모두 최대 연간 1,200만 원까지 불입이 가능하지만, 구 개인연금저축의 경우 180만 원 초과불입금액, 연금저축펀드의 경우 300만 원 초과불입금은 소득공제를 받지 못하게 된다.

소득공제금액을 초과하여 불입할 것인지의 여부는 개인사정에 따라 결정해야 한다. 연금저축의 경우에는 소득공제를 받은 자가 가입일로부터 5년 이내에 중도해지하는 경우에는 환급세액을 추징당한다. 연금저축의 경우 실제 소득공제를 받지 않았더라도 추

● 연금펀드 수익률(2007년 7월 26일 기준)

펀드명	운용사	설정일	1년 수익률	3년수익률
골드플랜연금주식A-1	한투운용	2001.01.31	60.82%	196.72%
Pru연금주식KM1	푸르덴셜운용	2001.02.01	64.91%	168.70%
인베스트연금주식S-1	대투운용	2001.02.01	63.56%	201.36%
신영연금혼합1	신영운용	2001.02.14	39.13%	114.61%
미래에셋연금혼합	미래자산운용	2003.01.21	14.13%	46.31%

징된다는 점에 유의해야 한다. 또한 5년 이내에 해지하여 받은 일시해지금은 기타소득으로 과세됨과 동시에 해지가산세가 추징되며, 불입계약만료 후 연금 외의 형태로 받는 금액은 기타소득으로 과세된다.

연말정산시 소득공제상품 투자포인트

연말정산 관련 절세 금융상품은 소득공제혜택이 탁월한 장점이 있는 반면 주의해야 할 사항들도 있다.

첫째, 투자목적과 기간을 고려하여 가입하라.

예를 들어 2년 후에 사용될 결혼자금(또는 주택구입자금)을 마련하고자 하는데 장기주택마련펀드에 가입했다면 이는 잘못된 선택이다. 왜냐하면 장기주택마련펀드는 만기가 7년 이상이므로 2년 만에 해약했을 경우 비과세 혜택이 사라질 뿐더러 그간의 소득공제 혜택으로 돌려받은 세금도 추징당하게 된다. 또한 중도해지 수수료까지 부담해야 한다.

연금저축(연금 펀드)도 마찬가지다. 만기가 10년 이상이기 때문에 단기에 쓸 자금임에도 무조건 연말정산에 유리하다고 해서 무턱대고 가입할 것은 아니다. 투자목적과 기간을 고려하지 않고 가입했다가 오히려 일반상품에 가입한 것보다 못한 결과가 나오지 않도록 주의해야 한다.

장기주택마련저축(또는 장기주택마련 펀드)는 2009년 12월 31일까지만 가입이 가능한 한시적인 상품이다. 따라서 최소한 이 기간 내에는 설령 계속 납입할 수 없는 상황이라 하더라도 계좌는 만들어놓는 것이 좋다. 2009년 이후에도 불입만 하면 계속 세제혜택을 받을 수 있기 때문이다. 따라서 돈이 없다고 포기하지 말고 아무리 적은 돈이라도 넣어 계좌를 유지할 필요가 있다. 이 기간 내에 만들어놓지 않으면 절세상품 하나를 놓쳐버리는 셈이 되기 때문이다.

● 소득공제 상품가입시 세금환급 예상액

과표금액	절세비율	월납입액별 세금환급예상액			
		장마펀드10만 연금펀드10만	장마펀드30만 연금펀드20만	장마펀드50만 연금펀드25만	장마펀드63만 연금펀드25만
		연간납입액 240만원	연간납입액 600만원	연간납입액 900만원	연간납입액 1056만원
1천만~4천만	18.7%	314,160	673,200	1,009,800	1,122,000
4천만~8천만	28.6%	480,480	1,029,600	1,544,400	1,716,000
8천만 초과	38.5%	646,800	1,386,000	2,079,000	2,310,000

샐러리맨은 매년말에 연말정산을 한다. 연말정산시 소득공제가 많으면 많을수록 그동안 원천징수당했던 세금을 다시 돌려받게 되므로 소득공제금액이 많으면 많을수록 좋다. 장마(장기주택마련)펀드와 연금펀드는 수익률도 좋지만, 소득공제로 인하여 납입금액의 10% 이상을 돌려받을 수 있다. 환급액은 과세표준에 따

라 다르다. 예컨대 매월 장마펀드 10만 원, 연금펀드 10만 원씩 불입한다면 과세표준이 4천만 원 이하인 사람은 314,160원을 환급받지만, 과세표준이 8천만 원을 초과하는 샐러리맨은 646,800원으로 두 배나 더 받는다. 결국 급여를 많이 받는 사람이 세금환급도 더 많이 받게 되는 셈이다.

세금 한푼 내지 않는다: 〈생계형저축펀드〉

'비과세 생계형저축'이란 특정 금융상품의 명칭이 아니라 여러 금융상품에 두루 적용되는 일반적인 명칭이다. 즉, 정기예금이나 적금, 펀드 등의 금융상품을 가입할 때 이를 생계형저축으로 가입하게 되면 거기서 발생한 이자에 대해서는 완전 비과세되는 개념이다.

이 상품은 은행, 증권사, 종금사, 상호저축은행, 우체국, 신협, 새마을금고 등 모든 금융 기관에서 취급하고 있다. 만60세 이상이거나 장애인, 국가유공자나 독립유공자와 그 유가족, 생활보호대상자 등이라면 생계형저축상품에 가입할 수 있다.

일단 생계형 금융상품에 가입하기 전에 다음 사항들을 고려하는 게 좋겠다.

일반적으로 비과세상품은 장기인 경우에만 세제혜택을 주는 것이 많다. 반면에 생계형저축은 1인당 3,000만 원까지 이자소득세가 면제되는데, 1년 미만으로 가입하거나 중도해지해도 비과세 혜택이 있다. 또한 입출금식 상품에 대하여도 생계형저축으로 가입할 수 있다. 예컨대 수시로 입금하고 출금할 수 있는 MMF에 대해서도 생계형저축으로 가입이 가능하다.

은행의 생계형저축은 일반적으로 확정금리상품이지만 금리가 너무 낮아 수익성이 적다. 한편, 증권사에서 주로 판매하는 일반 펀드도 생계형저축으로 가입하면 은행의 확정금리 생계형저축과 마찬가지로 이자에 대하여 비과세혜택이 있다. 따라서 2년 이상 예치할 돈이라면 생계형펀드로 가입하는 것이 유리하다. 장기인 경우에는 펀드수익률이 예금금리보다 훨씬 좋기 때문이다.

하지만 1년 이내에 써야 할 단기자금이라면 은행의 확정금리상품이나 증권사의 MMF를 이용하는 편이 낫다. 생계형저축상품은 '생계형저축'이라는 명칭의 특정상품이 있는 것이 아니므로 예적금 또는 펀드에 가입할 때 "생계형저축으로 가입해주세요"라는 식으로 요구하면 된다. 다만, 가입자격이 60세 이상의 노인(여자는 55세 이상)이나 장애인 등으로 한정되어 있다는 점이 단점이다. 하지만, 부모에게 드리는 용돈을 일반통장으로 송금하는 것이 아니라 생계형저축통장으로 만들어 드린다면 부모에게 효도도 하고 세금도 줄이는 효과를 볼 수 있을 것이다. 또한 직장인 연말 정산시 주민등록상에 등재가 안 되었다면 부양가족 공제의 증빙으로 이용할 수도 있을 것이다.

셋째, 아는 만큼 돈을 벌게 해주는 것이 절세상품이다.

만약에 부모에게 3천만 원을 드리면서 3년간 금융상품에 예치토록 한다면 어떤 상품에 가입하는 것이 가장 유리할까? 다만, 확정금리상품인 예금은 연5%, 펀드는 연10%의 수익을 낸다고 가정하였다. 물론 예금금리가 떨어질 수도 있고 펀드의 환매시점에 주가가 떨어져 손실이 날 수 있다는 것은 가정에서 배제하였다. 이는 생계형저축상품은 절세로 수익이 커지는 것이고, 일반적으로

● 비과세 생계형상품의 비교

구분	일반예금	비과세 생계형저축	비과세 생계형펀드
원금	3,000만원	3,000만원	3,000만원
만기	3년	3년	3년
수익률(가정)	5%	5%	10%
3년 후 세전수익	473만원	473만원	993만원
세율	15.4%	0%	0%
3년 후 세후수익	400만원	473만원	993만원
일반예금 대비 초과수익	0원	73만원	593만원

장기투자시 예금보다는 펀드의 수익률이 우수하다는 점을 감안
한 것이다.

3천만 원을 생계형저축으로 가입하여 3년간 예치한 경우의 이
자소득은 일반예금으로 가입했을 때보다 73만 원 정도 더 많아지
게 된다. 만약 생계형저축 펀드로 가입하여 연10% 정도의 수익을
냈다면 6백만 원 가량이 많아진다. 따라서 똑같은 금액을 투자하
더라도 어떤 상품에 가입하였느냐에 따라 3년 후 수익에 제법 큰
차이가 난다는 것을 알 수 있다.

다만, 펀드로 가입한 경우에는 주식시장의 사이클에 따라 손실
이 날 수도 있다는 점에 유의해야 한다. 따라서 원금보장에 중점
을 두는 투자자라면 생계형저축예금으로 가입하는 것이 유리하
고, 수익에 중점을 두는 투자자라면 생계형저축펀드로 가입하는
것이 유리하다.

샐러리맨이 꼭 알아야 할
재테크법칙

전문가 활용의 법칙

필자는 386세대라서 그런지 컴퓨터에 그리 능하지 않다. 그래서 컴퓨터가 잘 안 되거나 고장이 나면 곧바로 해당회사 고객서비스센터에 연락하여 신속한 조치를 요구한다. 컴퓨터 전문가를 찾으면 빠른 시간 내에 불편한 사항을 조치할 수 있고 잘 몰랐던 것도 그를 통하여 배우게 된다. 만일 컴퓨터가 고장났다고 해서 필자가 직접 이 책 저 책 뒤지면서 컴퓨터를 고치려 한다면 아마도 많은 시간이 소요될 것이며 자칫 컴퓨터를 완전히 망칠 수도 있을 것이다.

재테크도 마찬가지다. 재테크에 대한 정확한 지식이 없는 대부분의 일반인이 혼자서 재테크를 하겠다고 덤비는 것은 컴맹인 필자가 컴퓨터를 고치려 하는 것과 같다. 재테크 분야에서 실제 근무하거나 적어도 근무해보지 않은 한 재테크에 관한 상세하고 신속한 정보를 알 수는 없을 것이다. 물론 스스로 여기저기 돌아다니며 알아보는 것도 한 방법이겠지만, 자신의 본업을 뒤로 한 채 이러한 재테크 정보를 모두 알아보기에는 시간이나 전문성면에서 많은 제약이 따르게 된다.

자신의 성향을 잘 파악할 수 있고 자신에게 맞는 정보를 제공할 수 있는 전문가를 섭외하라. 그렇게 하면 큰 노력 없이도 필요한 정보를 받을 수 있게 될 것이다. 자신의 투자원칙과 전략을 세우는 데 있어서도 도움을 줄 수 있는 전문가가 있다면 좀 더 효율적이고 합리적인 계획을 세울 수 있다.

흐름투자의 법칙

돈은 우리 몸의 피와 같다. 몸 속에 피가 잘 흐르는 곳은 건강하지만, 피가 잘 흐르지 않는 곳은 아프기도 하고 심하면 쓰러지게 된다. 돈도 흐르지 않는 곳에 놔두면 여러 가지 문제가 생기는 반면, 잘 흐를 수 있는 곳에 투자하면 여러 가지 부가가치를 낳는다.

돈의 속성은 수익성이 높은 곳으로 몰린다는 것이다. 그래서 돈이 모이는 곳에 자신의 돈도 있어야 상당한 투자수익을 올릴 수 있는 것이다. 예컨대 세상의 돈이 주식시장에 모이면 내 돈도 주

식시장에, 부동산시장에 모이면 부동산시장에 참여해야 큰 수익
을 얻을 수 있다.

필자가 알고 있는 Y씨는 "우리나라에서 돈버는 방법은 부동산
밖에 없다"고 단언하고, G씨는 "주식만이 최고의 재테크수단"이
라고 확신한다. 그들의 주장이 완전히 틀렸다고는 할 수 없지만,
흐름을 잘 타는 경우에만 맞는 소리라고 생각한다. 왜냐하면 실제
부동산투자로 큰 손실을 본 사람도 있고, 주식투자로 망한 사람도
있기 때문이다. 부동산으로 돈이 흐를 때, 또는 주식으로 돈이 흐
를 때 타이밍을 잡아 그 흐름에 맞게 투자하는 것이 중요한 것이
지, 어느 한 분야가 무조건 최고의 수익을 가져다준다는 편견은
합리적인 투자자에게 독이 될 수도 있음을 명심해야 한다.

장기투자의 법칙

우리나라 사람들은 대체로 '빨리빨리' 습성에 젖어 있다. 무엇
이든 빨리빨리 해야 한다. 그래서 우리나라가 다른 어느 나라보다
빨리 경제성장을 이뤘는지도 모른다. 하지만 투자에서는 '빨리빨
리'에만 집착하면 큰일난다.

금융기관을 찾아오는 많은 고객들이 "당신에게 맡기면 1달에
(혹은 1년에) 얼마나 수익을 낼 수 있느냐?"를 다짜고짜 묻는다. 물
론 일정기간 동안 안정적인 고수익을 바라는 고객의 심정을 모르

는 바는 아니지만 이는 분명한 우문(愚問)이다. 왜냐하면 투자시장이 매달 또는 매년 일정비율만큼 상승하는 것도 아니고, 시장이 상승한다고 해도 실제 투자된 상품이 그렇게 상승하게 될지는 아무도 모르기 때문이다. 또한 장기투자로 갈 때라야 비로소 안정적인 예측이 가능하고 안정적인 투자수익률도 기대할 수 있는 것이지 짧은 시간 동안 반드시 일정한 수익이 나는 것은 아니기 때문이다.

아파트나 땅에 투자했을 때는 수익이 날 때까지 3년이고 5년이고 장기간 기다리면서, 주식이나 펀드에 투자할 때는 한 달에 얼마, 1년에 얼마라는 식의 수익을 기대한다는 것은 분명 문제가 있다. 주식이나 펀드도 부동산처럼 3년 이상 보유하고 가져갈 수 있다는 생각을 해야 한다. 그리고 장기투자하는 사람들이 결국 큰 수익을 낸다는 것을 나는 고객들의 케이스를 통해 절실히 깨닫고 있다.

성향투자의 법칙

한의학에서는 처방도 체질에 따라 달리한다. 똑같은 병이라도 그 사람의 체질에 따라 맞는 약이 있고 맞지 않는 약이 있다고 한다. 따라서 맞지 않는 약을 처방하면 오히려 해가 될 수도 있다는 것이다.

투자도 마찬가지다. 자신에게 맞지 않는 투자를 하게 되면 많은 스트레스를 받게 되고 결국 실패하는 경우가 많다. 예컨대 원금손실을 끔찍하게 싫어하는 사람에게 고위험·고수익상품을 권하거나, 고수익상품을 선호하는 사람에게 정기예금을 소개하는 것은 체질에 맞지 않는 약을 처방하는 것과 같다.

일반적인 투자원칙은 현실적으로 내게 맞지 않는 부분이 있을 수 있다. 자신의 투자성향과 구체적 상황에 맞는 재테크전략을 수립하는 것이 무엇보다도 중요하다. 일단 이러한 자기간의 원칙이 세워져야 투자에 대한 우유부단함이 없어지고, 소신을 가지고 투자할 수 있는 자신감도 얻게 된다.

성향투자의 법칙이란, 먼저 자신의 투자성향을 파악하고 그에 부합하는 구체적인 재테크 전략을 선택하라는 것이며, 돈의 흐름에 따라 취해야 할 자신의 투자방법을 설정해야 한다는 것이다.

리스크 활용의 법칙

'High risk, high return' 이란 말은 위험과 수익의 상관관계를 잘 표현하는 투자격언이다. 높은 위험이 있는 곳에 높은 수익이 있다는 것이다. 반대로 얘기하면, 위험이 적은 곳에는 수익도 적다는 것을 의미한다.

우리는 대부분 높은 수익을 바란다. 그런데 리스크는 회피하려고만 한다. 하지만 안타깝게도 높은 수익이 기대되는 동시에 리스크가 적은 상품은 없다. 만약 그런 상품이 있다고 확신을 주는 사람이 있다면 사기꾼일 확률이 높다.

높은 수익을 얻기 위해서는 그에 상응하는 리스크를 부담해야 한다. 여기서 '리스크'란 단순히 손실만을 의미하는 것은 아니다. 리스크는 어느 순간 큰 수익으로 탈바꿈할 수도 있기 때문이다. 중요한 것은 리스크로 인하여 내가 손해를 보고 툴툴거리며 빠져나올 것이냐, 아니면 리스크를 잘 관리하여 큰 수익으로 전환시킬 수 있느냐에 있다.

9.11테러나 국제적인 분쟁이 일어났을 때마다 주가는 폭락했다. 이런 경우가 증시에서는 매우 큰 리스크에 해당된다. 이런 일이 일어나면 많은 투자자들이 추가폭락을 염려하여 손절매하고 나오게 된다. 하지만 이들은 리스크의 한 면만 보고 있는 것이다. 리스크는 앞면이 〈손실〉 뒷면이 〈수익〉으로 표시된 동전과 같다. 리스크는 손실의 의미로만 생각하기 쉬우나 뒤집어보면 수익이기도 한 것이다.

증시폭락으로 모두들 주식을 팔고 있는데 조금씩 서서히 주식을 사모으는 사람들이 있다. 이들은 바로 리스크 뒤에 숨어 있는 수익의 속성을 알고 있는 사람들이다. 바로 이들이 리스크를 이용할 줄 아는 사람들인 것이다. 또한 한꺼번에 투자하지 않고 나누어 투자하는 사람들, 하나에 투자하지 않고 여러 군데에 투자하는 사람이 바로 리스크를 활용하는 사람들이다. 결과적으로 이들이 투자에 성공하게 된다.

절세의 법칙

돈이 많아지면 많아질수록 중요한 것이 절세다. 큰돈이 없는 사람들은 세금을 그리 크게 느껴지 않지만, 부자일수록 세금은 아주 보기 싫은 놈이다. 그래서 때로는 투자수익보다도 세금이 줄어드는 것이 더 유용할 때가 있다. 왜냐하면 우리나라 소득세는 누진세이기 때문이다.

지금 당장은 소액이라고 세금에 무관심한 경우가 많다. 굳이 절세의 방법이 있는데도 이용하지 않는 경우도 많다. 이는 몰라서이기도 하지만 투자기간이나 목적과 부합하지 않기 때문인 경우도 있다. 절세상품은 대개 장기인 경우가 많고, 중도에 해약하는 경우에는 중도해지수수료를 부담해야 할 뿐 아니라 세금이 부과되기 때문이다. 또한 기존어 받은 세금혜택을 추징당하는 경우도 있다.

절세상품도 투자목적과 기간에 부합하는 방향으로 이용해야 한다. 예컨대 3년 동안 결혼자금을 모아야 할 사람이 7년 이상 가입해야 비과세혜택이 있는 장기주택마련저축에 많은 돈을 넣는 것은 절세에 전혀 도움이 되지 않는다. 오히려 3년짜리 다른 상품으로 결혼자금을 준비하고, 장기주택마련저축은 매월 1만 원씩만 넣으면서 계좌만 살려놓는 편이 유리할 것이다. 절세도 자신의 상황에 맞게 설계하는 것이 합리적이다.

비용투자의 법칙

싼 게 비지떡이라는 말이 있듯이 공짜로 쉽게 접할 수 있는 정보는 실제로도 별로 가치가 없는 경우가 대부분이다. 일정한 돈을 내더라도 좋은 정보를 얻을 수 있다면 과감히 이를 지불하고 얻어가는 편이 더 현명하다. 예컨대 10만 원의 비용을 지불하더라도 100만 원의 가치를 지닌 것이 나은 것이지, 공짜인데 100원의 가치를 지닌 것은 별로 의미가 없다.

인터넷에서 수많은 정보를 무료로 볼 수 있지만, 실제로 내게 꼭 유용한 정보인가는 다른 문제다. 좋은 정보도 그냥 지나쳐 버리기 쉽고, 재수없으면 잘못된 정보를 좋은 정보로 믿고 투자했다가 큰 손실을 보기도 한다.

필자는 여러 곳에서 재테크강의를 하고 있는데, 어떤 때는 무료로 하고 어떤 때는 유료로 한다. 하지만 이상하게도 거의 비슷한 내용임에도 불구하고 유료로 하는 경우에 강의효과가 더 낫다는 것을 필자 스스로 느끼게 된다. 물론 강의내용에도 약간의 차이가 있는 것을 부정할 수는 없다. 하지만 사람들은 일반적으로 자신이 비용을 지불한 것에는 더 관심을 가지고 집중하며 스스로 좋은 정보로 가공하기 때문이라고 생각한다.

변화와 적응의 법칙

우리나라 사람들은 수십 년간 은행의 저축을 통하여 자산증식을 해왔다. 불과 10년 전까지만 해도 은행상품이 9% 이상의 이자를 주었기 때문에 큰 어려움 없이도 착실히 저축하기만 하면 누구라도 돈을 불릴 수 있었다. 하지만 이제는 상황이 바뀌었다. 음식점을 할 때도 주변여건이나 손님들의 취향이 바뀌면 인테리어도 새로 하고 새로운 메뉴도 개발해야 한다. 투자도 금융환경이 바뀌면 그에 따라 더욱 효과적인 대안을 찾아야 한다. 지금은 저금리 시대다. 아직도 원금과 확정수익에만 집착한다는 것은 계절이 바뀌어 겨울이 되었는데 아직도 반팔과 반소매를 입고 다니는 것과 같다.

최근에 펀드가 높은 수익률을 내자 그간 예적금만 해왔던 사람들이 필자를 찾아와서 무턱대고 수익률 좋은 펀드를 추천해달라고 한다. 더욱이 "원금은 보장되면서 수익률이 높은 상품"을 소개해달라고 한다. 하지만 이러한 생각은 과거 원금과 확정된 고금리가 보장되던 시대에나 가능한 소리다. 이제는 바야흐로 '저축'의 시대에서 '투자'의 시대로 바뀌고 있다. 저금리를 이기기 위한 투자의 시대에는 '원금보장'이란 의미없는 구호에 지나지 않는다. '무조건 상품만 잘 고르면 고수익'이라는 공식도 성립될 수 없다.

이제 '원금보장'과 '고수익'은 함께 갈 수 없는 이율배반의 용어가 되었다. 따라서 '원금보장 고수익 상품'이란 말 그대로 형용모순에 지나지 않는다. 새로운 금융환경에 적응하기 위해서는 원금보장에 대한 집착을 버려야 한다. 어떤 금융상품에 투자한다고 할 때는 반드시 그 위험과 수익을 동시에 고려해야 하는 것이다. 수익에만 집착하여 지나치게 위험한 상품에 무조건 가입하는 것도 문제지만, 원금이 깨지는 것을 참지 못하여 지나치게 안전한 상품에만 가입하는 것도 바람직 하지 않다. 스스로 감당할 수 있는 만큼의 손실을 전제로 큰 수익을 기대하는 것이 올바른 투자의 자세다.

행복투자의 법칙

재테크는 단지 돈을 벌기 위한 것이 아니라 궁극적으로 자신과 자신의 가족이 좀 더 행복해지고 좀 더 삶의 질을 높이기 위한 것이다. 투자를 잘해서 돈은 잘 벌지만 정작 행복하지 않다면 재테크가 무슨 의미가 있겠는가. 한편, 돈을 벌려고 투자시장에 본격적으로 뛰어들었는데 엄청난 손실만 보게 된다면 경제적 손실뿐 아니라 개인적으로는 정신적인 스트레스도 엄청날 것이다. 재테크로 돈을 많이 버는 것도 좋지만, 좀 적게 벌더라도 행복한 것이 보다 현명한 재테크라는 것이다.

필자는 가끔 돈의 노예가 되어 있는 듯한 사람들을 볼 때마다 안타까움을 금할 길이 없다. 부자가 모두 행복한 것은 아니다. 오히려 평범한 사람보다 더 불행한 경우도 많다. 호텔 뷔페가 아니라 재래시장의 장터국수를 먹더라도 행복할 수 있는 사람이라면 진정한 부자가 아닐까.

'개처럼 벌어서 정승처럼 쓰라' 는 속담이 있다. 개처럼 벌라는 것은 어떤 일을 하더라도 근검절약하여 저축하라는 긍정적인 의미일 것이다. 그러나 구두쇠처럼 무작정 아끼기만 한다면 행복을 포기해야 할 경우가 생긴다. 쓰지는 않고 오로지 저축만 한다면 현재의 삶은 무미건조하고 고달프기만 할 것이다. 물론 과소비를 하라는 것은 아니다. 자신과 가족을 위한 건전한 소비는 행복한 삶을 위한 촉매역할을 할 수 있다는 것이다.

어떤 사람은 내집마련을 하기 전까지 술도 마시지 않고 외식도 하지 않겠다고 말한다. 아무리 보다 나은 미래를 위해서라지만 그렇게 각박하게 생활하다가는 정작 일상의 행복과 생활의 여유를 잃어버리게 되는 것은 아닐까. 행복은 돈을 크게 번 다음부터가 아니라 지금 바로 이곳에서부터 실현되어야 의미가 있다. 오늘 저녁 당장 가족과 함께 소박한 외식을 즐겨보라. 내 가족의 얼굴에서 환한 웃음을 볼 수 있다면 그것이 곧 행복이 아닐까.

성공적인 재테크는 무조건 현재의 행복을 유보해야만 얻어지는 것이 아님을 명심하자.

이 중에서 자신이 동의하는 투자법칙만 잘 지켜도 재테크에 성공할 수 있다. '투자의 법칙' 이란 아는 것으로 끝나는 게 아니라 실천할 때라야 의미가 있다. 아무리 강조해도 지나치지 않은 투자의 황금법칙들을 믿고 따라해보라. 곧 '그말이 정답이구나!' 하며 박수를 치게 될 날이 올 것이다.

5장

샐러리맨 1억 만들기

-일단 종자돈을 만들어라

chapter...01

지갑이 얇아진 불쌍한 샐러리맨, 그래도 희망은 있다

K기업 H영업부장은 "요즘은 친구들 만나기도 두렵다"며 한숨을 쉰다. 친구들을 만나서 술 한잔 하는데 들어가는 돈이 만만치 않아서다. 오랜만에 친구들을 만나 기쁜 마음에 저녁식사를 하고 술이라도 한잔 걸치게 되면 당장 그 다음 날부터 뒷감당이 힘들어진다. 예전보다 급여가 오른 것은 사실이지만, 물가도 오르고 예전보다 써야 할 데도 많아졌기 때문이다. 사실 예전에는 회사에서 회식할 때도 등심을 먹는 것이 부담스럽지 않았다. 경기도 좋았고 물가도 쌌다. 정말 회사에 다닐 만했다. 그런데 IMF 외환위기 이후부터가 문제다. 샐러리맨이 느끼기에 경기는 갈수록 얼어붙었고 물가도 갈수록 비싸졌다. 특히 영업하는 샐러리맨의 경우에는 판공비가 대폭 줄거나 아예 없어지는 바

람에 개인의 용돈을 털어 활동해야 할 지경에 이르렀다.

올림픽 이후 한국경제가 급성장했던 90년대 초반에는 기업들이 투자를 많이 하고 샐러리맨의 임금도 크게 올랐다. 하지만 최근에는 유가를 비롯한 원자재값의 인상으로 샐러리맨이 즐겨쓰는 상품의 물가도 많이 올랐다. 기업에서는 원가절감 차원에서 임금인상을 자제하고 구조조정을 감행하고 있다. 이제는 물가나 씀씀이에 비해 월급은 크게 오르지 않고, 언제 회사를 그만두게 될지도 모르는 불안함이 항상 마음 한구석을 찜찜하게 한다. 그래서 샐러리맨의 지갑은 점점 더 얇아져만 가는 것이다.

지금 샐러리맨은 여느때보다 두꺼운 지갑을 갈망하고 있다. 그래서 인터넷에는 각종 재테크사이트가 갈수록 인기를 끌고 있다. 예전에는 월급날 꼬박꼬박 적금만 붓던 샐러리맨들이 이제는 그것만으로는 안 된다는 것을 깨닫기 시작했다. 세상이 완전히 바뀌었다. 따라서 샐러리맨도 살아남으려면 변해야 한다.

사실 변화된 환경을 알면 샐러리맨에게도 답이 보인다. 샐러리맨으로서 부자가 되려면 최소한 현재의 재테크 트렌드가 무엇인지부터 알아야 한다. 현재 재테크의 화두는 저금리, 고령화, 자산관리의 세 가지다. 바로 여기에 재테크의 해답이 있다.

저금리는 투자형상품으로 극복하라

요즘 예금에 가입하고 있는 사람은 모두들 금리가 너무 낮다며 야단이다. 예금에 넣어봤자 코딱지만한 이자밖에 안 나오니 화만 나는 것이다. 더욱이 이자수익에서 세금과 물가상승률을 감안하면 실질금리는 마이너스라고 봐야 한다. 2007년에 약간 금리가 올라갔지만 예전과 같은 고금리 시대는 당분간 다시 올 것 같지 않다.

이러한 저금리의 약점을 극복할 만한 상품이 바로 펀드나 주식과 같은 투자형 상품이다. 이제 샐러리맨이 예금으로 부자되기는 힘들다. 앞으로는 펀드나 주식이 대세다. 여전히 시대에 뒤떨어지는 예금에만 안주할 것인가? No!!! 아직도 예금에 저축만 하는 사람은 전자계산기 놔두고 주판으로 셈하는 것과 같다. 지금도 늦지 않았다. 투자형 상품에 대한 공부를 당장 시작하라. 물론 최근 투자형 상품의 수익이 좋다고 해서 제대로 알지도 못하면서 무조건 남들만 따라하는 식은 곤란하다.

노후자금이 최우선이다

우리나라는 2000년에 고령화사회에 진입하여 세계에서 가장 빠른 속도로 노인인구가 늘어나고 있다. 반면에 노인에 대한 사회보장제도는 아주 미흡한 상태다. 과거에는 60세 전후에 퇴직하여 퇴직금으로 10년 내외를 살다 죽을 수 있었지만, 이제는 100살 이상 살 것을 준비해야 한다. 게다가 요즘엔 정년도 55세 내외로 줄어든 데다 평균수명의 증가로 정년 이후에 살아가야 할 날은 40년 이상이 될 것이다. 더욱이 우리나라의 합계출산율은 OECD국가 중 가장 낮은 1.08명이다. 이는 앞으로 노인을 부양할 인구가 갈수록 줄어든다는 얘기다. 설령 자식이 있다 해도 자식만 믿고 있을 수만은 없다. 이제는 늙어서 돈이 없으면 오래 살더라도 고통일 뿐이라는 점을 알아야 한다.

결혼자금, 주택자금, 자녀학자금도 중요하지만 더 중요한 것이 바로 노후자금이다. 아직 젊다고 방관해서도 안 되고, 이미 늦었다고 포기하면 더욱 안 된다. 노후자금이 모든 재테크의 최우선임을 명심하라.

전략적인 자산관리가 인생의 미래를 지켜준다

저출산과 맞벌이로 샐러리맨의 평균소득이 늘고 있다. 과거 고금리시대에는 열심히 일하고 아껴서 저축하면 어느 정도 자산증식이 되었다. 그래서 특별히 '자산관리'라는 개념이 없어도 사는 데 별 지장이 없었다. 고금리시대에는 가장 금리를 높게 주는 은행을 찾아 예금을 넣어두고 빼먹지만 않으면 별다른 노력 없이도 자산을 불릴 수 있었기 때문이다. 하지만 저금리시대가 정착되고

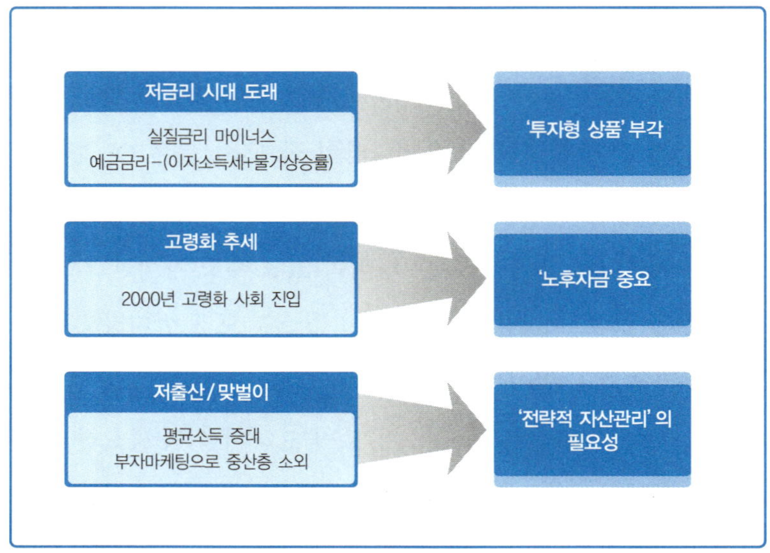

고령화와 저출산문제가 사회이슈로 부각되면서 이제는 전략적이고 장기적인 자산관리가 중요하게 되었다. 고금리시대의 환상은 잊어야 한다. 더이상 주먹구구식으로 재산을 불리기는 어렵다.

'전략적 자산관리'란 자신의 상황, 투자성향, 투자목적과 기간 등에 맞게 자산을 배분하고 장기적인 전략을 가지고 자산을 관리하는 것이다. 많은 금융기관들이 소위 '부자마케팅'으로 부자들에 대한 전략적 자산관리를 도와주고 있다. 반면에 샐러리맨은 자산도 적고 도와주는 전문가도 없기 때문에 전략적 자산관리가 쉽지 않다고 생각할지 모른다. 하지만 그것은 기우다. 샐러리맨도 스스로 발품을 팔면 얼마든지 훌륭한 전문가를 만날 수 있고, 자신에게 맞는 전략적 자산관리를 할 수도 있다.

전략적 자산관리가 어렵다고 생각하지 말고 당장 시도해보라. 이 책에서 다뤄지는 하나하나가 곧 당신의 전략적 자산관리에 도움이 될 것이다.

chapter...02

돈 벌어 대출금부터 갚으면 바보

저금리시대, 예금은 불리하고 대출은 유리하다

필자가 은행 대부계에서 근무하던 90년대 중반에는, 은행예금 금리가 9%였고 대출금리는 12.5%~14.75% 정도였다. 당시만 해도 고금리시대였기 때문에 대출이 있으면 돈을 버는 대로 대출을 상환하는 것이 기본적인 재테크였다. 예금금리에 비하여 대출금리가 매우 높아 대출이자부담이 만만치 않았기 때문이다. 예컨대 1996년에 1억 원을 대출받으면 매월 120만 원정도의 이자를 부담해야 했다. 하지만 지금은 1억 원을 대출받는다 해도 이자부담은 월 약50만 원 정도에 불과하다.

한국은행 자료(그림)를 보면 은행의 예금잔액이 과거와 같이 지속적으로 증가하지 않고 있다. 반면에 대출잔액은 저금리의 혜택을 톡톡히 누리면서 점차 증가하고 있다. 수급의 측면에서 보면 샐러리맨은 예금을 축소하고 대출을 더욱 활용하는 것이 유리하다. 예금이자는 세금과 물가상승률을 감안하면 자산증식에 전혀 도움이 되지 않기 때문에 점차적으로 줄어들 것으로 예상된다. 하지만 대출은 적절히 활용하는 것이 좋다. 대출이자 부담이 생계에 큰 영향을 미치지 않는다면 대출을 두려워할 필요는 없다.

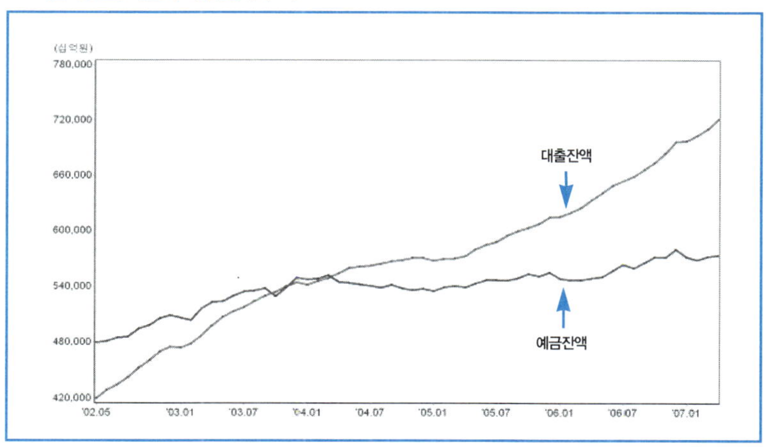

최근 몇년 간 주식시장이 상승하면서 주식으로 돈 번 사람들이 많아졌다. 만약 여러분이 집 살 때 대출을 1억 원 받았는데 최근에 주식투자로 4천만 원을 벌었다고 가정해보자. 그렇다면 여러분은 4천만 원의 돈으로 대출을 상환하겠는가, 아니면 다른 곳에 재투자하겠는가.

필자가 외부 강연회를 다니면서 이러한 질문을 하면 많은 사람이 대출을 먼저 갚겠다고 대답한다. 우리나라 사람들은 전통적으로 대출을 부담스러운 '빚'으로 생각하는 경향이 있다. 하지만 재테크의 관점에서 본다면 저금리시대에는 대출상환보다 대안투자가 낫다고 본다.

자신이 스스로 모은 돈만 굴릴 수 있는 것은 아니다. 특히 지금과 같은 저금리시대에는 대출을 잘 활용 것도 매우 중요하다. 대출금도 분명한 '자산'이다. 자산은 잘 굴려야 큰돈이 된다. 물론 무조건 대출받아서 투자하라는 얘기는 아니다. 다만, 현재 대출금리가 과거에 비하면 절반도 안 되는 수준이므로 적절히 활용하는 것을 꺼려할 필요는 없다는 얘기다.

대출상환이 먼저인가, 종자돈마련이 먼저인가

샐러리맨이 부자가 되려면 일단 종자돈을 만들어야 한다. 그런데 현재 1억 원의 대출이 있다고 가정해보자. 매월 월급을 받아 쓸 것을 쓰고도 100만 원 정도의 여유자금이 생긴다면 매월 대출을 상환하는 것이 나을까, 아니면 종자돈 만드는 데 활용하는 것이 나을까.

대출상환이 우선이냐, 종자돈마련이 우선이냐는 다음 세 가지 기준으로 판단해야 한다. 첫째, 대출이자가 생계에 부담이 될 정도로 큰 것이라면 대출상환이 우선이다. 둘째, 고금리시대에는 대출상환이 우선이고 저금리시대에는 종자돈마련이 우선이다. 셋째, 대출로 인한 이익이 적으면 대출상환이 우선이고, 대출로 인한 이익이 많으면 종자돈마련이 우선이다.

● 대출상환여부에 따른 자산의 변화

가정	판단기준	선택유형	9년 후 자산
· 대출 1억 · 월 100만원 저축가능	· 이자부담능력 · 대출금리수준 · 대출로인한이익	전액 대출 상환	대출 0 종자돈 0
		대출상환50%+ 종자돈 마련50%	더출 5천만원 종자돈 5천만원
		전액종자돈 마련	대출 1억 종자돈 1억

저금리시대인 지금은 일반적으로 매월 100만 원의 여유자금으로 종자돈을 마련하는 것이 우선이다. 실제로 한번 따져보자.

첫번째로, 매월 여유자금 100만 원을 모두 대출을 상환하는 데 쓰는 방법이 있다. 그렇게 하면 약 9년 후에는 대출을 모두 상환하게 된다. 하지만 그때쯤에는 종자돈이 하나도 없다. 결국 9년 동안 번 돈이 하나도 없다는 뜻이다. 빚 갚는 데 모든 재산을 탕진한 셈이다. 만약에 결혼을 못한 사람이라면 결혼할 자금도 없는 것이다. 사업을 생각하는 사람이라면 사업자금이 없는 것이다. 결국 또 다시 대출을 받아야 한다. 그리고 또 갚아나가야 한다. 이런 악순환이 계속된다면 평생 마이너스 인생을 살 수밖에 없게 된다.

두번째, 매월 여유자금 100만 원 중 50만 원은 대출상환에 쓰하고, 나머지 50만 원은 종자돈마련에 활용하는 방법이 있다. 이렇게 하면 9년 후에는 대출이 5천만 원으로 줄고 종자돈도 5천만 원이 마련되어 총자산은 1억이 된다. 대출이자가 기본적인 생계에 영향을 주는 수준일 때 고려해볼 만한 방법이다. 아무리 저금리시대라 대출을 잘 활용하는 것이 유리하다지만 대출이자가 생계에 영향을 줄 만큼 부담스러운 것이라면 대출을 일부 상환해나가는 것이 좋겠다.

세번째, 대출을 전혀 상환하지 않고 종자돈마련에만 집중하는 방법이다. 이 방법은 대출이자가 생계에 큰 영향을 미치지 않고, 대출금리가 높지 않으며 대출로 인한 이익이 오히려 크다고 생각될 때 취할 수 있는 방법이다. 이렇게 하면 9년 후에도 대출은 1억 원 그대로이지만 종자돈 1억 원을 확보하게 된다. 그래서 총자산이 2억이 된다. 1억으로는 결혼을 할 수도 있고 사업자금으로 쓸 수도 있다. 만약 대출 1억 원이 부동산담보대출인 경우, 그 부동산을 팔면서 매수인이 대출을 떠안게 하는 채무인수계약을 하면 모든 대출을 일시에 상환할 수도 있다. 당신은 어떤 선택을 하겠는가?

chapter...03

달콤한 유혹,
CMA통장을 100% 활용하라

CMA 인기급상승

CMA(Cash Management Account)는 증권사에서 만들 수 있는 자산관리통장이다. 고객이 예치한 돈을 CP, CD, 국공채 등의 채권에 투자한 후 그 수익을 고객에게 돌려주는 상품을 말한다. 은행의 보통예금통장과 같이 수시입출금이 가능하면서도 연수익률은 4%가 넘는다.

일반 은행의 체크카드처럼 결제도 가능하지만 연회비는 없다. 은행 현금지급기나 인터넷뱅킹으로 입출금뿐 아니라 송금도 가능하다. 2005년 6월부터 증권회사에서 취급하기 시작했는데 인기가 급상승하여 2007년 4월말 현재 CMA잔액이 16조에 이르고 계좌수도 240만 개를 넘어섰다.

● 증권사별 CMA 수익률(2007.6.20 기준)

증권사	수익률	증권사	수익률
굿모닝신한증권	4.4~4.5%	미래에셋증권	4.3~4.5%
교보증권	4.4%	우리투자증권	4.3~4.5%
대신증권	4.3~4.5%	한국투자증권	4.3~4.4%
대한투자증권	4.3~4.7%	현대증권	4.3~4.5%

은행보통예금과 증권사CMA의 비교

보통 수시입출금용으로는 은행의 보통예금통장을 많이 이용하였으나 CMA통장의 등장으로 이제 일시자금은 CMA통장으로 몰리고 있다. CMA통장의 경우 은행의 보통예금 수익률의 10배 이상이고, 수시입출금은 물론 자산관리기능도 있기 때문이다. 법적으로 원금보장 약정은 불가능하지만 안전한 채권 위주로 투자되므로 원금손실위험은 사실상 거의 없다고 봐도 된다.

2007년 6월 현재는 카드나 공과금 결제의 일부만 지원되고 있지만, 전산화가 완비되면 은행의 보통예금과 동일한 결제가 이루어질 것으로 예상된다. 또한 2007년부터 각 증권사는 CMA통장을 대대적으로 홍보하면서 수수료 면제, 상해보험 무료가입 등의 부가서비스 혜택도 주고 있다.

구분	은행보통예금	증권사CMA
수익률	연0.1~0.3%	연4.5%내외
원금보장	가능	불가능
카드결제	가능	일부가능
공과금결제	가능	일부가능
장점	수시입출금	수시입출금+자산관리

CMA 통장 100% 활용하는 방법

① 주식이나 채권에도 투자할 수 있다

일반적으로 CMA계좌를 가지고 있는 사람은 별도의 주식계좌를 개설하지 않아도 주식이나 채권투자가 가능하다(증권사 방문 없이 온라인으로 주식계좌를 개설하는 경우도 있음). 따라서 주식투자를 하는 사람이라면 주식계좌에 CMA기능을 추가시킬 필요가 있다. 그렇게 하면 증권계좌의 예탁금이 주식에 투자되지 않을 때에도 연4% 내외의 수익을 올릴 수 있고, 좋은 주식을 발굴하여 투자하고자 할 때는 다시 그 계좌로 주식에 투자하면 그만이다.

② 펀드가입도 가능하다

CMA통장에 예탁금이 있으면 원하는 펀드에 즉시 투자도 가능하다. 전화로 증권사 직원과 상담하여 펀드에 투자할 수도 있고, 인터넷상에서 자신이 직접 펀드를 골라 투자할 수도 있다. 적립식

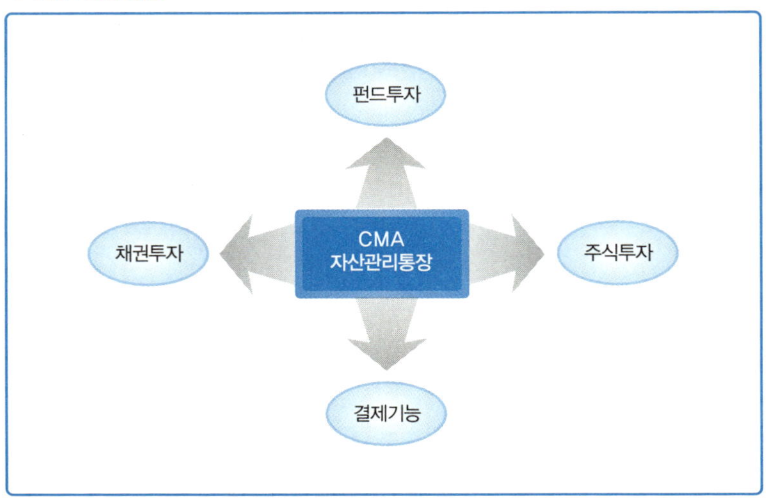

펀드의 경우에는 증권사에 신청만 하면 매월 일정액씩 자동으로 투자되도록 하는 것도 가능하다. 국내펀드 뿐 아니라 해외펀드의 투자도 가능하다.

③ 체크카드 기능이 있는 것도 있다

CMA체크카드를 신청하면 은행현금지급기에서 현금카드처럼 사용할 수 있다. 그리고 가맹점에서는 신용카드처럼 사용할 수도 있다. 단, 거래 즉시 CMA계좌에서 결제금액이 출금되고 나머지 금액은 여전히 연4% 내외의 수익으로 운용된다.

④ 월급통장계좌로 이용하라

　일반적으로 샐러리맨의 급여는 은행의 보통예금통장으로 들어오는데, 이왕이면 CMA계좌로 입금되도록 바꾸는 것이 유리하다. CMA계좌에서 각종 투자 및 결제가 모두 가능하기 때문이다. 다만 결제기능은 현재 전산미비로 일부 안 되는 경우도 있지만 향후에는 모두 가능해진다.

chapter...04

종자돈 1억은 부자의 첫걸음, 시작이 반이다

시작이 반이다

'시작이 반'이라는 말이 있다. 부자가 되려면 일단 종자돈을 마련해야 한다. 그런데 종자돈은 대체 얼마나 모아야 할까? 이것은 개개인의 사정에 따라 다를 것이다. 각자의 나이, 투자기간과 목적 등에 따라 자신의 종자돈은 각기 다르게 설정될 수 있다. 하지만 종자돈을 얼마나 모아야 할지 잘 모르겠으면 일단 '1억 만들기'를 목표로 정해보라. 부자가 되려면 최소한 첫 번째 관문인 1억 원의 종자돈을 마련해야 한다. 일단 1억 원을 마련해야 10억 원도 만들 수 있고 100억 원도 만들 수 있다. 그렇다면 종자돈 1억 원을 만들려면 매월 얼마씩이나 불입해야 할까? 이것은 해당 금융상품의 수익률과 불입기간에 따라 다를 것이다.

수익률 \ 불입기간	3년(27세)	5년(25세)	7년(23세)	10년(20세)
4%	262만원	151만원	104만원	69만원
8%	247만원	139만원	93만원	59만원
10%	240만원	133만원	88만원	55만원
20%	212만원	110만원	69만원	41만원

① 빨리 시작하라

종자돈은 최대할 빨리 마련할수록 유리하다. 만약 30세까지 수익률이 연4%인 정기적금으로 1억 원을 만든다고 가정해 보자(표 참조). 20세부터 불입한다면 매월 69만 원 정도씩 저축하면 된다. 하지만 23세부터 불입하면 104만 원, 25세부터 불입한다면 151만 원, 27세부터 불입한다면 262만 원을 불입해야 30세에 1억 원을 만들 수 있다. 20세에 시작한 사람과 27세에 시작한 사람과의 월불입액 차이는 무려 190만 원이나 된다. 일찍 시작하는 사람이 부자도 빨리 될 수 있는 것이다.

② 월불입액이 적으면 수익률이 높은 상품을 선택하라

만약 20세에 월불입액이 40만 원밖에 안 된다면 연4%짜리 정기적금을 선택할 것이 아니라 연20% 수익을 기대할 수 있는 주식이나 펀드를 선택해야 할 것이다. 또한 25세부터 시작한 사람이 연

4%의 상품으로 1억 원을 준비한다면 매월 151만 원을 불입해야 하지만, 연20%의 수익이 기대되는 주식이나 펀드로 준비한다면 110만 원으로도 가능하다는 얘기다. 종자돈을 만들어가는 시기에는 한꺼번에 목돈을 투자하는 것이 아니므로 수익률이 제법 있는 상품을 선택해도 그리 위험이 크지 않다. 따라서 고수익성 상품으로 준비하되 매월 적립식으로 장기투자하면 된다.

③ 월불입금액을 점차 늘려가라

1억 원을 만들기 위해 매월 100만 원씩 불입하기로 했다고 해서 꼭 100만 원씩만 불입할 필요는 없다. 소득이 많아지면 월불입액을 늘려야 좀 더 빨리 1억 원을 만들 수 있다. 아래 표에서 보는 바와 같이 100만 원으로 1억 원을 만들려면 5~7년 걸리지만, 500만 원으로 1억 원을 만드는 데는 1년 반 정도밖에 안 걸린다. 월불입액을 점차 늘려가는 것이 1억 원을 만드는 데 드는 시간을 크게 단축시킬 수 있다는 점을 명심하라.

● 월불입액별 1억이 되는 기간

수익률 \ 월 불입액	100만원	200만원	300만원	500만원
4%	7년 5개월	3년11개월	2년 8개월	1년 8개월
8%	6년 7개월	3년 8개월	2년 7개월	1년 7개월
10%	6년 4개월	3년 7개월	2년 6개월	1년 7개월
20%	5년 5개월	3년 2개월	2년 4개월	1년 6개월

종자돈 1억 원을 가장 빨리 만드는 방법은 위와 같이 아주 단순하다. 수익률 높은 상품으로 빨리 시작하라! 소득이 늘어날 때마다 월불입액을 늘려나가라! 그리고 반드시 실천하라! 그러면 어느 순간 1억 원이 되어 있는 통장을 확인하게 될 것이다.

chapter...05

종자돈을 마련할 수 있는 상품에는 어떤 것들이 있나

종자돈을 마련하기 위한 상품에는 원금손실위험이 거의 없는 '저축형 상품'과 원금손실위험은 있지만 높은 수익이 기대되는 '투자형 상품'이 있다. 과거 고금리시대에는 주로 저축형상품으로 종자돈을 마련했지만, 저금리의 정착으로 요즘에는 투자형상품으로 종자돈을 마련하는 사람들이 많아졌다.

① 저축형 상품: 안정성 중시

원금이 조금이라도 깨지는 것을 지극히 싫어하는 사람이라면 저축형 상품으로 종자돈을 마련하는 것이 좋다. 저축형 상품을 이용하면 최소한 원금이 깨질 일은 거의 없으나 수익률이 낮다는 점이 가장 큰 단점이긴 하다. 따라서 저축형 상품으로 종자돈을 마련하려면 무엇보다도 서둘러 시작하고, 월불입금액도 가능한 한 최대한 늘려나가는 것이 종자돈 마련의 핵심이다.

저축형 상품에는 은행의 정기적금이 대표적인 상품이다. 하지만 약간 더 높은 수익을 챙기려면 상호저축은행의 정기적금을 이용하는 편이 낫다. 은행에 비해 상대적으로 신용도가 낮은 상호저축은행이라 하더라도 원리금 기준 5천만 원까지는 예금자보호가 되므로 안전하다. 새마을금고나 신협에도 정기적금이 있는데 2천만 원까지는 소득세가 비과세되고 1.4%의 농특세만 부담하면 된다는 것이 장점이다.

한편 증권사의 CMA도 종자돈 마련에는 매우 좋은 상품이다. CMA는 정기적금 정도의 수익률이 되면서 수시입출금도 가능하다. 뿐만 아니라 주식이나 펀드에도 투자가 가능하므로 일부 금액을 적립식 펀드에 나누어 투자할 수 있다.

● 저축형상품

취급기관	상품명	수익률	특 징
은행	정기적금	4%내외	예금자보호, 세금우대 가능
상호저축은행	정기적금	5%내외	예금자보호, 세금우대 가능
금고/신협	정기적금	4%내외	소득세 비과세(2천만원 한도)
증권사	CMA	4%내외	수시입출금, 자산관리계좌 역할

② 투자형상품: 수익성 중시

저축형 상품은 원금이 보장될지는 모르지만 수익률이 너무 낮다. 약간의 위험부담을 감수하더라도 좀 더 높은 수익을 추구한다면 투자형 상품으로 종자돈을 마련하는 편이 낫다. 주식매매차익에 대해서는 비과세된다는 점도 유리하다. 다만, 원금을 보장하지 않는다는 것이 단점이다.

투자형 상품으로 가장 일반적인 것이 적립식 펀드다. 2004년 이후 적립식 펀드의 수익률이 검증되면서 그간 정기적금으로 종자돈을 마련하던 많은 사람들이 적립식 펀드로 갈아탔다. 필자 역시, 종자돈 마련은 적립식 펀드로 하는 것이 시대의 흐름에 맞는 선택이라고 생각한다.

적립식 펀드에도 주식투자비중이 40% 이하인 안정형 펀드, 주식에 41%~70%를 투자하는 안정성장형 펀드, 71%~100%까지 투자하는 성장형 펀드가 있다. 따라서 자신이 감당할 수 있는 위험

● 투자형 상품

취급기관	유형	목표수익률	대표상품	특 징
증권사, 은행	안정형 펀드	8%내외	KTB에버스타혼합형 미래인디펜던스한아름혼합	·고수익 ·원금비보장 ·주식매매차익 비과세
증권사, 은행	안정성장형 펀드	10%내외	마이다스블루칩배당주식 마이다스커버드콜주식	
증권사, 은행	성장형 펀드	15%내외	미래디스커버리주식형 신영마라톤주식형	
증권사	주식	20%내외	우량주,가치주,배당주	

수준에 맞는 유형의 펀드를 고르면 된다. 예컨대 손실위험과 손실 폭이 적으면서 적금보다는 높은 수익을 원한다면 안정형 펀드를 선택하고, 손실위험과 폭이 크더라도 높은 수익을 기대한다면 성장형 펀드나 주식 직접투자를 선택하면 된다.

종자돈을 마련할 때는
집중투자가 좋은가, 분산투자가 좋은가

투자는 습관이다. 그래서 종자돈을 마련할 때부터 분산투자의 습관을 기르는 것이 좋다. 물론 분산투자하면 수익률면에서는 집중투자보다 좀 못할 수도 있다. 하지만 위험관리의 측면에서 보면 훨씬 유리하다. 어느 한 상품에 집중투자로 성공한 사람은 향후에 그 습관으로 인해 큰 실패를 할 수도 있다. 따라서 위험과 수익의 두가지 관점에서 분산투자하는 것이 현명하다고 본다.

보수적인 샐러리맨을 위한 종자돈마련 포트폴리오 예시

보수적인 사람이라면 저축형 상품 중심으로 분산하라. 예컨대 월불입액이 100만 원이라면 상호저축은행 정기적금에 50만 원, 새마을금고의 적금에 30만 원, 청약부금에 10만 원, 보장성 보험에 10만 원 정도로 나누어 저축하는 방법을 고려해볼 수 있다. 상호저축은행과 새마을금고의 적금은 보통 은행적금보다 1% 정도 수익률이 더 높다. 청약부금은 그 상품 자체의 수익률은 크지 않으나 향후 주택을 구입할 때 청약권이 주어진다는 점 때문에 꼭 가입해야 한다. 보장성 보험은 저축상품은 아니지만 종자돈마련 시기에 불의의 큰 사고로 경제적 손실을 입으면 안 되므로 꼭 가입해두는 것이 좋다. 다만, 보험료가 부담스러우면 순수보장성 보험으로 하여 '보험료는 적게, 보장은 크게' 하는 편이 현명하다.

● 보수적인 샐러리맨을 위한 포트폴리오

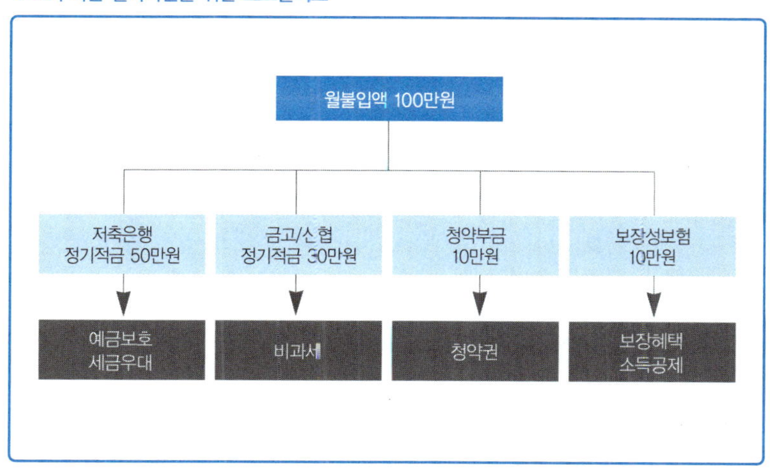

공격적인 샐러리맨을 위한 종자돈마련 포트폴리오 예시

공격적인 사람이라면 투자형 상품에 올인하라. 높은 수익을 원하는 사람에게 안전하되 수익성이 낮은 적금은 취향에 맞지 않는다. 투자형 상품에 투자하되 어느 한 상품에 몰빵하기 보다는 여러 유망상품에 나누어 투자하고 기간도 3년 이상을 가져가는 게 좋다. 예컨대, 가장 수익성이 좋은 주식형 펀드에 가입한다 하더라도 성장주 펀드, 가치주 펀드, 배당주 펀드 등에 똑같이 나누어 투자하는 편이 현명하다. 주식에 직접투자한다고 해도 마찬가지다. 어느 한 종목에 전액을 투자하기 보다는 업종이 다른 여러 종목에 나누어 투자하는 편이 좋다.

지나치게 보수적인 사람이 아니라면 종자돈마련 단계에서는 가급적 공격적으로 투자하는 편이 유리하다고 본다. 종자돈마련

● 공격적인 샐러리맨을 위한 포트폴리오

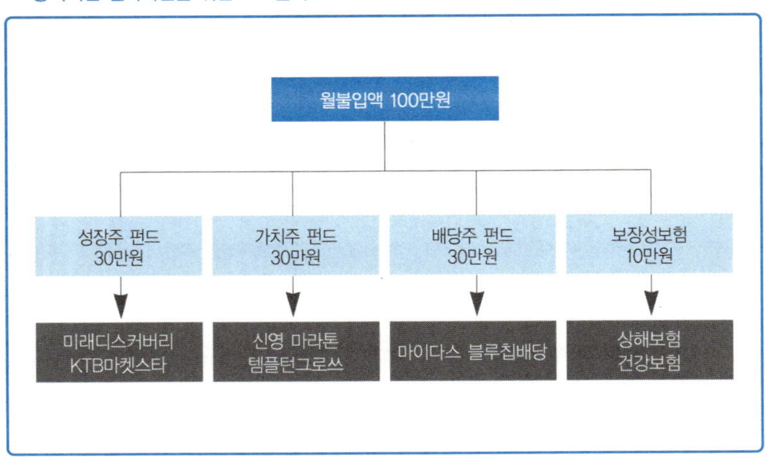

단계에서는 큰돈이 한꺼번에 투자되는 것이 아니라 자금이 나누어져 투자되기 때문에 별로 위험하지 않기 때문이다. 그래서 설령 손실이 난다고 해도 인생이 망가질 정도는 아닌 것이다. 특히 직장초년생 등 젊은 사람들이나 투자기간을 3년 이상 가져갈 수 있는 장기투자자라면 투자형 상품 중심으로 포트폴리오를 짜는 것이 유리하다.

중립적인 샐러리맨을 위한 종자돈마련 포트폴리오 예시

지나치게 보수적인 것도 싫고 지나치게 공격적인 것도 싫은 샐러리맨이라면 저축형상품과 투자형상품으로 반반씩 나누어서 투자하라. 그리고 자신의 투자성향을 잘 모르는 사람 역시 그렇게 하는 편이 좋겠다. 예컨대 청약부금과 보장성 보험은 필수로 하고, 나머지 자금은 적금과 주식형 펀드에 똑같이 투자하는 방법이다. 적금은 세금우대로 가입하고, 주식형 펀드는 인덱스 펀드나 배당주 펀드로 가입하면 된다.

그리고 가능하면 1년 내외의 기간을 두고 포트폴리오를 수정하라. 왜냐하면 1년 정도 지나면 가입한 상품의 위험과 수익을 어느 정도 예측할 수 있으므로 시장상황과 자신의 스타일에 맞게 비율을 조정하는 편이 유리하기 때문이다. 만약 주식시장이 점점 좋아지거나 자신의 투자스타일이 좀 더 공격적으로 바뀐다면 주식형 펀드의 비중을 높이고, 그 반대라면 적금의 비중을 높이면 된다. 1년 지나서도 잘 모르겠다면 다시 전문가를 찾아가 상담하고, 그것도 어려우면 기존의 포트폴리오를 그냥 계속 유지하는 것도 한 방법이다.

정기적인 포트폴리오 수정이 필요한 것은 사실이지만, 그렇다고 반드시 수정해야 하는 것은 아니다. 지나치게 잦은 포트폴리오 변경은 수익률을 악화시킨다는 점도 명심해야 한다. 그래서 한 달 또는 몇 달 간격으로 포트폴리오를 바꾸는 것은 바람직하지 않다.

● 중립적인 샐러리맨을 위한 포트폴리오

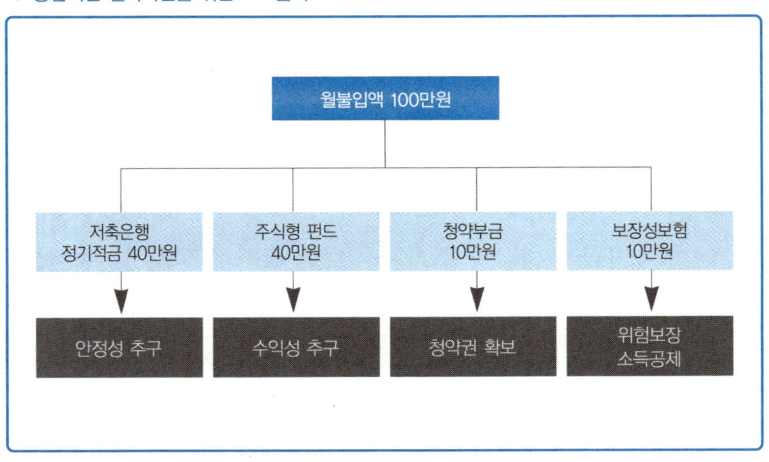

종자돈 마련시 투자포인트

시간이 돈이다, 당장 시작하라

종자돈마련을 차일피일 미루는 바보가 되지 마라. '다음 달 월급받을 때부터' 혹은 '내년부터' 시작하려 하지 말고 지금 당장 계좌를 만들어 단돈 10원이라도 넣고 계획을 짜라. 그러지 않으면 한두 달이 아니라 3년, 5년, 10년이 늦어진다. 지금 당장 쓸 돈이 있다고 종자돈마련을 미루는 샐러리맨은 1년이 지나고 3년이 지나도 종자돈마련을 시작할 수 없게 된다. 쓸 돈은 지금만이 아니라 1년 후, 3년 후에도 계속 발생할 것이기 때문이다.

씀씀이를 줄여라

씀씀이를 줄이지 않는 한 10년이 지나도 종자돈은 없다. 월수익의 50% 이상을 종자돈을 마련하는 데 집중하는 것이 좋다. 일단 자신의 급여통장에서 월급의 50%는 무조건 적금이나 적립식 펀드로 자동이체해놓는 것이 좋겠다. 소비는 나머지로 알차게 써야 한다. 물론 완전히 자린고비처럼 생활하라는 것은 아니다. 월간 자신의 소비행태를 잘 살펴보면 분명히 줄일 수 있는 부분을 찾을 수 있을 것이다. 일단 저축하고 남은 돈으로만 생활하는 습관을 길러야 한다.

투자기간과 목적에 맞게 설계하라

샐러리맨이 종자돈을 마련하고자 하는 목적에는 여러 가지가 있다. 사회초년생으로 결혼자금을 목적으로 하는 경우도 있고, 기혼자로서 주택자금이나 노후자금을 목적으로 하는 경우도 있다. 그리고 그 목적에 따라 1년만에 목표자금을 마련하고자 하는 사람이 있는가 하면, 5년 기한으로 마련하고자 하는 사람도 있다. 종자돈을 만드는 구체적인 방법은 이러한 목적과 기간에 따라 달라진다. 예컨대 1년만에 결혼해야 하는 사회초년생으로 단기 결혼자금이 목적인 샐러리맨은 투자형 상품보다는 저축형 상품 중심으로 포트폴리오를 짜야 한다. 반면에 5년 후 내집마련을 위해 종자돈을 준비하는 것이라면 투자형 상품으로 포트폴리오를 짜는 것이 유리하다.

비싼 음식도 입맛에 맞지 않으면 만족스럽지 못한 것처럼, 투자도 자신의 투자목적과 기간에 맞게 설계해야 합리적인 수익을 낼 수 있다는 점을 기억하라.

정기적금보다는 적립식 펀드를 활용하라

정기적금의 수익률은 단리가 적용되므로 만기시 원금 대비 수익률이 그리 많지 않다. 더욱이 고금리시대가 다시 오지 않는 한 종자돈을 불리는 데 적금은 별로 도움이 되지 않는다. 반면에 적립식 펀드는 적금보다 위험이 있는 것은 사실이지만 저금리를 극복할 만한 수익을 기대할 수 있다. 또한 일정액을 분할투자하기 때문에 목돈을 한꺼번에 투자할 때의 큰 위험을 부담하지 않아도 된다.

적립식 펀드에도 주식비중이 적은 안정형 펀드가 있는가 하면, 주식투자비중이 높은 성장형 펀드도 있다. 따라서 자신의 위험부담수준이나 시장상황에 따라 적당한 펀드를 고르면 된다.

이제 저축의 시대는 갔고 투자의 시대가 도래했다는 점을 명심하라. 지금까지는 보수적인 투자자로 적금 중심으로 저축했다면, 이제는 펀드 중심으로 패턴을 바꾸어야 할 때다.

자신의 본업에서 몸값을 높여라

요즘은 너도 나도 재테크 하겠다고 난리다. 하지만 진정한 재테크는 반드시 돈만 많이 모인다고 성공하는 것이 아니다. 그것을 관리할 줄도 알아야 하고, 더 나은 자신의 목표를 위해 활용할 줄도 알아야 한다.

또한 돈 불리기에만 지나치게 집착하여 더 중요한 샐러리맨 자신의 본업을 소홀히하면 안 된다. 그래서 일부의 자금은 반드시 자신의 몸값을 높이는 데 쓰는 것을 주저하지 말아야 한다. 단기적인 투자수익률을 높이는 것보다는 자신의 인생을 업그레이드시킬 수 있는 '몸값 작업'이 더 중요하기 때문이다.

어찌보면, 샐러리맨 자신의 몸값을 올리는 것이 웬만한 종자돈보다 훨씬 낫다. 자신의 몸값을 올리기 위한 노력은 손해볼 게 없다. 그리고 일단 몸값이 올라가면 잘 떨어지지 않는데다 오히려 더 올라갈 가능성이 높다. 그래서 몸값을 높이는 것은 샐러리맨의 유일한 '저위험·고수익' 상품이다. 이보다 더 좋은 재테크가 어디 있겠는가!

6장

샐러리맨 10억 만들기

–거침없이 도전하라

chapter ...01

부자가 된 샐러리맨은 '돈줄'을 안다

부자가 된 샐러리맨은 돈의 흐름을 잘 이용한 사람들이다. 똑같은 1,000만 원이라도 돈이 모이는 시장에 투자한 사람은 부자의 발판을 만들지만, 돈이 모이지 않는 시장에 투자한 사람은 여전히 빠듯하게 살아야 한다.

자본주의의 속성상 돈이 모이는 곳에서 돈이 벌린다. 아무리 좋은 주식이든 채권이든 부동산이든 그쪽으로 돈이 모이지 않으면 말짱 도루묵이다. 그래서 돈이 모이는 시장을 제대로 파악하고 이에 걸맞게 투자한 사람이 결국 큰돈을 벌게 된다.

가끔 주변에서 누군가 부동산이나 주식에 투자하여 많은 돈을 벌었다는 얘기도 듣게 되고, 크게 손해를 보았다는 안타까운 소식도 듣게 된다. 어느 곳에 투자하여 성공하느냐의 여부는 바로 그

시장으로 돈이 몰리느냐 아니냐에 달려 있다. 큰돈이 몰리는 시장에 투자하면 소위 대박이 나는 것이고, 돈이 빠져나가는 시장에 투자하면 손실을 감수할 수밖에 없는 것이다.

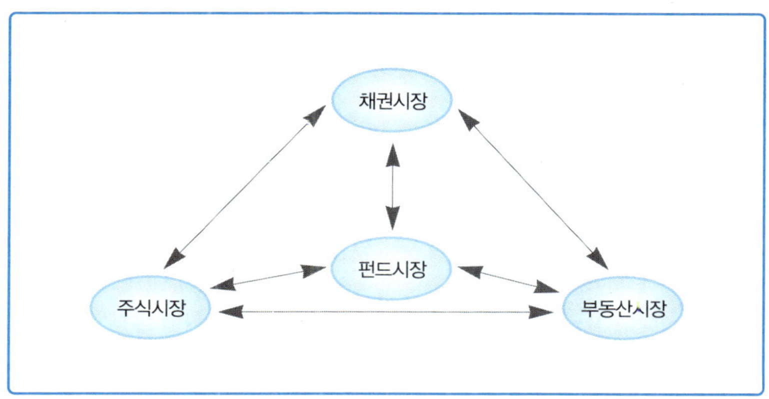

채권시장 -비중축소

채권시장은 국공채, 회사채 등에 투자하는 시장이다. 채권은 확정금리를 주기 때문에 안정적인 수익을 기대할 수는 있다. 과거 고금리시대에는 수익률이 꽤 좋았지만 다음 그림에서 보는 바와 같이 2004년부터는 채권거래대금이 감소하고 있다. 즉, 채권시장에서는 돈이 빠져나가고 있는 것이다.

일반적으로 돈이 빠지는 시장에서는 돈을 벌 수 없다. 따라서 2007년 현재 상황에서 채권이나 채권형 펀드에 투자하는 것은 별

로 큰 수익을 기대할 수 없다. 다만, 전환사채나 신주인수권부사
채와 같은 신종 채권에는 여전히 투자가치가 있다. 왜냐하면 이러
한 채권들은 채권시장이 좋지 않더라도 주식시장만 좋으면 높은
수익을 기대할 수 있기 때문이다.

● 채권거래대금 추이

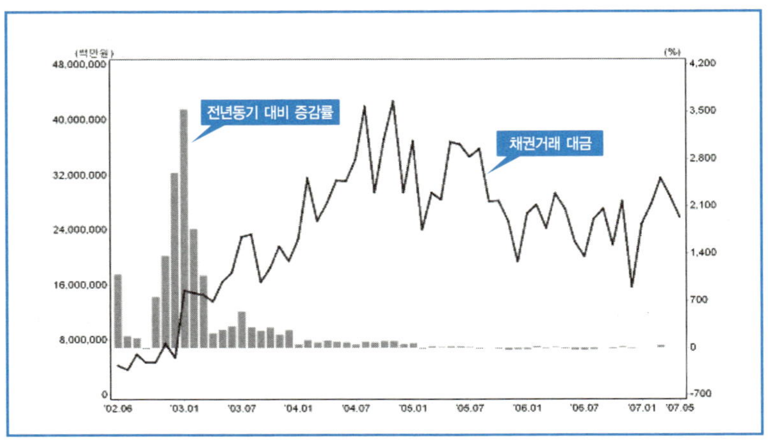

부동산시장 -비중축소

부동산시장은 주택, 상가, 오피스텔, 토지 등에 투자하는 시장
이다. 우리나라에는 '부동산 불패신화' 라는 말이 있을 만큼 부동
산으로 부자가 된 사람이 많다. 샐러리맨 중에도 부동산투자로 자
산이 대폭 업그레이드된 경우가 많다. 그런데 이제는 좀 다른 시각
으로 봐야 할 것 같다.

아래 그림에서 보는 바와 같이 2007년 5월 현재 주택가격지수는 최고수준에서 꺽이는 모습을 보여주고 있다. 이럴 때 앞으로 부동산시장은 하향 또는 안정화될 가능성이 높다고 본다. 2005년부터 시작된 증시랠리로 부동산시장의 자금이 점차 주식시장으로 빠져나가고 있는 중이다.

필자 개인적으로는 우리나라 부동산에 대한 매력이 갈수록 희석될 것이라고 본다. 그 근거는 첫째로 부동산세가 최근 급격하게 높아졌다는 점, 둘째로 출산률의 감소로 향후 부동산을 구입해야 하는 유소년인구가 점점 감소한다는 점, 셋째로 부동산에 투자하는 큰손들이 상대적으로 저평가된 해외부동산에 투자하기 시작했다는 점, 넷째로 지가 및 인건비가 싼 해외로 기업들이 이전되

● 주택가격 · 전세가격지수 추이

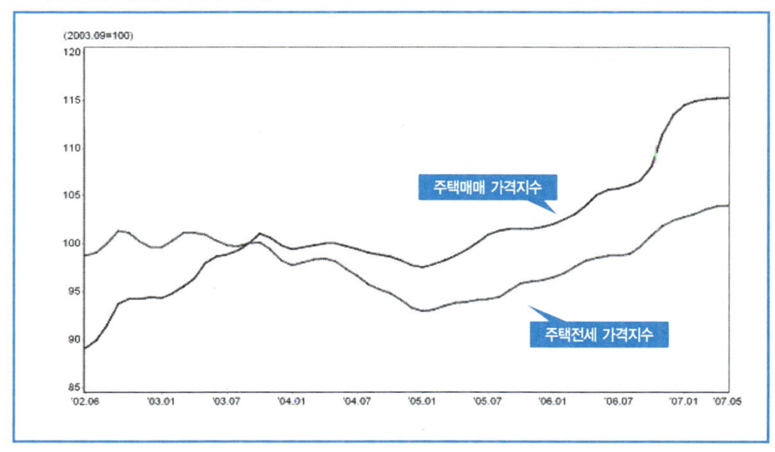

고 있는 점 등이다.

따라서 부동산은 실수요 중심으로 접근하는 것이 바람직해보인다. 물론 필자가 부동산시장을 하향안정 쪽으로 본다고 하여 모든 부동산이 오르지 않을 것이라고 보는 것은 아니다. 전체적인 부동산시장은 하향안정 쪽이라고 보지만, 차별화된 고급부동산은 계속 상승할 것으로 판단된다. 그런데 차별화된 고급부동산을 구입하려면 상당한 거금이 필요하므로 보통의 샐러리맨이 부동산으로 큰 부자가 되기는 이제 힘들어졌다고 보는 것이다. 큰돈이 없는 샐러리맨은 부동산시장에 직접 투자하기보다는 간접투자의 방법(예컨대 해외부동산 펀드)으로 접근하는 편이 현명하다고 하겠다.

주식시장 –점진적 비중확대

주식시장은 2005년 2월 네 번째로 1,000포인트를 돌파한 후 2007년 7월 2,000포인트에도 도달했다. 여러 가지 원인이 있지만 무엇보다도 주식시장으로 돈이 몰리고 있다는 점 때문이다.

이제 한국경제의 패러다임이 변했다. 고성장에서 저성장으로, 고금리에서 저금리로, 단기투자에서 장기투자로. 이러한 구조적인 요인이 한국증시의 대세상승을 이끄는 추진력이 되고 있다.

중국의 성장으로 대(對)중국수출이 갈수록 늘어나고, IT부문에

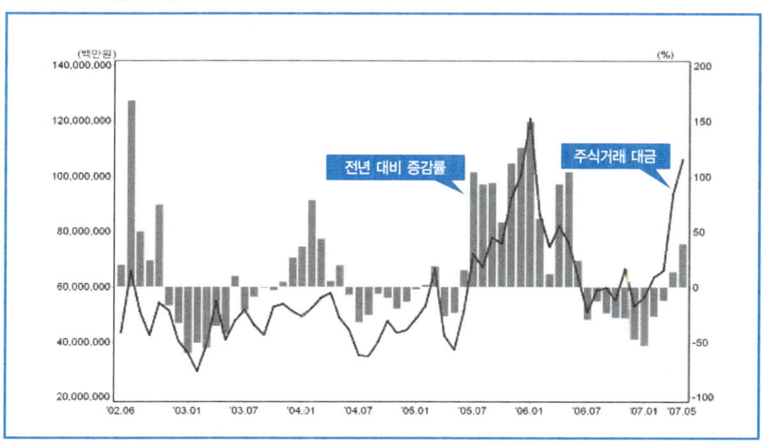

서는 대한민국이 세계적인 선도국가의 역할을 하게 되었다. 게다가 개인들의 주식 및 펀드투자가 늘어나고 연기금과 기관의 주식투자자금도 급속하게 증가하면서 주식시장의 지속적인 성장이 기대된다.

따라서 이제는 주가의 단기적인 급등락에 연연하지 말고 점진적으로 비중을 확대하는 긴호흡의 전략이 유효하다. 다만 모든 주식이 다 올라가는 것이 아니고, 주식도 점차 차별화되고 있다는 점 등을 고려하여 종목선정과 챠트분석에 대한 공부를 열심히 해야 한다. 앞으로 '샐러리맨 부자' 의 키워드는 로또가 아니라 주식이 될 것이다.

최고점을 예상하여 투자하려 하지 말고 지금 당장 투자하라. 그렇다고 한꺼번에 몰빵하는 것은 어리석은 짓이다. 주식은 높은 수익을 줄 수도 있지만 큰 손실도 줄 수 있음을 명심하라. 조금씩 조금씩 투자비중을 늘리면서 주식공부를 병행해야 한다. 과거에는 예금이 필수였다면, 지금은 주식이 필수다. 손실이 무서워 주식을 외면하는 바보는 되지 말라.

펀드시장 -비중확대

펀드시장은 주식, 채권, 부동산 등 유망 투자자산에 간접적으로 투자하는 시장이다. 최근 주식시장이 상승하면서 주식형 펀드를 중심으로 수탁고가 점차 증가하고 있다. 2004년 1월에 47조였던 펀드잔액은 2007년 6월 20일 기준 254조로 100조 이상 늘어났고 앞으로도 계속 증가세를 유지할 것으로 예상된다.

펀드시장에 불을 붙인 것은 2004년부터 시작된 적립식 펀드가 저금리시대의 각광을 받으면서부터다. 2~3년 동안 적립식 펀드의 수익률이 검증되면서 펀드의 수탁고는 지속적으로 늘어나고 있다. 또한 해외펀드도 한몫했다. 2006년 국내 주식시장이 크게 오르지 못하자 해외펀드 쪽에서 50% 이상의 수익이 났고, 2007년 상반기에는 국내 주식시장이 상승하면서 국내펀드의 수익률이 50%를 넘어섰다. 펀드시장에서는 국내시장이 좋으면 국내펀드를 택하고, 국내시장이 나쁘면 해외펀드를 택하면 되기 때문에 국내시장의 흐름에 관계없이 항상 투자할 수 있다. 따라서 펀드시장은 향후에도 계속 돈이 모일 수밖에 없는 시장이므로 투자 비중을 확대하는 전략이 필요하다.

펀드가 최근 높은 수익을 내고 있는 것은 사실이지만 원금을 보장하는 상품은 아니다. 하지만 펀드가 대세인 것만은 확실하다. 물론 펀드가 무작정 좋다니까 일단 들어놓고 보자는 식으로 투자하면 안 된다. 기본적인 지식은 스스로 공부하고, 상품의 선택이나 포트폴리오는 전문가와 상담하여 결정하는 편이 좋겠다.

● 주식형 펀드 잔액 추이

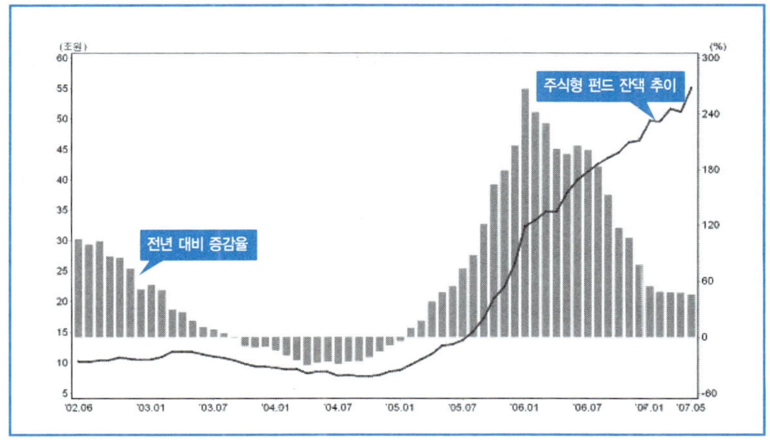

chapter...02

10억을 만들려면
자신의 입맛과 시장을 파악하라

사실 1억 원의 종자돈을 만들 때까지는 투자성향이나 시장의 흐름이 크게 중요하지 않다. 오로지 자신이 처음에 세운 계획에 따라 성실하게 모으기만 해도 되는 단계라고 할 수 있다. 대부분 1억 원을 만들 때까지는 운좋게 대박이 나지 않는 한 어느 한순간에 10억 원으로 불어나는 일은 없기 때문이다. 쉽게 말하자면 '1억 만들기'에는 특별한 재테크기법이 중요한 것이 아니라 중간에 해약하지 않고 1억 원이 모일 때까지 월불입액을 늘려가는 것이 최고의 첩경이다. 물론 좀 더 신중한 상품선택이나 포트폴리오를 활용하여 남보다 적은 돈으로 남보다 조금 더 빨리 1억 원을 만들 수는 있겠다. 하지만 어쨌든 그것은 시작단계에 불과하다.

종자돈 1억 원을 만드는 단계에서는 소액으로 분할투자하기 때문에 위험이 적고 수익은 안정적이다. 하지만 일단 1억 원이라는 목돈이 생기면 사정이 좀 달라진다. 매월 일정액씩 불입하는 것과는 별도로 이제 1억 원이라는 거액을 운용해야 하기 때문이다.

종자돈 1억 원을 만들 때까지는 주식형 펀드에 가입했다 하더라도 매월 일정액이 소액으로 나뉘어 투자되었기 때문에 주가가 큰 폭으로 하락해도 전체적인 수익률에 미치는 영향이 적었다. 오히려 주가가 떨어지면 저가매수의 기회가 되므로 중장기적으로는 유리했다. 하지만 종자돈 1억 원을 한꺼번에 투자한다고 하면 말이 달라진다. 이 1억 원은 샐러리맨의 몸으로 정말 피땀흘려 어렵게 모아놓은 큰 재산이다. 몇년 동안 아끼고 아껴서 모아놓은 1억 원이 행여 잘못된 투자로 날아가버린다면 손실에 대한 타격은 물론 정신적인 허탈감 또한 엄청날 것이다.

그래서 이때부터는 자신의 입맛에 맞는 투자, 다시 말하면 '투자성향'에 부합하는 투자가 무엇보다 중요하다. 종자돈 1억 원을 마련할 때는 보수적인 투자자라 할지라도 주식에 많이 투자되는 주식형 적립식 펀드에 가입하거나 적립식으로 주식저축을 하는 것이 그리 두렵지 않았다. 소액으로 나누어서 투자하기 때문에 손실이 적은데다 3년 이상 장기로 투자하면 손해를 보는 경우가 거의 없었기 때문이다. 하지만 이제는 적립식 분할투자가 아니라 목돈을 한꺼번에 투자해야 한다. 그래서 자신의 투자성향, 즉 어떤 투자에서 자신이 어느 정도 위험을 부담할 수 있느냐가 매우 중요해진다.

일단 목돈 1억 원을 투자할 때는 첫 번째 세팅을 어떻게 해야 하는지에 대한 명확한 잣대가 있어야 한다. 그 첫 번째 잣대는 바로 자신의 투자성향이다. 투자성향은 앞서 언급했듯이 위험부담을 가급적 하지 않으려는 위험회피형, 어느 정도 위험부담이 있더라도 수익을 추구하는 위험중립형, 위험이 많더라도 고수익을 추구하는 위험선호형으로 분류된다고 하였다.

모아놓은 1억 원의 목돈을 굴리려면 첫째, 자신의 투자성향에 따라 포트폴리오를 짜야 한다. 둘째, 시장의 추이를 보면서 처음 짜놓은 포트폴리오를 시장상황에 맞게 적절히 조정해나가야 한다. 예컨대, 처음에는 위험회피형으로 보수적인 포트폴리오를 짜서 투자했지만 향후 주식시장의 전망이 좋다고 하면 주식형 상품의 비중을 늘리고, 부동산시장의 전망이 좋다면 부동산 상품 비중을 늘려야 하는 식이다. 또한 위험선호형으로 공격적인 포트폴리오를 짜서 투자했더라도 향후 시장이 위축되면 보수적으로 조정하는 것이 현명하다.

chapter...03

10억을 위한 1억 운용상품을 제대로 알자

목돈을 굴리는 상품에는 손실위험이 적으면서 안정적인 수익을 기대할 수 있는 안정형 상품과, 손실위험이 있지만 고수익을 기대할 수 있는 성장형 상품이 있다. 자신의 투자성향이 위험회피형에 가까우면 안정형 상품 중심으로 포트폴리오을 짜고, 위험선호형에 가까울수록 성장형 상품 중심으로 포트폴리오를 짜야 한다.

물론 한 번 포트폴리오를 짰다고 해서 언제나 그 포트폴리오를 유지할 필요는 없다. 자신의 투자성향이 바뀌거나 시장의 상황이 바뀌면 역시 그에 맞게 포트폴리오를 재조정해야 한다. 일단 현재 자신의 투자성향에 맞는 1억 포트폴리오를 짜기 전에 안정형 상품과 성장형 상품에는 어떤 것이 있는지 알아보자.

안정형 상품

　자신이 위험회피형 투자자이거나 단기(1년 이내)에 목돈을 써야 할 투자자라면 안정형 상품을 중심으로 투자포트폴리오를 짜는 편이 유리하다. 안정형 상품은 손실위험이 적고 말 그대로 수익이 안정적인 상품이 대부분이다. 대표적인 안정형 상품은 은행에서 판매하는 예금이다. 특별히 은행을 이용하지 않아도 된다면 상호저축은행의 예금에 세금우대로 가입해도 된다. 원금이 보장되면서 일반 예금보다 더 높은 수익을 기대한다면 주가지수연동예금(ELD, Equity Linked Deposit)를 고려해볼 수 있다. 일반적으로 ELD는 주가가 올라가거나 일정수준을 유지하면 일반 예금보다 더 높은 수익을 내도록 설계되어 있다. 증권사의 MMF나 RP는 수시입출금이 가능하면서 정기예금수준의 수익률이 나오므로 단기자금으로 운용할 때 적당하다. 자산담보부증권(ABS, Asset Backed Security)은 정기예금과 같이 확정수익을 주면서 담보도 제공하므로 투자자 입장에서는 일반 무보증회사채보다 안전하게 투자할 수 있는 상품이다. 안정형 펀드는 주식에 40% 이하만 투자되는 펀드로서 주식시장이 좋으면 정기예금보다 2배 이상 높은 수익을 기대할 수 있는 반면 주식시장이 나쁘면 약간의 손실도 있을 수 있는 상품이다.

금융기관	상품명	목표수익률	특징
은행	예금	4~5%내외	예금자보호, 세금우대가능
은행	ELD(주가지수연동예금)	0~10%내외	예금자보호, 세금우대가능
증권사	MMF, RP	4.5%내외	1년미만의 단기자금 운용
증권사	ARS(자산담보부증권)	7%내외	확정금리, 자산담보
증권사	안정형 펀드	7%내외	주식비중 40% 이하

성장형 상품

손실위험이 있더라도 높은 수익을 원하거나 3년 이상의 장기투자자라면 성장형 상품 중심으로 포트폴리오를 짜는 것이 유리하다. 성장형 상품은 기본적으로 '원금보장'이라는 옵션이 없기 때문에 손실이 나도 이를 인정할 수 있는 마인드가 되어 있어야 비로소 투자할 수 있는 상품이다. 따라서 원금보장을 중시하는 투자자는 설령 수익률이 높다고 해도 어울리지 않는 상품이다.

증권사의 정기예금이라고도 불릴 수 있는 주가연계증권(ELS, Equity Linked Security)은 주가 또는 주가지수의 변동에 따라 약정된 수익이 지급되는 상품으로 최근 대부분의 ELS가 높은 수익률로 상환되고 있다.

주식형 펀드는 우리나라 주식시장이 상승세를 타면서 높은 수익을 내고 있는 상품이다. 실제로 2005년과 2007년 상반기 주식형 펀드의 수익률은 50%를 상회하였다. 국내 주식시장이 좋지 않을 때는 해외펀드도 좋다. 2006년 국내 주식시장이 상승하지 못했을 때 해외펀드의 평균수익률은 40%를 상회하였다.

2005년부터는 국내 주식시장으로 큰돈이 몰리면서 주식에 직접투자한 사람도 많은 수익을 거두었다. 주식이 위험한 것은 사실이나 향후 점진적으로 투자비중을 확대하는 전략이 유효해보인다. 단기에 높은 수익을 내고자 한다면 주식워런트증권(ELW, Equity Linked Warrent)도 손대볼 만하다. 다만, ELW는 하루만에도 쪽박을 찰 수 있으므로 상당한 투자지식과 경험이 있는 사람만 손을 대야 한다.

● 성장형 상품 수익률 및 특징 비교

금융기관	상품명	목표수익률	특징
증권사	ELS(주가연계증권)	10%내외	다양한 수익구조
은행, 증권사	주식형 펀드	15%내외	매매차익비과세, 분산투자
은행, 증권사	해외펀드	15%내외	역내펀드비과세, 분산투자
증권사	주식	20%내외	투자종목과 타이밍 중요
증권사	ELW	30%내외	헤지, 고수익

chapter...04

1억이 10억 되려면
얼마나 걸릴까

종자돈 1억 원은 10억 원을 만들기 위한 발판이 되는 돈이다. 그런데 종자돈 1억 원은 한편으로 새로운 고민을 만든다. 어떤 상품에 가입해야 좀 더 빨리 5억 원, 10억 원을 만들 수 있을까에 대한 기대와 함께, 혹시 어렵게 모은 1억 원을 잘못 투자하여 몽땅 잃게 되면 어쩌나 하는 두려움 때문에 생기는 고민과 갈등이다.

'10억을 언제쯤 만들 수 있을까'는 상품의 수익률에 따라 달라질 것이다. 향후 고금리시대가 돌아오지 않는 한 예금으로 10억 원을 만들기는 좀 요원해보인다. 실제 최근 3년간 예금, 펀드, 주식의 수익률을 비교해보면 명확하게 알 수 있다. 예금의 연평균수익률이 5% 내외인 반면 주식이나 펀드는 이보다 10배 이상 높게 나타나고 있다.

물론 주식이나 펀드가 항상 높은 수익을 낸다는 보장은 없다. 오히려 손실이 클 수도 있다. 그래서 1억 원의 종자돈을 마련한 다음부터의 재테크 단계에서는 자신의 투자성향이 포트폴리오에 반드시 반영되어야 하는 것이다.

● 상품별 수익률(2007.6.25 기준)

상품명		1년 수익률	2년수익률	3년 수익률	연평균수익률
정기예금(연복리 기준)		5%	10.25%	15.76%	5.25%
주식형 펀드	미래에셋디스커버리주식형	62%	123%	236%	78%
	신영마라톤주식형	58%	106%	217%	72%
	한국부자아빠거꾸로주식A	47%	73%	193%	64%
주 식	KODEX200	23%	76%	123%	41%
	POSCO	87%	149%	196%	65%
	삼성물산	80%	230%	212%	71%
	현대중공업	254%	609%	1221%	407%

연수익률을 어느 정도로 잡느냐에 따라 10억 원에 도달하는 기간이 달라진다. 연5% 이자를 주는 예금과 같은 안전자산에 저축하면 무려 50년이 걸린다. 반면에 주식이나 펀드로 연20%의 수익을 낸다면 13년만에, 연50%의 수익을 낸다면 불과 6년만에 10억 원에 도달할 수 있다.

단순한 수익률 기준으로만 본다면 당연히 수익성이 좋은 주식이나 펀드로 빨리 10억 원을 만드는 것이 유리한 것처럼 보인다.

그러나 주식이나 펀드는 시장상황에 따라 제법 큰 손실도 안겨줄 수 있다. 따라서 단순히 수익률만 보고 포트폴리오를 구성하는 것은 옳지 않다.

예금으로 하든 주식으로 하든 1억 원이 10억 원으로 불어나려면 꽤 오랜 시간을 필요로 한다. 따라서 포트폴리오도 장기적인 관점에서 짜야 한다. 또한 한 번 수립한 포트폴리오라도 금리나 증시상황 등을 보면서 1~2년에 한 번씩은 수정할 필요가 있다.

● 1억으로 10억을 만들 때 필요한 시간

연수익률(연복리 기준)	투자기간	투자포인트
5%	50년	
10%	25년	
15%	17년	장기투자 관점
20%	13년	포트폴리오 수정
30%	9년	
40%	7년	
50%	6년	

chapter...05

10억 만들기

손실이 두려우면
안정형 상품에 올인하라

어떤 경우라도 원금은 지켜야 한다고 생각하는 위험회피형 투자자라면 안정형상품 중심으로 포트폴리오를 구성하는 것이 좋다. 이러한 포트폴리오는 원금손실위험이 적다는 점이 장점이나 수익도 또한 적다. 따라서 위험회피형 투자자는 투자를 통한 고수익은 기대하지 않는 편이 좋다.

이러한 투자자의 종자돈 1억 원에 대한 기본 포트폴리오는 RP에 1천만 원, 예금에 3천만 원, 주가지수연동예금(ELD)에 3천만 원, 증권사의 주가연계증권(ELS)에 3천만 원을 권장한다. 이렇게 나누면 연5~7% 정도의 수익률을 기대할 수 있다.

증권사의 RP는 수시입출금이 가능하면서 예금수준의 확정금리를 주기 때문에 긴급자금이나 좋은 투자처가 나왔을 때 이용할 수 있다. 예금은 상호저축은행의 예금에 세금우대로 가입하여 은행예금보다는 1% 정도 높은 이자를 받도록 하자. 은행의 주가지수연동예금(ELD)은 원금도 보장되면서 8% 내외의 수익도 기대할 수 있는 상품이다. 증권사의 ELS는 일반적으로 10% 내외의 수익을 제시하는데, 가급적 '원금보장형ELS'로 가입하여 손실위험을 줄여야 한다. 일반적으로 원금보장형ELS는 원금비보장형ELS보다 수익률이 적지만 은행예금보다는 2배 정도 높다.

원금보장을 중시하는 위험회피형 투자자는 다음 네 가지를 명심해야 한다.

첫째, 절세상품을 적극 활용하라. 생계형저축의 대상이 되는 사람은 예금을 생계형저축으로 가입하고, 대상이 아니면 세금우대로 가입하여 최대한 세금을 줄여야 한다.

둘째, 예금은 매월 이자지급형 상품을 선택하라. 예금은 매월 이자를 지급하는 상품에 가입하여 매월 받는 이자를 적립식 펀드에 재투자하는 것이 유리하다. 그렇게 하면 최소한 원금은 지키면서 적립식 펀드의 높은 수익률도 기대할 수 있기 때문이다.

셋째, 수익률보다는 저축금액을 늘리는 데 치중하라. 위험회피형 투자자는 위험을 감수하려고 하지 않기 때문에 수익성 있는 투자상품을 선택하기가 쉽지 않다. 따라서 지출을 최대한 줄이고 창업, 맞벌이, 투잡 등을 통하여 소득을 늘리는 것이 10억 원에 도달하는 지름길이다.

넷째, 펀드에 관심을 가져라. 저금리시대에는 저축형 상품만으로 재테크하기는 힘들다. 소액이라도 펀드의 비중을 늘려가면서 저금리를 극복하고 고수익을 기대할 수 있는 상품에 적응하려는 노력이 필요하다. 따라서 처음에 설정한 기본 포트폴리오에서 투자형상품의 비중을 점차 늘려가는 용기가 필요하다.

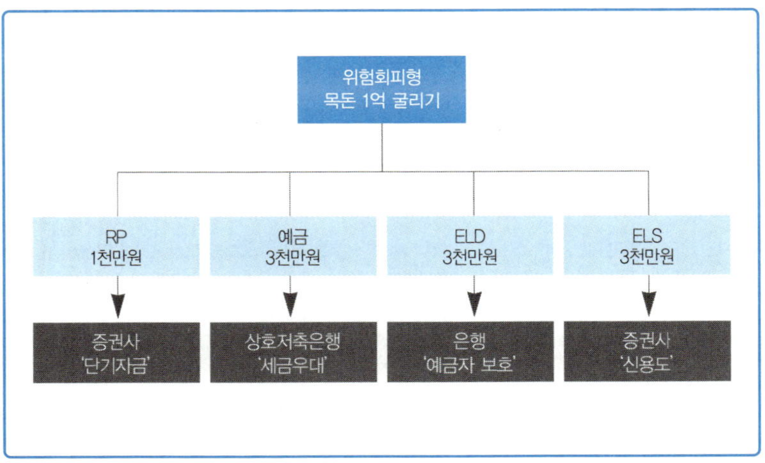

chapter...06

10억만들기

예금금리 이상을 추구하려면
50:50으로 나누어 투자하라

예금금리보다 2배 이상의 수익을 추구하는 위험중립형 투자자라면 안정형 상품과 성장형 상품에 반반씩 투자하는 것이 유리하다. 이러한 포트폴리오는 안정형 상품의 안정성과 성장형 상품의 수익성을 겸비하는 방법이다. 이러한 투자자의 기본 포트폴리오는 RP에 1천만 원, 예금에 4천만 원, 주식형 펀드에 3천만 원, 주식에 2천만 원으로 나누어 구성할 만하다.

안정형상품인 RP나 예금에 50%를 투자하여 안정적인 수익원을 확보하고, 성장형 상품인 주식에 50%를 투자하여 시장에 따른 초과수익을 추구함으로써 연15% 내외의 수익을 기대하는 방법이다.

이러한 포트폴리오의 성공여부는 성장형 상품인 주식과 펀드를 어떻게 관리하느냐에 달려 있다. 주식과 펀드를 고르는 기준과 시장상황에 따른 비중조절이 수익을 극대화할 수 있는 비결이다.

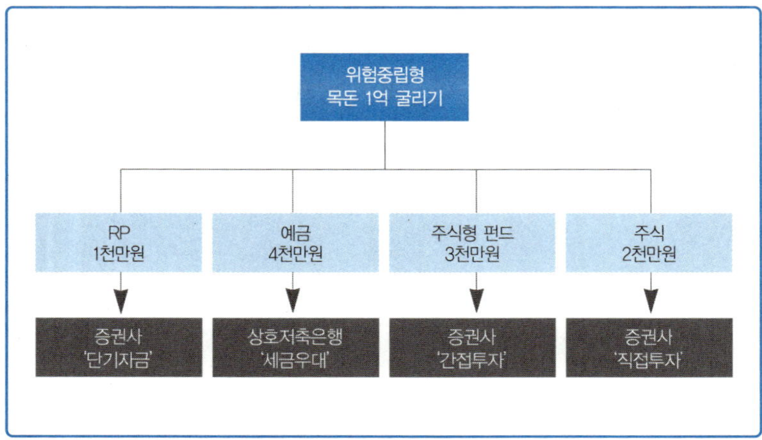

위험중립형 투자자가 목돈을 굴릴 때는 첫째, 성장형 상품에 대한 분산투자가 가장 중요하다. 예금과 같은 저축성 상품은 분산투자하나 집중투자하나 그리 큰 차이가 없다. 하지만 성장형 상품인 주식상품은 3~5개 정도로 나누어 투자할 필요가 있다. 나누어 투자하면 그만큼 위험이 줄어들기 때문이다.

둘째, 장기투자의 마인드를 가지고 투자하라. 투자형 상품은 최소 3년 이상 유지한다고 생각하는 것이 좋다. 단기적인 등락에 일희일비하지 말고 길게 투자하면 수익도 많아진다는 사실을 명심하라. 장기투자의 마인드를 가지라는 것은 무조건 장기로 투자하라는 말은 아니다. 시장을 잘 만나 단기에 목표수익률을 달성하면 단기에 차익을 실현한 후 다시 기회를 기다리고, 그렇지 않을 경우에는 가급적 장기투자하라는 것이다.

셋째, 정기적으로 포트폴리오를 수정하라. 안정형 상품은 큰 변화가 없으나 성장형 상품은 높은 수익을 낼 때도 있고 손실을 낼 때도 있다. 따라서 시장의 예측, 목표수익률의 달성여부에 따라 1년에 한 번쯤 투자비중을 조정하는 작업이 필요하다. 예컨대 주식시장이 점점 좋아지면 주식상품 비중을 늘리고, 그 반대라면 주식투자의 비중을 줄여야 한다. 또한 목표수익을 달성했을 때도 그 시점에서 기존 포트폴리오를 시장의 변화에 맞게 수정하는 것이 좋다.

chapter ... 07

10억 만들기

공격적으로 투자할수록
위험관리에 능해야 한다

30% 이상의 높은 수익을 기대하는 위험선호형 투자자라면 성장형 상품에 집중해야 한다. 이러한 투자자의 가장 큰 문제는 큰 손실위험을 감수해야 한다는 데 있다. 하지만 위험관리를 잘 하면 가장 빨리 10억 원의 목표를 달성할 수 있다.

이러한 투자자의 기본 포트폴리오는 RP에 1천만 원, 전환사채에 1천만 원, 주식형 펀드에 4천만 원, 주식에 4천만 원을 투자하는 방법을 고려해볼 수 있다. 단기 긴급자금인 RP 1천만 원을 제외하면 모두 고수익을 기대할 수 있는 상품이다.

이러한 포트폴리오의 성패는 상품선택과 사후관리에 있다. 전환사채는 그 회사의 재무구조와 시장상황을 잘 고려하여 선택해야 하고, 주식이나 펀드도 종목과 타이밍을 잘 맞추어야 한다. 그래서 이러한 투자에는 공부도 많이 필요하고 경험도 많이 필요하다. 그렇지 못한 사람이 이러한 투자를 할 때는 반드시 전문가를 활용할 것을 권한다.

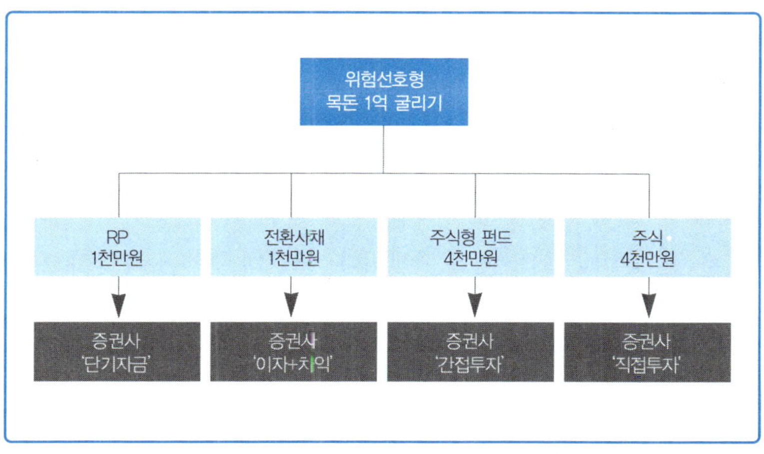

공격적으로 투자하는 사람이 중요시해야 할 것은 첫째, 수익관리뿐 아니라 위험관리도 해야 한다는 점이다. 고수익을 추구하는 성장형 상품은 예측을 잘못하거나 자금배분에 실패하면 곧바로 손실로 이어진다. 예컨대 주식에 투자했는데 예상과 달리 손실이 나기 시작한다면 워런트나 파생상품으로 헤지하거나 대안상품을 미리 준비해놓아야 한다. 또한 아무리 유망한 투자상품이라도 한꺼번에 몰빵할 것이 아니라 자금을 분할하여 투자함으로써 급락에 따른 저가매수기회를 잡을 수 있어야 한다.

둘째, 여러 전문가를 활용하라. 혼자의 힘으로만 알짜 고수익상품을 찾아내고 투자타이밍을 결정하는 것은 무리다. 평소에 각 분야의 전문가들과 친분을 맺고 수시로 양질의 정보를 입수하는 것도 고수익의 지름길이다.

셋째, 역발상으로 투자하라. 보통사람의 생각과 판단으로 투자하면 보통의 수익밖에 얻지 못한다. 대박은 주로 보통사람의 생각과 반대로 갈 때 얻을 수 있는 것이다. 예컨대 주가가 폭락하고 향후 시장도 어렵다고 모두들 전망할 때 주식에 투자하는 식이다. 하지만 이러한 방법은 자칫 큰 실패를 가져올 수도 있다. 따라서 이러한 투자는 여유자금으로 분할매수의 관점에서 접근해야 한다는 점을 명심하라.

샐러리맨을 위한 추천상품 10선

··· 펀드 5선

샐러리맨은 일반적으로 펀드에 대한 정확한 지식이 없는 경우가 많다. 샐러리맨인 당신이 펀드에 대하여 잘 모른다면 성격이 다른 여러 펀드로 분산투자하는 것이 유리하다. 물론 여기서 소개하는 펀드가 최고의 수익률을 낼 수 있고 손실은 없다고 장담할 수는 없다. 하지만 펀드초보라 어떤 펀드를 골라야 하는지 방황하고 있다면 고려해볼 만한 상품이다.

6년 수익률 700%초과한 국내 최고의 주식형 펀드

"미래에셋 디스커버리 주식형 펀드"

미래에셋 디스커버리 주식형 펀드는 미래에셋자산운용의 대표펀드다. 2001년 7월에 설정되었으며 2007년 7월 26일 현재 누적수익률이 743.92%를 상회하는 경이적인 수익률을 기록하였다. 디스커버리펀드는 우수한 성과를 바탕으로 지난 6년간 가장 높은 수익률로 언론 및 펀드평가사로부터 여러 차례 베스트펀드로 선정된 바 있다. 운용철학은 '기본에 충실한 투자' 이다. 이러한 철학을 바탕으로 대형우량주, 저평가 가치주를 기본 포트폴리오로 구성하고, 성장주와 가치주의 가중치를 조정하여 시장수익률보다 높은 수익률을 낼 수 있도록 운용한다. 이 펀드는 선취형 펀드로 장기 투자시 투자자에게 유리한 보수구조를 가지고 있다. 디스커버리펀드가 탁월한 장기투자성과를 보임으로써 투자자들의 투자가 증가하고, 이를 바탕으로 디스커버리 2호, 3호 등 시리즈 펀드가 출시되었다. 또한 최근 글로벌 운용사로서 도약하고 있는 미래에셋 비전에 맞추어 해외펀드도 선보이고 있다.

1. 펀드 기본정보(미래에셋 디스커버리주식형)

운 용 사	미래에셋 자산운용	후취판매수수료	없음
설 정 일	2001.07.06	환매제한기간	없음
주식투자비율	60%~100%	펀드유형	성장형, 개방형, 추가형
신탁보수	1.09%	판 매 사	굿모닝신한, 미래에셋증권 교보증권 등
선취판매수수료	입금액의 1%		

2. 주요 내용

구분	주요내용
투자목적	· 주식형 투자회사로 주로 상장한 기업이 발행하는 주식에 60% 이상 투자하여, 투자자에게 장기적인 자본증식을 추구 · 다만, 이 투자회사의 투자목적이 반드시 달성된다는 보장은 없음
투자전략	■ **투자원칙 및 투자전략** · 사전 재무분석 및 탐방을 기초로 한 철저한 기업·산업분석을 토대로 편입대상종목을 압축하는 Bottom-up방식을 포트폴리오 운용의 기본전략으로 하면서 거시경제 및 해외 동향에 대한 Top-down방식의 분석을 병행하여 시장의 작은 장세 변화보다는 중장기적인 시장의 흐름에 순응하는 무리하지 않는 투자방식 추구

투자전략	■ **자산배분전략** · 주식편입비율 60%이상, 채권 및 현금성 자산 40% 이하 유지 · 시황에 따라 적극적인 선물헷지전략을 구사, 실질편입비율의 탄력적 조정을 통한 시장대응 ■ **균형적인 포트폴리오** · 한 부문에 대한 집중투자가 아닌 [대형주 + 중소형주] , [성장주 + 가치주] , [신경제 + 구경제]의 적정한 균형 수준 유지
투자위험	· 예금자보호법 보호를 받지 않는 실적배당상품 · 주식의 가격변동 등에 따라 투자손실이 발생할 수 있음
투자위험에 적합한 투자자 유형	· 이 투자회사의 투자위험은 5등급 중 1등급으로 매우 높음 · 따라서 높은 투자수익을 추구하고 높은 수준의 투자위험을 감내할 수 있는 장기 투자자에게 적합

● 위험등급 구분

위험등급	위험정도	주요 투자	펀드유형
1등급	매우 높은 위험	주식 60% 이상	주식형 펀드
2등급	높은 위험	주식 50%~60%	주식혼합형 펀드
3등급	중간 위험	주식 50% 미만	채권혼합형 펀드
4등급	낮은 위험	채권,어음,부동산 등	채권형 펀드, 부동산펀드, 특별자산펀드, 실물자산펀드 등
5등급	매우 낮은 위험	단기 현금성자산	MMF

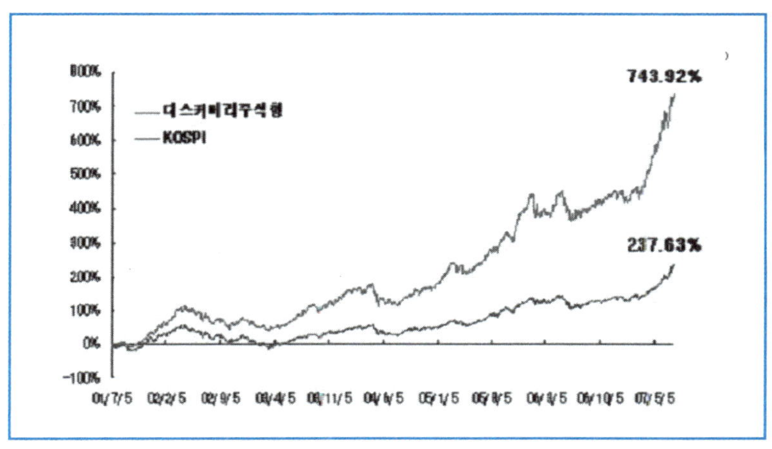

평가기준일 : 2007년 7월 31일

구분	설정후	1개월	3개월	6개월	9개월	1년	2년	3년	5년
펀드	705.74	7.93	26.31	53.82	53.37	60.73	111.90	269.38	371.35
%순위		91	57	7	14	15	3	1	1
유형평균	282.07	9.30	26.59	44.86	46.06	51.64	81.88	168.70	200.28
BM	206.13	8.20	19.57	32.32	33.50	38.98	61.78	134.77	148.65

4. 투자판단

미래에셋 디스커버리펀드는 중장기 수익률이 우수하여 국내 최고의 수익률을 시현하였다. 투자금액의 대부분을 주식에 투자하므로 위험한 상품이지만 장기투자하면 큰 수익을 기대할 수 있다. 따라서 1년 내외에 환매할 자금은 적합하지 않고 최소 2년 이상 장기투자할 수 있는 자금으로 투자해야 한다. 주식투자비중이 60% 이상으로 위험등급 1등급에 해당하는 상품이므로 원금을 중시하는 보수적인 투자자에게는 적합하지 않고 수익을 중시하는 공격적인 투자자에게 적합하다. 다만, 보수적인 투자자라도 매월 일정액을 적립식으로 투자하면 적은 위험으로 높은 수익을 기대할 수 있다. 디스커버리펀드는 시리즈로 현재 1호, 2호, 3호가 있는데 운용방법이 같으므로 어느 것을 선택해도 된다. 또 단기적인 등락에 연연하지 않고 장기투자의 마인드를 가지고 있다면 보수적인 투자자라도 투자해볼 만하다. 하지만 단기투자자, 원금보전 중시형 투자자에게는 적합하지 않다.

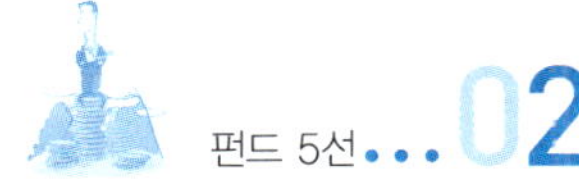

회사의 가치를 보고 장기 투자하는

"신영 마라톤 주식펀드"

마라톤은 자신과의 싸움이다. 42.195km의 고독한 순간을 견뎌내야만 한다. 신영투신운용의 '신영마라톤주식펀드'도 그렇다. 단기 수익률에서 반짝 남보다 앞서는 게 아니라 장기적으로 안정적 성과를 내는 것이 목표다. 그 결과 3년 수익률이 상위 1% 이내에 속한다. 이 펀드는 단기적인 주가예측을 하지 않고 중장기적으로 투자가치가 높은 저평가주에 집중 투자하여 장기간 보유하는 전략을 취한다. 그래서 주가상승기에 상대적으로 수익률이 저조할 때도 있으나, 주가하락기에는 오히려 수익률 방어를 잘 한다. 보통 다른 펀드는 편입종목의 수가 30~50개인데 신영마라톤 주식펀드는 90개가 넘는다. 이는 안정성 때문이다. 어느 주식이 언제 얼마나 갈지는 시장만이 아는 거다. 그래서 보다 많은 종목에 똑같이 1~2%를 편입하여 특정 종목에 손익이 휘둘리지 않게 한 것이다. 즉, 종목을 최대한 분산하여 변동성을 낮춰 위험을 줄이면서 안정적인 수익을 창출하기 위한 것이다.

1. 펀드 기본정보 (신영 마라톤주식A형)

운 용 사	신영투신운용	후취판매수수료	없음
설 정 일	2002.04.25	환매제한기간	90일
주식투자비율	60%~100%	펀드유형	성장형, 개방형, 추가형
신탁보수	1.55%	판 매 사	교보증권, 신영증권, 하나은행 등
선취판매수수료	없음		

2. 주요 내용

구분	주요내용
투자목적	· 저평가된 종목 위주로 편입비율 60%이상을 투자함으로서 안정적인 수익을 확보함과 동시에 대형주에 투자를 함으로서 추가수익 창출을 추구함 · 이 투자신탁의 투자목적이 반드시 달성된다는 보장은 없음
투자전략	■ 주식부분 · 저평가된 종목을 발굴하여 적정 가치에 도달할 때까지 장기보유하는 전략 · 시장 흐름을 추종하는 전략이 아닌 저평가된 우량기업에 투자하는 전략 · 종목매도는 적정가치에 도달하였거나, 보다 저평가된 종목을 편입하기 위한 경우, 기업에 대한 전망을 바꿀만한 중대한 이유가 있을 경우로 한정하며 빈번한 매매를 지양함 ■ 채권부분 · 우량 채권에 대해 Buy & Hold 전략을 위주로 안정적인 이자수익 확보에 주력

<table>
<tr><td>투자전략</td><td>· 예금자보호법의 보호를 받지 않는 실적배당상품
· 주식의 가격변동 등에 따라 투자손실이 발생할 수 있음</td></tr>
<tr><td>투자위험에 적합한
투자자 유형</td><td>· 이 펀드는 주식투자비중이 60% 넘어 위험이 높은 펀드임
· 따라서 위험을 고려하여 전체 포트폴리오의 일정비율만 투자함이 바람직</td></tr>
</table>

3. 설정일 이후 수익률 추이

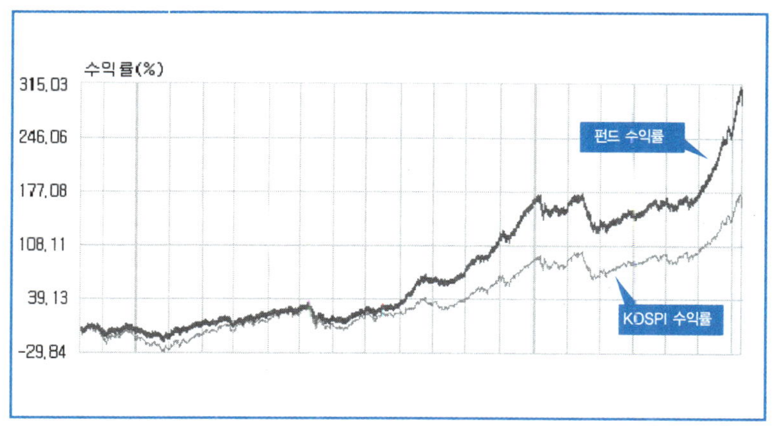

평가기준일 : 2007년 7월 31일

구분	설정후	1개월	3개월	6개월	9개월	1년	2년	3년	5년
펀드	269.45	12.34	34.30	54.53	59.54	67.75	104.55	258.27	298.12
%순위		6	6	7	5	5	6	1	
유형평균	144.07	9.30	26.59	44.86	46.06	51.64	81.88	168.70	200.28
BM	100.82	8.20	19.57	32.32	33.50	38.98	61.78	134.77	148.65

4. 투자판단

　신영마라톤주식펀드는 '가치주펀드'에 속한다. 가치주 펀드에 투자한 사람은 전체적인 주식시장의 등락보다는 알짜기업에 오래 투자하여 그 회사의 주인이 된다는 마음을 가져야 한다. 그래서 노후자금과 같은 장기자금을 마련할 때 유리하다고 할 수 있다. 신영마라톤주식펀드는 장기투자를 목표로 하기 때문에 초기 수익률 또는 단기 수익률이 낮을 수도 있으므로 급한 마음으로 높은 성과를 기대할 수 없다. 따라서 3년 이내에 사용처가 있는 자금을 투자하는 것은 적합하지 않다. 또한 증시 상황과 상관없이 가입해도 괜찮다는 장점이 있다. 따라서 주식시장이 너무 올랐다고 생각되는 투자자, 큰 악재로 폭락을 걱정하는 투자자, 투자타이밍을 언제 잡을지 몰라 걱정하는 투자자에게 적합하다. 가치주 펀드의 투자명세를 자세히 보면 의외로 평소에 알지 못하는 생소한 주식들도 있다. 따라서 전체적인 주식시장과는 좀 다른 방향으로 흐를 수도 있다. 가령 전체적인 시장은 강세인데 가치주 펀드는 약세일 수도 있고, 전체적인 시장은 약세인데 가치주 펀드는 강세인 경우도 있다. 하지만 가치주 펀드의 운용철학을 잘 이해하고 장기투자할 수 있다면 시장수익률보다 훨씬 높은 수익률을 거둘 수 있다고 본다.

주식매매차익과 배당을 동시에 추구하는

"마이다스 블루칩배당 주식펀드"

배당주 펀드란 주식에 투자하는 펀드 중 주된 투자대상이 배당을 잘 주는 주식에 투자하는 펀드다. 배당주 펀드도 주식형 펀드의 일종이지만 주로 고배당주에 집중투자한다는 점에서 주식상승으로 인한 차익과 배당수익을 동시에 추구하는 펀드다. 그래서 시장전체 종목 중 최소한 3년 이상 꾸준히 높은 배당을 주는 종목에 집중투자한다.

일반적으로 주식에 투자하는 펀드는 위험이 크다. 주가의 변동성이 크면 펀드도 그만큼 위험하다. 크게 상승하는 것은 문제가 없지만 크게 하락하는 것은 손실과 직결되기 때문이다. 그런데 배당주는 일반 주식에 비하여 변동성이 작다. 배당주는 종합주가지수에 비하여 20~30%, 성장주에 비하여 30~40% 정도 변동성이 작다. 변동성이 작다는 것은 그만큼 위험이 적다는 것을 의미한다.

배당주는 단순히 배당만 잘 주고 주가는 오르지 않는 주식이 아니다. 실제로 배당이 높은 주식이 그렇지 않은 주식에 비해 주가가 더 많이 오르는 경우도 많다. 실제로 1998년에서 2000년 사이에는 그 차이가 무려 44.6%나 되었다고 한다. 즉, 배당주에 투자한 투자자가 일반 주식에 투자한 투자자에 비해 44.6%이상의 높은 수익을 얻었다는 것이다. 배당은 우량한 회사만이 줄 수 있고 주식시장 분위기도 배당을 주는 문화가 점차 확산되고 있기 때문이다. 앞으로도 점차 배당을 잘 주는 회사의 주식이 전망있다고 본다.

1. 펀드 기본정보(마이다스 블루칩배당주식C)

운 용 사	마이다스운용	후취판매수수료	없음
설 정 일	2004.10.19	환매제한기간	없음
주식투자비율	60%~100%	펀드유형	성장형, 개방형, 추가형
신탁보수	1.7%	판 매 사	대우증권,한국투자증권, 씨티은행 등
선취판매수수료	입금액의 1%		

2. 주요 내용

구분	주요내용
투자목적	· 주식형 펀드로서 자산의 대부분을 주식에 투자하여 자본이득과 배당소득을 얻는 것을 목적으로 함. · 그러나 이 투자신탁의 투자목적이 반드시 달성된다는 보장은 없음
투자전략	· 간접투자재산의 80%이상을 주식에 투자하며, 주식 투자시 시가총액(각 종목의 상장된 주식 전체를 시가로 평가한 총액) 상위 우량주와 배당성향(기업의 이익을 사내에 유보하지 않고 배당으로 지급하는 비율)이 높은 주식에 주로 투자하여 배당수익을 얻으면서도 주가 상승시 수익률을 제고하는 것을 목표로 함 · 한편, 필요할 경우 주식 투자에 대한 부분적인 헤지 또는 추가수익 획득을 위하여 현물주식을 보유하고 있는 상태에서 콜옵션을 매도하는 커버드콜전략을 사용할 수 있음
투자위험	· 시장위험: 시장 내의 수급과 시장 외부변수에 따라 주식시장은 그 등락을 거듭하며 이는 투자자산 가치의 변화를 초래할 수 있음(주식가격변동위험) 또한 전체 주식 시장의 변화와 별도로 개별주식은 해당기업의 수익성 및 성장성의 변화에 다라 주식의 가격이 변동되므로 이에 따라 이익 혹은 손실이 발생할 가능성이 항상 있음 · 파생상품 관련 위험: 파생상품에의 투자는 적은 증거금으로 거액의 결제가 가능한 지렛대 효과(레버리지 효과)로 인하여 기초자산에 직접 투자하는 경우에 비하여 높은 위험에 노출될 수 있음 · 이 투자신탁은 예금자보호법의 대상이 아니며 수익을 보장하지 않음
투자위험에 적합한 투자자 유형	· 이 투자신탁은 투자신탁재산의 80% 이상을 주식에 투자하나, 변동성이 일반적인 주식보다 적은 경향을 보이는 고배당주에 주로 투자하므로 6등급의 위험(예시 표 참조) 중 3등급에 해당되는, 높은 수준의 투자위험을 지니고 있으며, 주식투자로 인하여 발생할 수 있는 손실위험을 감수할 수 있는 장기투자고객에게 적합함.

1등급	극히 높은 위험	주식에 80% 이상 투자하며 주식 시장 이상의 수익을 추구하는 공격적인 운용 전략을 사용하는 경우
2등급	매우 높은 위험	주식에 80% 이상 투자하며 주식 시장 수준의 이익을 추구하는 인덱스 운용전략을 사용하는 경우
3등급	높은 위험	주식에 60%이상 투자하는 경우 또는 장외파생상품에 60%이상 투자하는 경우(주식에 80% 이상 투자하나, 고배당주 등 변동성이 적은 종목에 투자하는 경우를 포함)
4등급	중간 위험	주식에 60%이하 투자하는 경우
5등급	낮은 위험	채권 및 어음 등에 주로 투자하는 경우
6등급	매우 낮은 위험	단기 현금성 자산위주로 운용하는 경우(MMF등)

3. 설정일 이후 수익률 추이

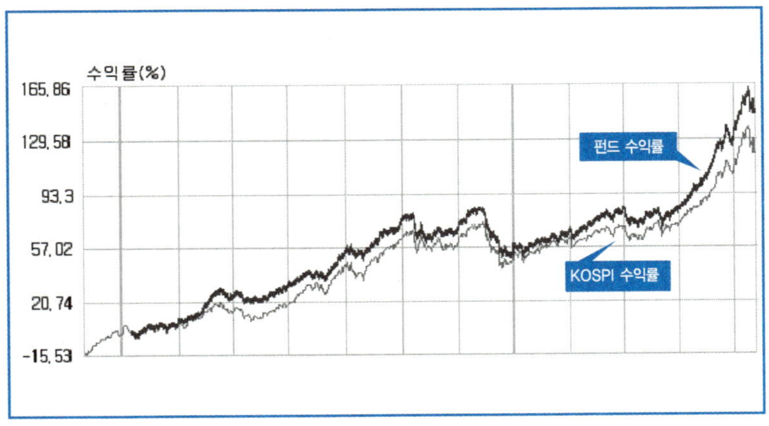

평가기준일 : 2007년 7월 31일

구분	설정후	1개월	3개월	6개월	9개월	1년	2년	3년	5년
펀드	148.04	6.56	25.59	39.18	44.51	56.68	76.89		
%순위		33	27	38	22	17	59		
유형평균	134.52	5.73	22.85	38.28	40.29	49.67	78.52		
BM	101.52	3.71	15.38	24.96	27.64	35.27	56.27		

4. 투자판단

배당주 펀드도 가치주 펀드와 유사하게 오래 참고 기다리는 투자자에게 유리한 상품이다. 일반적으로 배당주는 주식시장이 크게 상승할 때도 별로 상승하지 않고 주식시장이 크게 하락할 때도 그다지 하락하지 않는 모습을 보여준다. 배당주는 일반적인 주식 상승기보다는 배당이 결정되는 결산기를 전후하여 크게 상승하는 경우가 많다. 따라서 주식시장이 폭등할 때, 상대적으로 수익률이 낮다고 배당주 펀드를 포기하지 말아야 한다.

일반적으로 배당주 펀드는 주가 하락기에 큰 힘을 발휘한다. 주가 하락기에 배당주 펀드도 손실이 나기는 하지만 상대적으로 그 폭이 적다. 주가는 상승과 하락을 반복하기 때문에 주가 하락기에 손실 폭이 적으면 주가 상승기에 보다 빨리 손실을 회복하고 이익도 빨리 발생한다. 따라서 주가가 하락해도 배당주 펀드는 유지해야 한다.

배당주가 우량주라는 것을 모르는 사람은 없을 것이다. 그런데 대부분 조급하게 생각하기 때문에 배당주 또는 배당주 펀드에 투자하는 것을 꺼려하는 것 같다. 최소한 2~3년 이상 투자한다고 마음먹을 수 있다면 배당주 펀드에 마음 편하게 가입할 만하다. 배당주 펀드는 단기적인 성과에 따라 투자하는 것이 아니라 저평가된 배당주에 오래 동안 투자하기 때문에 가치주 펀드와 유사한 투자방식을 가지고 있다. 더욱이 저평가된 배당주가 제대로 평가받으면 주가가 큰 폭으로 상승하므로 매매차익도 크게 된다.

결론적으로 배당주 펀드는 저금리의 환경 하에 안정성과 수익성을 모두 만족시키는 투자수단이다. 단기적인 위험에 조급해 하지 않으면서 배당주 펀드에 투자한다면 안정적인 고수익이 멀지 않을 것이다.

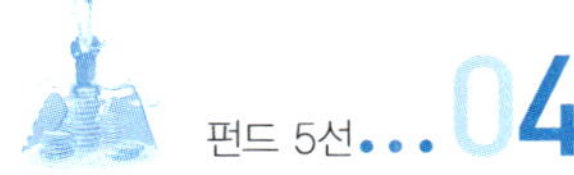

[노후준비+소득공제+고수익]을 위한

"골드플랜연금펀드"

70년대에 최고의 인기를 누렸던 가수 남진의 노래 '님과 함께'는 대한민국 사람이라면 모를 사람이 없을 정도로 유명한 노래가 되었다. '저 푸른 초원 위에 그림 같은 집을 짓고 사랑하는 우리 님과 한 백년 살고 싶어……' 당시에는 평균수명이 60세도 안 되었다고 하니 100년을 살고 싶다는 것은 어쩌면 꿈같은 얘기였을지 모른다. 그런데 앞으로 100살을 넘게 생존하는 것이 현실이 될 것이라고 한다. 100세까지 산다면? 예전에는 오래 살면 '축복'이라고 부러워했지만, 이제는 오래 살수록 '위험'하다고 걱정하게 되었다. 수명이 60세 전후일 때만 해도 58세 내외에 정년퇴직하고 몇 년 사시다가 세상을 마감하니, 퇴직금이나 자식에게 의존하여 버틸 수 있었다.

이제는 50세 내외에 정년퇴직한다 해도 거의 그간 살아온 만큼을 더 살아야 한다. 남진의 노래 '님과 함께'는 그래서 아직도 꿈만 같은 노래다. 정말로 저 푸른 초원 위에 그림 같은 집을 짓고 사랑하는 우리 님과 한 백년을 살 수 있을까? 있다. 이러한 꿈을 현실로 만들려면 바로 지금부터라도 빨리 노후를 위한 준비를 해 나가면 된다. 이미 내 나이가 많다고, 지금은 돈이 없다고 미룰 것이 아니라 당장 푼돈부터라도 시작하면 된다.

샐러리맨들은 가끔 오래된 친구들과 소주 한잔 하면서 하는 말이, 나중에 나이 들면 시골에 별장 하나 지어서 자연과 함께 살고 싶다는 것이다. 이러한 꿈, 행복한 노후를 위해 미리 가입해야 하는 것이 바로 연금 상품이다. 연금하면 국민연금, 퇴직연금, 또는 연금보험을 떠올리기 십상이지만 연금 펀드도 있다. '연금 펀드'는 비교적 알려져 있지 않지만 여러 가지 장점을 가지고 있는 샐러리맨 필수상품이다.

1. 펀드 기본정보 (골드플랜연금주식A-1)

운 용 사	한국투신운용	후취판매수수료	없음
설 정 일	2001.01.31	환매제한기간	없음
주식투자비율	60%~100%	펀드유형	성장형, 추가형
신탁보수	2.05%	판 매 사	교보증권, 한투증권, 동양종금증권 등
선취판매수수료	없음		

2. 주요 내용

구분	주요내용
투자목적	· 이 펀드는 만 18세이상 국내거주자가 가입가능한 연금상품으로 주로 채권에 투자되는 채권형과 주식에 투자되는 주식형 및 혼합형으로 구성되며, 수익자의 요청에 의하여 연 2회 종목간 전환이 가능한 상품임 · 세제 혜택 등이 있으며 수익자가 일정기간 적립 후 적립금을 연금식으로 수령하는 상품임 · 그러나 이 투자신탁의 투자목적이 반드시 달성된다는 보장은 없음
투자전략	· 금융시장 상황에 따라 주식, 채권, 파생상품 등에 투자비율을 조절함 · 주식시장등의 강세가 예상되는 경우 주식 등의 투자비중을 높여 자본이득을 적극적으로 추구할 것이며, 약세가 예상되는 경우 주식등의 투자비중을 줄여나가는 자산배분전략을 구사할 계획 · 파생상품의 투자는 위탁증거금의 합계액이 투자신탁재산의 15%이하로 투자
투자위험	· 투자원본에 대한 손실위험(원금보장 하지 않음) · 시장위험 및 개별위험 · 유동성 위험 및 이자율변동에 따른 위험 · 파생상품 투자 위험
투자위험에 적합한 투자자 유형	· 노후보장을 원하는 사람 · 고수익과 절세(소득공제 연300만원)를 동시에 원하는 투자자 · 투자자의 투자성향에 따라 공격적인 투자자는 주식형으로 가입하고 보수적인 투자자는 채권형 또는 혼합형으로 가입하면 됨

3. 최근 5년간 수익률 추이

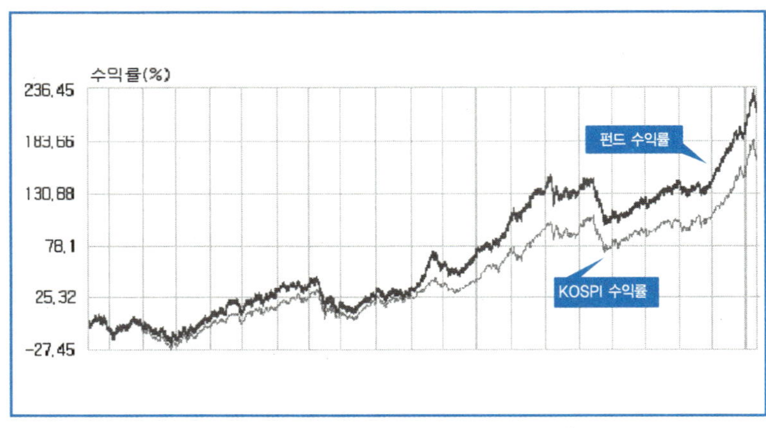

평가기준일 : 2007년 8월 3일

구분	설정후	1개월	3개월	6개월	9개월	1년	2년	3년	5년
펀드	292.74	7.03	18.75	33.65	38.51	51.35	76.38	184.41	215.30
%순위		27	90	75	56	36	61	17	
유형평균	280.47	5.73	22.85	38.28	40.29	49.67	78.52	168.69	203.25
BM	191.35	3.71	15.38	24.96	27.64	35.27	56.27	132.75	149.42

4. 투자판단

연금 펀드도 다른 세제적격 연금 상품과 같이 분기당 300만 원까지만 불입이 가능하다. 따라서 매월 100만 원씩 적립하면 연간 1,200만 원까지 불입할 수 있다. 하지만 소득공제는 1,200만 원까지 되는 것이 아니라 300만 원 한도이다. 따라서 세제혜택을 목적으로 한다면 매월 25만 원만 불입하면 된다. 이처럼 매월 25만 원씩 정액으로 적립하는 방법도 있지만, 1년에 한번 300만 원을 한꺼번에 넣어도 되고, 여유자금이 생길 때만 넣을 수도 있다. 즉, 적립방법도 자유로이 선택할 수 있고 적립금액도 연간 1,200만 원 한도 내에서는 자유롭다.

연금펀드의 적립기간이 끝나면 5년 이상 연단위로 연금을 지급받을 수 있다. 연금을 지급받는 주기는 반드시 1년 단위로만 해야 하는 것이 아니다. 매월 받을 수도 있고, 3개월 또는 6개월 단위로 받을 수도 있다. 또한 연금지급일도 5일, 15일 또는 25일 등 스스로 정할 수 있다. 보통 연금 펀드 가입할 때 연금지급시기와 방법을 정하지만 만기 전에 이를 변경하는 것도 가능하다.

우리나라는 세계에서 가장 빠른 속도로 노령화가 진행되고 있다. 이제 노후준비는 20대라고 미룰 것이 아니고 4~50대라고 늦었다고 할 것이 아니다. 인생의 4대 목적자금은 결혼자금, 주택자금, 자녀학자금, 노후자금인데 이 중에 가장 중요한 것이 노후자금이다. 노후자금 이외의 목적자금 때문에 노후자금을 소홀히 하는 우를 범하지 말아야 한다. 결혼자금, 주택자금, 자녀학자금을 준비할 때에도 일부는 노후자금을 꾸준히 적립해나가야 한다. 여유가 되면 가능한 한 많이 준비해야 하겠지만, 일단은 연간 300만 원 정도 나의 노후를 위해 연금 펀드에 가입하라. 그리고 점점 늘려가라. 그리하면 먼 후일 유행가 가사처럼 사랑하는 님과 한 백년 행복하게 살 수 있지 않을까?

[비과세+소득공제]를 위한 샐러리맨 절세상품

"장기주택마련펀드"

절세금융상품이 점점 없어지고 있다. 2010년이 되면 장기주택마련 펀드도 더 이상 가입할 수 없게 된다. 따라서 2009년 안에 일단 가입하는 것이 현명하다. 한시적인 절세 금융상품으로 2009년 12월 31일까지만 가입이 가능하기 때문이다. 가입한 이후에도 계속하여 절세혜택을 받을 수 있다. 따라서 아직 가입하지 않은 사람이든 가입한 사람이든 만기를 7년, 10년, 20년, 30년 등으로 나누어 여러 개 미리 가입해두는 것이 좋다. 그리고 설령 지금 당장은 불입하지 못하더라도 해약하지 말고 나중에 여웃 돈이 생길 때 불입하여 오랫동안 절세혜택을 받을 수 있도록 준비해야 한다.

만 18세 이상의 무주택자, 또는 전용면적 85제곱미터 이하의 1주택소유 세대주가 전 금융기관을 합하여 분기별 300만 원 이내에 가입할 수 있다. 지금 당장 많은 돈을 넣을 수 없다면, 매월 1만 원씩이라도 적립하여 비과세통장으로 살려놓는 것이 향후 절세를 위하여 유리하다. 가입대상에 해당되고 장기적인 계획을 가지고 적금을 하는 경우라면, 주택마련 목적이 아니라도 장기주택마련 펀드에 가입하는 것이 유리하다.

장기주택마련 펀드는 다른 일반상품과 달리 이자소득에 대한 비과세 혜택뿐 아니라 샐러리맨의 경우 연간 불입액의 40%(300만 원 한도)까지 소득공제 혜택이 있다. 7년이 경과해야 비과세혜택이 주어진다는 것이 단점이기는 하지만, 주택자금이든 학자금이든 급하게 찾지 않을 자금이라면 하루빨리 가입하는 것이 유리하다.

1. 펀드 기본정보 (프라임 장기주택마련 주식혼합)

운 용 사	신영투신운용	후취판매수수료	없음
설 정 일	2005.11.11	환매제한기간	90일
주식투자비율	10%~90%	펀드유형	안정성장형, 추가형
신탁보수	1.53%	판 매 사	교보증권, 한투증권, 동양종금증권 등
선취판매수수료	없음		

2. 주요 내용

구분	주요내용
투자목적	· 만18세 이상의 세대주로서 무주택자이거나 국민주택규모 이하의 주택으로서 가입당시 주택의 기준시가가 3억원 이하인 1주택 소유자의 주택자금 마련을 지원하기 위하여 각종 세제혜택이 주어진 장기주택마련 주식혼합형 투자신탁으로 주식 및 채권투자를 통한 수익을 추구함. · 투자자산의 대부분을 주식 및 채권 등에 투자하기 때문에 주식 및 채권 등 투자를 통한 일정 수익을 추구하는 반면 주식시장 하락에 따른 손실위험이 있으므로 투자목적이 반드시 달성된다는 보장은 없음
투자전략	■ **주식부분** · 저평가된 종목 위주로 편입비율 10~90% 투자 (평균 50% 수준) · 저평가된 종목을 발굴하여 제가치에 도달할 때까지 보유하는 전략 · 시장 흐름을 추종하는 전략이 아닌 기업에 투자하는 전략 · 종목매도는 적정가치에 도달하였거나, 보다 저평가된 종목을 편입하기 위한 경우, 기업에 대한 전망을 바꿀만한 중대한 이유가 있을 경우로 한정하여 빈번한 매매를 지양 ■ **채권부분** · 우량 채권에 대해 Buy & Hold 전략을 위주로 안정적인 이자수익 확보에 주력
투자위험	· 주로 국내 주식 및 채권에 투자하므로 투자원본에 대한 손실위험, 시장위험, 개별위험, 주식/채권가격변동위험, 유동성위험, 파생상품위험 등이 있음
투자위험에 적합한 투자자 유형	· 국공채 및 우량채권등 채권에 신탁재산의 60%이하를 투자하고 저평가된 주식에 신탁재산의 10%이상 90%이하 투자하는 혼합형투자신탁으로서 5등급 중 2등급(높은 위험)에 해당하는 위험을 지니고 있음. · 따라서 이 투자신탁은 자산의 대부분을 주식 및 채권등에 투자하기 때문에 주식 및 채권등 투자를 통한 일정 수익을 추구하는 반면 시장의 하락에 따른 손실위험을 감수할 수 있는 투자자에게 적합함.

● 위험등급표

1등급	2등급	3등급	4등급	5등급
매우 높은 위험	높은 위험	보통 위험	낮은 위험	매우 낮은 위험

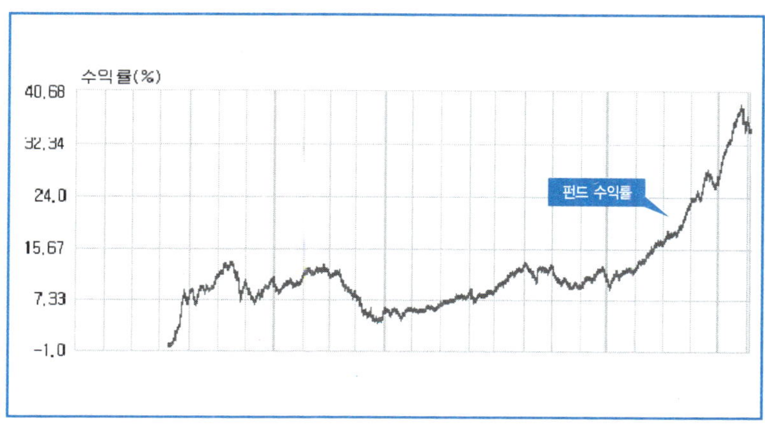

평가기준일 : 2007년 8월 3일

구분	설정후	1개월	3개월	6개월	9개월	1년	2년	3년	5년
펀드	34.90	5.63	15.05	21.71	22.83	27.44			
%순위		12	31	43	51	65			
유형평균	35.35	4.00	14.56	22.30	25.13	31.88			
BM	34.70	3.40	11.20	17.26	19.40	24.26			

4. 투자판단

　장기주택마련펀드에는 이자소득 비과세와 근로소득공제와 같은 세제혜택이 있다. 계약일로부터 7년 이상인 경과한 경우에 한하여 이자소득에 대한 비과세혜택을 누릴 수 있다. 그러나 7년 이내에 해지한 경우 감면받은 세액을 추징당하는데 다음의 경우(특별중도해지)에는 세액을 추징하지 않는다.

천재지변이나 저축자의 사망 또는 해외이주, 퇴직, 3월 이상의 입원치료 또는 요양을 요하는 상해질병의 발생, 영업의 정지, 영업인가허가의 취소, 저축취급기관의 해산결의 또는 파산선고, 사업장의 폐업과 같은 '특별중도해지' 의 경우에는 세액을 추징당하지 않는다. 따라서 실직 등으로 중도에 해약하는 경우 이를 증명하는 서류를 제출하여야 세액을 추징당하지 않도록 하자.

이 상품의 가입대상 세대주이면서 또한 근로소득자인 경우에는 연말정산 시에 연간 불입액의 40% 이내에서 최고 300만 원까지 소득공제혜택을 받을 수 있다. 이로 인하여 과세표준 4천만 원 이하인 근로자는 7.5% 정도, 8천만 원 이하인 근로자는 11.4% 정도, 8천만 원 초과하는 근로자는 15.4% 정도의 수익률을 거저먹는 효과가 있다.

이 펀드는 주식형 펀드가 아니라 펀드수익률은 좀 낮은 편이다. 하지만 세금 환급부분을 감안하면 연 20% 이상의 수익률을 기대할 수 있는 펀드다. 샐러리맨이 이 상품에 가입할 경우 매년 연말정산 시 일정 세금을 환급받을 수 있기 때문에 이를 재투자한다면 더 많은 수익을 창출할 수 있다.

...주식 3선

어떤 주식도 안전한 주식은 없다. 언제든지 손실날 수 있고, 시세를 잘 타면 높은 수익을 낼 수 있다. 여기서 소개하는 주식은 기본적으로 재무구조가 좋고 향후 상승가능성이 높은 종목 중에서 고른 종목들이다. 그래서 단기에 높은 수익을 낼 수도 있고, 중장기에 이르러서야 비로소 높은 수익을 낼 수도 있다. 또한 예상치 못한 악재로 손실이 날 수도 있다. 하지만 이것만 명심하고 투자해보자. 첫째, 한꺼번에 몰빵하지 말고 시간을 두고 분할매수하라. 둘째, 장기적인 투자마인드를 가지고 오래 가져가라. 셋째, 목표 수익률에 도달하면 차익실현하라.

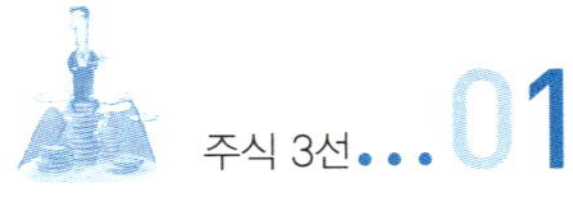

건강하고 행복한 삶을 꿈꾸는

"LG생명과학(068870)"

생명은 어느 것과도 바꿀 수 없다. 더욱이 고령화로 인하여 노인인구가 많아지고 질병도 다양해지고

● LG생명과학의 최근 주가 추이

있는 지금 생명을 다루는 기업은 계속 성장할 수밖에 없다. LG생명과학은 2002년 8월 LG그룹에서 생명과학 전문기업의 육성 및 주주가치 극대화를 위해 기업분할을 실시함에 따라 새롭게 출범한 생명과학 전문기업이다.

● LG생명과학의 주당가치지표

구분	2004.12	2005.12	2006.12	2007.03
주당순이익(EPS)	648	−55	353	488
주당매출액(SPS)	13,529	12,683	13,156	13,671
주당순자산(BPS)	9,531	9,028	8,999	9,111
주당현금흐름(CPS)	2,981.1	404.1	1,207.6	736.9

제약업종 상승국면에서 소외된 알짜기업

LG생명과학은 2005년 이후 제약업종의 급상승 국면에서도 크게 상승하지 못했다. 왜냐하면 세계적인 신약 개발을 표방하여 '돈을 벌지 못하고 쓰기만 하는 기업'으로 낙인 찍혔기 때문이다. 그동안의 제약주 랠리는 신약개발을 표방하기보다는 시장점유율 확대를 통한 지배력 강화를 그 기반으로 하였다. 하지만 이제는 LG생명과학이 새로운 희망을 보여주고 있다.

흑자구조 정착

지난해 고혈압치료제 '자니딥'의 약가 인하에 따른 영향으로 의약품 부문의 수익성은 악화되었으나, 정밀화학 및 동물의약품 부문의 실적호조는 이어져 흑자구조를 이어갔다. 노바티스와 코마케팅을 진행하고 있는 고혈압 치료제 '코타렉' 등 새로운 순환기 제품의 매출증대와 관절염치료제 '하루안플러스', 서방형 인간성장 호르몬인 '디크라제' 등 주력 바이오제품의 매출기여로 인해 '자니딥'의 매출감소를 상쇄할 것으로 예상된다.

신약 파이프라인 강화 및 높은 바이오 비중

최근 〈다케다 사〉와의 비만치료제 전략적 제휴와 〈한국파스퇴르연구소〉와의 심순환계 신약개발 제휴는 동사의 신약 파이프라인을 한층 강화시켜줄 것으로 예상된다. 바이오제품 비중이 높은 동사는 상대적으로 정부의 약가정책에 유리하다. 또한, 2008년 6차 약가재평가에서는 항생제, 항암제 등이 포함되어 아직 항생제 매출 비중이 높은 국내 제약업계의 현실을 감안할 때 제약업체의 부담은 그 어느때보다 높은 상황이지만 동사는 현재 약가 재평가 대상품목이 적어 작년 '자니딥'의 악몽은 없을 것으로 보인다.

높은 R&D 비용을 소화하는 현금흐름

동사 매출의 주력을 이루는 바이오 의약품의 원가는 화학적 의약품을 압도한다. 매출액의 20%를 연구개발비용으로 처리하면서 7%의 영업이익률이 예상된다는 점은 다시 인식될 필요가 있다. 이러한 수준의 R&D비용을 자체 현금흐름으로 해결하면서 'cash burning'이 일어나지 않는 사례는 나스닥의 바이오텍 기업계에서도 거의 찾기 힘들다는 점은 LG생명과학 변화의 핵심이다.

따라서 LG생명과학의 주가는 현존 영업가치도 제대로 반영하지 못하고 있다는 점이 분명히 재인식되어야 한다. 최근 시장 전반의 밸류에이션 상승에도 불구하고 LG생명과학의 기업가치는 여전히 3년 전 수준이다. 그 사이에 기업가치에 퇴보 요소가 있었을까? 영업부문의 자생력도 제고되었고, 파이프라인 품목도 꾸준히 단계가 진전되어 왔다. 오히려 여타 기업들이 보유한 신약 후보 물질 1개의 시장가치는 5,000억~1조를 육박하는 수준으로 밸류에이션이 레벨업된 상황과는 너무나 대조적이다. 현재의 기업가치는 현존 영업가치밖에 대변하지 못하는 상황이다.

과거의 현대전자가 아니다. 다시 부활한

"하이닉스(000660)"

거친 숨소리를 내는 증기기관이 근대 사회를 이끌어갔다면, 지금 세계의 맥박을 조용히 뛰게 하는 것은 반도체이다. 하이닉스는 보이지 않는 인프라인 반도체를 통해 고객의 생활을 쾌적하게 만들고자 노력하고 있다. 하이닉스는 D램과 낸드플래시를 주축으로 하는 반도체 제품을 생산하고 있다. 뛰어난 기술력과 지속적인 연구투자를 기반으로, 나노테크의 초미세 분야로 진입한 반도체 기술의 신영역을 꾸준히 개척하고 있다. 2006년에는 반도체 업계 세계 7위, 순이익 2조 원 클럽에 오르는 등 의미 있는 성장세를 보이는 중이다. 이와 함께 지칠 줄 모르는 도전정신을 바탕으로 세계 최대 반도체시장 중국을 비롯한 여러 지역에서 선도적 위치를 차지하며 그 위상을 강화하고 있다.

● 하이닉스의 주당가치지표

구분	2004.12	2005.12	2006.12	2007.03
주당순이익(EPS)	3,806	4,070	4,430	3,644
주당매출액(SPS)	13,185	12,885	16,664	21,071
주당순자산(BPS)	8,507	12,473	17,232	18,195
주당현금흐름(CPS)	5,826.0	6,006.0	6,849.1	6,444.4

업황 턴어라운드에 대비한 선취매 가능

주가지수 2000 시대를 바라보며 투자할 만한 주식 중의 하나가 하이닉스다. 업황이 턴어라운드하고 있고, 주가 급등기에 오르지 않아 밸류에이션 매력도 있기 때문이다. 리서치 전문가들은 2007년 하반기부터 D램 산업의 업황이 개선될 것이라고 전망하고 있다. 따라서 D램 사업을 주력으로 하는 하이닉스에 대한 투자비중을 점진적으로 늘려갈 만 하다. 2007년 7월 기준 현주가가 비싸지도 않아 향후 조정이나 상승 모두에 대비할 수 있는 종목이다. 코스피지수가 급등하는 동안 하이닉스 주가는 거의 오르지 못해 밸류에이션 매력이 높아진 데다 D램이 매출에서 차지하는 비중이 높아 업황 턴어라운드에 따른 수혜의 폭도 가장 클 것으로 판단된다.

점차 좋아지는 실적과 수익성

하이닉스는 2007년 1분기 기준으로 D램이 매출에서 차지하는 비중이 84% 달했다. 하이닉스의 뛰어난 원가경쟁력도 주가 상승의 모멘텀이 될 것이다. 또한 하이닉스 D램 사업의 2007년 2분기 영업이익률은 4% 수준이 될 전망으로 삼성전자의 2%를 뛰어넘을 것으로 본다. 경쟁업체로 분류할 수 있는 대만의 파워칩이 23%, 미국의 마이크론이 15%의 영업손실률을 기록한 것에 비하면 하이닉스의 수익성은 대단히 높은 수준이라고 볼 수 있다. 하이닉스 실적은 2분기보다 3분기가 더 좋아질 것으로 전망된다. 우리투자증권 자료에 의하면 연간 기준으로도 올해 영업이익이 작년의 절반 수준인 9,140억 원으로 감소하지만 내년 1조6,870억 원으로 84%가량 급증하고 2009년에는 2조 5,900억 원으로 53% 증가할 것으로 전망했다. 하이닉스는 업황 호전, 수익성 개선, 원가 경쟁력, 밸류에이션 매력 등을 두루 갖춘 주식이다.

채권단 지분의 매각은 주가상승요인으로 작용할 듯

하이닉스는 외환은행, 우리은행, 산업은행, 신한은행 등 채권단의 지분이 36%가량 있다. 일각에서는 채권단 지분 매각에 따른 물량 부담이 있을 것이라고 판단하기도 한다. 그러나 증권계에서는 오히려 하이닉스 경영권과 채권단 지분이 본격적인 매각 절차에 들어갈 경우 주가상승요인으로 작용할 수 있다는 분석도 나온다. 채권단의 지분이 낮아지면 경영권 확보를 겨냥한 전략투자가들로서는 경영권을 확보할 수 있는 길이 열리기 때문이다. 하이닉스의 주인찾기가 열을 올리면 올릴수록 주가는 더 올라가기 쉽다고 본다.

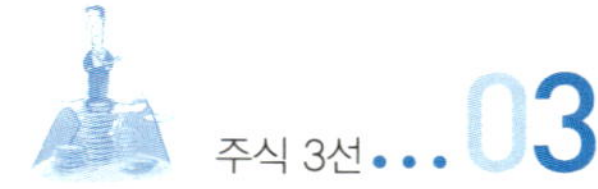

고유가, 고배당 수혜종목
"S-oil(010950)"

S-oil은 1970년대 두차례에 걸친 석유 파동의 위기 속에서 원유의 안정적 확보와 석유제품의 원활한 공급이 절실했던 당시의 시대적 요구에 부응하여 1976년 설립되었다. 상업가동 초기부터 내수 중심의 마케팅 관행을 탈피하여 해외시장 개척에 주력하였으며, 그 결과 매년 생산물량으로 50%수준의 수출실적을 기록함으로써 '정유산업은 곧 내수산업' 이라는 고정관념을 깨뜨렸다. 또한 성장성과 수익성을 고려한 내실있는 경영으로 업계 최고수준의 이익규모를 유지하고 있다. 양적경영보다는 질적경영에 우선순위를 둔 경영합리화를 추구해오면서 낮은 부채비율과 안정된 재무구조를 정착시켜 높은 성장잠재력을 보유한 회사로 평가받고 있다. 또한 높은 경쟁력을 바탕으로

수익극대화를 실현시켜 이러한 경영성과가 소비자와 주주의 몫으로 돌아갈 수 있도록 최근 수년간 국내 상장사 중 최고수준의 배당을 유지함으로써 고율 배당에 대한 기업들의 인식을 긍정적으로 변화시키는 역할을 수행하고 있다. 또한 S-OIL은 2007년 4월 당사 발행주식의 28.4%에 달하는 자사주를 한진그룹에 성공적으로 매각함에 따라 재무구조를 대폭 개선함과 동시에 미래의 지속적인 성장을 위한 대규모 투자재원을 안정적으로 확보할 수 있게 되었다. 더불어, 세계 유수의 물류·운송그룹인 한진그룹과의 합작으로 안정적이고 경제적인 판매망 및 운송수단을 확보하는 효과도 기대된다.

● S-oil 최근 주가 추이

구분	2004.12	2005.12	2006.12	2007.03
주당순이익(EPS)	11,144	7,755	8,983	12,256
주당매출액(SPS)	128,356	144,554	172,012	158,019
주당순자산(BPS)	20,874	21,998	19,923	14,087
주당현금흐름(CPS)	12,245.7	5,245.3	15,675.0	12,095.2

영업이익 1조 원 시대

S-oil은 고유가시대의 최대 수혜종목이다. 전문가들은 2007년에도 석유제품시장의 수요가 공급을 웃돌 것이라며 S-oil의 '영업이익 1조 원 시대'가 적어도 2년 이상 이어질 것으로 예상하고 있다. 2006년 S-oil은 전년 대비 216% 급증한 1조 2,251억 원의 영업이익을 거뒀다. 벙커C유 등 중질유 분해 마진율이 크게 높아졌기 때문이다. 2007년에도 S-oil의 올해 영업이익이 1조3,478억 원으로 작년보다 10% 늘어날 것으로 전망된다.

정제마진 강세전환, 뛰어난 설비경쟁력

S-oil의 실적은 정제마진 강세전환, 뛰어난 설비경쟁력에 기인한다고 할 수 있다. 세계 원유 잉여 생산여력이 제한적인 가운데 중국과 인도 등 개발도상국들의 석유제품 수요가 빠르게 증가하고 있어 정제마진에 대한 전망이 밝다. S-oil은 고도화설비 비율은

25%로, 15% 미만인 국내 경쟁사보다 높다는 장점이다. 또한 상대적으로 수요증가율이 빠른 휘발유, 나프타, 등유, 경유 등 고부가 제품의 판매비율이 약 85%에 이른다.

안정적인 투자재원과 운송수단 확보

2007년 4월 30일 한진에너지로의 자사주 매각으로 2조1,581억 원의 막대한 현금이 유입되었다. 그리하여 재무구조를 대폭 개선하였으며, 미래의 지속적인 성장을 위해 계획하고 있는 대규모 투자에 필요한 안정적 재원을 확보할 수 있게 되었다. 또한, 세계 유수의 물류·운송 전문회사로 항공유 등 석유제품의 주요 고객인 한진그룹을 국내 전략적 파트너로 유치함에 따라 회사는 안정적인 판매처를 확보하여 내수 마케팅 역량을 크게 강화하고 원유 및 제품 수출의 안정적인 운송수단을 확보할 수 있게 되었다.

고배당주로서의 매력

배당주에 투자하면 일반적인 주식투자에 비하여 몇 가지 장점이 있다. 첫째, 정기예금보다 높은 배당수익률을 기대할 수 있다

● S-oil 최근 배당현황

항목	2003년	2004년	2005년	2006년
년액면가(원)	2,500	2,500	2,500	2,500
배당금(원)	1,750	4,750	5,125	5,125

는 점이다. 보유기간 측면에서도 은행예금은 보통 1년을 보유해야 하지만, 배당주는 배당기준일이 되는 날만 보유해도 된다. 둘째, 주가가 상승하면 주가상승에 따른 시세차익도 크다. 일반적으로 배당주는 이익을 잘 내서 배당을 주는 우량회사이므로 주가도 상승하기 마련이다. 또한 주식시장이 좋지 않을 때도 배당주는 재무구조가 탄탄하여 주가하락위험이 상대적으로 적은 장점을 가지고 있다.

...보험 2선

샐러리맨으로 종자돈을 마련하는 시기라면 보험료는 10만 원 정도에서 해결하자. 보험사고는 크게 외부의 충격으로 인한 사고인 재해사고와 몸의 내부에 문제가 있어 발생하는 질병사고다. 따라서 재해사고에 대비한 상해보험, 질병사고에 대비한 질병보험이면 족하다. 새마을금고에 가면 보험과 같은 공제상품이 있다. 이는 일반 보험사의 보험상품보다 보험료(공제료)가 저렴하면서도 보장은 크다. 그 이유는 보험사의 보험은 보험사업을 위한 시설과 조직을 위한 사업비가 많이 드는데 반하여, 사마을금고의 공제는 사업비가 적게 들기 때문이다. 지갑이 얇은 샐러리맨이 공제상품을 이용하면 10만 원 이하의 돈으로도 높은 보장도 가능하다. 그리고 그것으로 부족하면 향후 추가 보험에 가입하면 된다. 처음에 10만 원을 초과하는 고액보험으로 시작하면 향후 중도해지 할 가능성이 높다는 것을 명심하라.

[저렴한 공제료+높은 보장] 새마을금고 재해사고 대비상품

"좋은이웃 참좋은 상해공제"

30세 남자 샐러리맨이 새마을금고 '좋은이웃 참좋은 상해공제' 에 가입했다고 가정하고 이 상품에 대하여 알아보기로 하자. 일단 가입설계부터 효율적으로 해야 한다. 이 상품은 외부의 충격에 의한 사고인 재해사고를 중점적으로 보장하는 상품인데 재해관련 특약 외에도 질병관련 특약이 있다. 재해보장상품에 가입할 때 질병보장특약은 가입하지 마라. 물론 재해보장을 받으면서 질병보장도 받으면 좋겠지만, 필자의 생각으로는 재해보장상품에서는 재해로 인한 상해보장에 집중하고, 별도의 질병보장은 다른 질병보장상품으로 해결하는 것이 좋다고 본다. 질병에 대한 보장은 질병관련상품으로 가입하는 것이 보장범위나 폭이 더 크기 때문이다. 그리고 특약을 많이 가입하면

향후 추가보험가입시 중복되는 경우가 많아 비효율적이다. 그래서 예시에서 보는 바와 같이 재해보장상품의 취지에 맞게 특약드 일반사망보장특약, 가족소득보상특약, 재해의료비특약만 가입하고, 암진단특약, 질병입원/수술특약은 가입하지 않았다.

● 공제가입내역

가입예정일	2007년 7월 31일			생년월일	1977년 7월 31일(30세)
성 별	남자			납입주기	월납

구분	상품종류	공제기간	납입기간	가입금액	공제료
주 계 약	2형	20년만기	20년납	1,500만원	21,150원
암진단 특약	순수형			미가입	
질병입원 특약				디가입	
질병수술 특약				미가입	
일반사망보장 특약		20년만기	20년납	3,000만원	6,300원
가족소득보상 특약		20년만기	20년납	2,000만원	7,600원
재해의료비 특약		20년만기	20년납	3,000만원	5,400원
1회 공제료 합계	할인전				40,450원
	자동이체할인후				40,040원

보험계약은 주계약과 특약으로 구성되어 있다. 일반적으로 주계약은 만기에 돌려받고 특약은 만기가 되어도 돌려받을 수 없다. 이 상품은 주계약 보험료로 21,150원을 내고 아래 표와 같이 재해 사고의 정도에 따라 최고 7,500만원까지 보장받고, 만기까지 사고가 없으면 5,076,000원 들려받게 된다. 최고 보장금액이 7,500만 원밖에 안 되기 때문에 좀 보장이 적은 듯하다. 그래서 주계약을 보충할 만한 특약에 가입하여 최고 보장금액을 높여야 할 필요가 있다.

구분	지급 사 유	지급내용
교통재해 사망공제금	공제대상자(피공제자)가 공제기간 중 교통재해로 인하여 사망하거나 장해분류표 중 동일한 교통재해로 여러 신체부위의 합산 장해지급률이 80% 이상인 장해상태가 되었을 때	7,500만원
일반재해 사망공제금	공제대상자(피공제자)가 공제기간 중 "교통재해 이외의 재해"로 인하여 사망하거나 장해분류표 중 동일한 "교통재해 이외의 재해"로 여러 신체부위의 합산 장해지급률이 80% 이상인 장해상태가 되었을 때	3,750만원
교통재해 장해급여금	공제대상자(피공제자)가 공제기간 중 교통재해로 인하여 장해분류표 중 장해지급률이 3%이상 80%미만인 장해상태가 되었을 때	225만원 ~5,925만원
일반재해 장해급여금	공제대상자(피공제자)가 공제기간 중 "교통재해 이외의 재해"로 인하여 장해분류표 중 장해지급률이 3%이상 80%미만인 장해상태가 되었을 때	112.5만원
만기환급금	공제대상자(피공제자)가 이 특약의 공제기간이 끝날 때까지 장해분류표 중 동일한 재해로 여러 신체부위의 합산 장해지급률이 80% 이상인 장해상태가 되지 아니하고 살아 있을 때	5,076,000원

일반적으로 특약은 소멸성(만기에도 돌려받지 못함)이기 때문에 적은 보험료로도 큰 보장혜택을 받을 수 있다. 교통재해로 80% 이상의 장해상태가 되면 주계약에 의하여 7,500만 원 받을 수 있다. 그런데 가족소득보상특약에 가입하면 생활자금 5,000만 원과 생활연금 4억8천만 원(매월 4백만 원씩 10년간)을 추가로 더 받을 수 있다. 결국 가족소득보상특약 가입으로 최고 보장금액이

● 보장내용(선택특약)

구분		지 급 사 유	지급내용
암 진단 특약	진단급여금	공제대상자(피공제가)가 이 특약의 보장개시일(암에 다하여는 암보장개시일)이후에 최초로 암, 기타피부암, 상피내암 또는 경계성종양으로 진단이 확정되었을 때	미가입
질병 입원 특약	주요질환 입원급여금	공제대상자(피공제자)가 이 특약의 공제기간 중 「남성주요질환」으로 진단이 확정되고, 그 질환의 치료를 직접목적으로 하여 4일 이상 계속 입원하였을 때	미가입
	질병입원 급여금	공제대상자(피공제자)가 이 특약의 공제기간 중 「남성주요질환」이외의 질병으로 인하여, 그 치료를 직접적인 목적으로 4일 이상 계속하여 입원 하였을 때	미가입
질병 수술 특약	질병수술 급여금	공제대상자(피공제자)가 이 특약의 공제기간 중 질병으로 인하여 그 치료를 직접목적으로 수술을 받았을 때	미가입
일반사망 보장특약	사망공제금	공제대상자(피공제자)가 이 특약의 공제기간 중 사망하거나 장해분류표 중 동일한 재해 또는 재해이외의 동일한 원인으로 여러 신체부위의 합산 장해지급률이 80% 이상인 장해상태가 되었을 때	3,000만원
가족 소득 보상 특약	생활자금	공제대상자(피공제자)가 이 특약의 공제기간 중 동일한 재해로 장해분류표 중 여러 신체부위의 합산 장해지급률이 80% 이상인 장해상태가 되었을 때	5,000만원 (최초1회)
	생활연금		매월 400만원 (10년간)
	치료자금	공제대상자(피공제자)가 이 특약의 공제기간 중 동일한 재해로 장해분류표 중 여러 신체부위의 합산 장해지급률이 50%이상 80%미만인 장해상태가 되었을 때	2,500만원
	치료연금		매월 100만원 (10년간)
재해 의료비 특약	재해입원 급여금	공제대상자(피공제자)가 이 특약의 공제기간 중 재해로 인하여 그 치료를 직접목적으로 4일이상 계속하여 입원 하였을 때	3일 초과 1일당 3만원 (120일 한도)
	재해수술 급여금	공제대상자(피공제자)가 이 특약의 공제기간 중 재해로 인하여 그 치료를 직접목적으로 수술을 받았을 때	90만원

7,500만 원에서 6억5백만 원으로 늘어난다.   또 재해의료비특약
에 가입하면 재해로 입원할 경우 3일 초과 1일당 3만 원씩 받을 수
있고, 재해로 수술을 받게 되면 수술비 90만 원을 추가로 받을 수
있다. 이처럼 특약을 잘 활용하면 주계약에 의한 보장을 훨씬 크
게 확대시킬 수 있게 된다.   똑같은 계약조건으로 30세의 여자가
이 상품에 가입하는 경우에는 총공제료가 21,450원에 불과하다.
일반적으로 여자가 남자보다 위험이 적기 때문에 보험료(또는 공
제료)가 적다.

[저렴한 공제료+높은 보장] 새마을금고 질병사고 대비상품

"좋은 이웃 Health Care 공제"

30세 남자 샐러리맨이 새마을금고 '좋은이웃 Health Care공제' 에 가입했다고 가정하고 이 상품에 대하여 알아보기로 하자. 역시 가입설계 할 때 주계약과 특약을 잘 가려 선택해야 한다. 이 상품은 몸 내부의 문제에 의한 사고인 질병사고를 중점적으로 보장하는 상품인데 질병관련 특약 외에도 재해관련 특약이 있다. 질병보장상품에 가입할 때 재해보장특약은 가입하지 마라. 물론 질병보장을 받으면서 재해보장도 받으면 좋겠지만, 상품의 취지에 맞게 질병보장에 집중하여 설계하는 것이 좋다. 그래서 예시에서 보는 바와 같이 특정암진단특약, 주요질환치료비특약, 수술특약과 같은 질병에 관련된 특약은 가입하고, 재해사망특약과 보험금이 적은 입원특약은 가입하지 않았다.

● 공제가입내역

| 가입예정일 | 2007년 7월 31일 | | 생년월일 | 1977년 7월 31일(30세) |
| 성 별 | 남자 | | 납입주기 | 월납 |

구분	공제기간	납입기간	가입금액	공제료
주계약	20년만기	20년납	1,800만원	50,220원
특정암진단특약	20년만기	20년납	1,800만원	3,240원
주요질환치료비특약	20년만기	20년납	1,800만원	1,620원
특정수술특약	20년만기	5년납	1,800만원	900원
정기특약	20년만기	20년납	1,800만원	3,420원
재해사망특약			미가입	
입원특약			미가입	
수술특약	20년만기	20년납	1,800만원	1,440원
합계(가입~5년)		할인전		60,840원
		자동이체 할인 후		60,231원
합계(6년~20년)		할인전		59,940원
		자동이체 할인 후		59,340원

    일반적으로 질병관련보험(또는 공제)은 재해보장보험(또는 공제)보다 보험료는 비싸면서 보장혜택은 적다. 그것은 재해사고 위험보다 질병사고가 더 많이 일어나기 때문이다. 예시한 '좋은이웃 Health Care공제'는 주계약 공제료 50,220원을 부담하고 중대한 질병에 대하여 최고 3,600만 원까지 보장받으며, 만기까지 사고가 없으면 12,052,800원을 돌려받게 된다. 역시 주계약만으로는 보장이 좀 적다는 느낌이다. 따라서 특약으로 보장금액을 좀 더 높게 할 필요가 있다.

구분	지 급 사 유	지급내용
중대한질병 진단급여금	공제대상자(피공제자)가 공제기간 중 "중대한 질병 및 수술 보장개시일" 이후 최초로 "중대한 질병"으로 진단확정 받거나 "중대한 수술"을 받은 경우 또는 보장개시일 이후 최초로 "중대한 화상 및 부식"으로 진단확정을 받았을 때 (단, 중대한 질병 진단급여금은 "중대한 질병", "중대한 수술" 또는 "중대한 화상 및 부식" 중 최초 1회에 한하여 지급합니다.)	3,600만원
만기급여금	공제대상자(피공제자)가 공제기간이 끝날 때까지 살아있을 때	12,052,800원

만약 특약에 가입하지 않고 주계약만 가입하였다면 특정암에 걸렸을 때 3,600만 원 밖에 못 받는다. 하지만 특정암진단특약에 가입하면 추가로 3,600만 원을 더 받을 수 있다. 또한 주요질환치료비특약에 가입하면 수술비와 입원비를 받을 수 있고, 특정수술특약에 가입하면 수술급여금으로 최고 1,800만 원까지 받을 수 있다. 이처럼 질병보장상품 역시 주계약의 보장을 더 높이거나 보장받지 못하는 부분을 특약을 통하여 보충적으로 보장받을 수 있다. 아울러 질병은 너무나 많기 때문에 하나의 보험으로 모든 질병을 해결할 수는 없다. 따라서 여유가 생기면 다른 질병 또는 새로운 질병도 보장받을 수 있는 추가보험가입이 필요하다. 추가보험 역시 저렴한 보장성보험(또는 공제)으로 가입하라.

구분		지 급 사 유	지급내용
특정 암진단 특약	남성 특정암 진단급여금	공제대상자(피공제자)가 공제기간 중 남성암보장개시일 이후 최초로 남성특정암으로 진단이 확정되었을 때 (최초 1회에 한하여 지급)	3,600만원
	남성 일반암 진단급여금	공제대상자(피공제자)가 공제기간 중 남성암보장개시일 이후 최초로 남성일반암으로 진단이 확정되었을 때 (최초 1회에 한하여 지급)	1,800만원
	남성 기타암 진단급여금	공제대상자(피공제자)가 공제기간 중 보장개시일 이후 기타피부암, 상피내암, 경계성종양으로 진단이 확정되었을 때 (각각 최초 1회에 한하여 지급)	기타피부암:180만원 상피내암:180만원 경계성종양:540만원
주요 질환 치료비	수술급여금	책임개시일 이후에 "남성주요질환"으로 진단이 확정되고, 그 질환이 치료를 직접목적으로 수술을 받았을 때	900만원
	입원급여금	책임개시일 이후에 "남성주요질환"으로 진단이 확정되고, 그 질환의 치료를 직접목적으로 하여 4일 이상 계속 입원 하였을 때 (120일 한도)	3일초과 1일당 5.4만원(120일 한도)
특정 수술 특약	특정수술 급여금	공제대상자(피공제자)가 공제기간 중 최초로 5대장기이식 수술, 조혈모세포이식 수술, 관상동맥성형술을 받았을 때 (각각 최초 1회에 한하여 지급)	5대장기이식수술 :1,800만원 조혈모세포이식술 :1,800만원 관상동맥성형술 :180만원
정기특약	사망공제금	공제대상자(피공제자)가 공제기간 중 사망하였을 때	1,800만원
재해 사망 특약	재해사망 공제금	공제대상자(피공제자)가 공제기간 중 재해로 인하여 사망 또는 장해분류표 중 동일한 재해로 여러 신체 부위의 합산 장해지급률이 80% 이상인 장해상태가 되었을 경우	미가입
입원 특약	입원급여금	공제대상자(피공제자)가 공제기간 중 질병 또는 재해로 인하여 그 치료를 직접목적으로 4일 이상 계속하여 입원하였을 때	미가입
수술 특약	수술급여금	공제대상자(피공제자)가 공제기간 중 질병 또는 재해로 인하여 그 치료를 직접목적으로 수술분류표의 수술을 받았을 때	1종 수술 : 36만원 2종 수술 : 90만원 3종 수술 : 180만원

　한편 똑같은 계약조건으로 30세의 여자가 이 상품에 가입하는 경우에는 총공제료가 30,960원에 불과하다.　질병보장상품 역시 여자가 남자보다 보험료가 적게 든다.　재해보장보험은 나이가 많아도 보험료가 크게 올라가지 않는 반면 질병보장상품은 나이가 많아질수록 보험료가 점점 많아진다.　보통 20대에는 질병으로 인한 사고가 적기 때문에 재해보장상품인 상해보험만 있어도 된다. 하지만 30대에 들어서면 질병보장보험도 가입해야 된다고 본다. 30대에 들어서면 질병위험이 커지고 또 너무 늦게 가입하면 보험료가 비싸지기 때문이다. 보험은 자산증식상품이 아니다. 보험의 목적에 부합하게, 그리고 자기 상황에 맞게 가입하는 것이 무엇보다 중요하다.　여기서 소개된 2개의 공젯ㅇ품은 만기 환급형 상품으로 만기에 보험료가 환급된다.

　더 적은 보험료로 같은 보장을 받을 수 있는 방법은 순수보장성 보험(공제)에 가입하는 것이다. 월급이 빠듯한 샐러리맨이라면 일반 보험사(새마을금고)의 순수보장성 보험(공제)을 활용하기 바란다.